**参编人员**

王 涛　　任生祥　　文胜先　　朱世东

周彦平　　张 瑜　　高宇航　　康 欢

A Study on the
# INTELLIGENT
# MANAGEMENT
System of Financial Priority
Digitalization Empowers First-class
Power Generation Enterprises

# 财务先行的智慧化经营管理体系研究
## ——数智化赋能一流发电企业

孟勋彪　叶小建　◎著

北京大学出版社
PEKING UNIVERSITY PRESS

**图书在版编目（CIP）数据**

财务先行的智慧化经营管理体系研究：数智化赋能一流发电企业 / 孟勋彪，叶小建著. -- 北京：北京大学出版社，2024.9. -- ISBN 978-7-301-35198-7

Ⅰ. F407.61

中国国家版本馆 CIP 数据核字第 2024R0E416 号

| | |
|---|---|
| 书　　　名 | 财务先行的智慧化经营管理体系研究——数智化赋能一流发电企业<br>CAIWU XIAN XING DE ZHIHUIHUA JINGYING GUANLI TIXI YANJIU ——SHUZHIHUA FUNENG YILIU FADIAN QIYE |
| 著作责任者 | 孟勋彪　叶小建　著 |
| 策 划 编 辑 | 罗丽丽 |
| 责 任 编 辑 | 罗丽丽 |
| 标 准 书 号 | ISBN 978-7-301-35198-7 |
| 出 版 发 行 | 北京大学出版社 |
| 地　　　址 | 北京市海淀区成府路 205 号　100871 |
| 网　　　址 | http://www.pup.cn　新浪微博：@ 北京大学出版社 |
| 电 子 邮 箱 | 编辑部 pup6@pup.cn　总编室 zpup@pup.cn |
| 电　　　话 | 邮购部 010-62752015　发行部 010-62750672　编辑部 010-62750667 |
| 印 刷 者 | 北京虎彩文化传播有限公司 |
| 经 销 者 | 新华书店 |
| | 720 毫米 ×1020 毫米　16 开本　16 印张　254 千字<br>2024 年 9 月第 1 版　2024 年 9 月第 1 次印刷 |
| 定　　　价 | 98.00 元 |

未经许可，不得以任何方式复制或抄袭本书之部分或全部内容。

**版权所有，侵权必究**

举报电话：010-62752024　电子邮箱：fd@pup.cn

图书如有印装质量问题，请与出版部联系，电话：010-62756370

# 前 言
Preface

随着互联网、大数据、云计算、人工智能、区块链等新一代信息技术加速发展与不断创新，数字技术与实体经济已经深度融合，数字经济已经成为新经济形态。工信部发布的数据显示，我国2012年至2022年间，数字经济规模从11万亿元增长到50.2万亿元，数字经济占国内生产总值比重由21.6%提升至41.5%。在数字经济驱动下，企业边界、发展动力都发生了重要变化。数字经济为传统企业的发展带来了重大机遇，同时也伴随着严峻挑战。在数字经济时代，传统企业加速数字化转型，推动数字化变革已经成为"必选项"。

伴随着数字经济发展，搭建企业智能财务管理体系、构建个性化企业数字管理模型，促进企业经营管理向智慧化迈进，已经迫在眉睫。对于发电企业来说，加速推动企业数字化转型，对企业安全生产、降本增效的重要性不言而喻。本书所研究的传统发电企业数字化转型问题，旨在从理论和实务两个角度为我国同行业企业的数字化转型提供路径借鉴，同时也是对企业发展实践的理论总结，更是作者常年扎根发电企业的责任和使命。本书撰写的初衷是我们对企业实践的理解，更得益于与北京大学、山东大学、西安交通大学等多所高校从事智能会计、企业数字化转型理论研究的专家学者，以及多位国家级会计领军人才的深度交流，期间对该选题几易其稿和反复论证。最终，我们以数字化浪潮下的企业经营觉醒、财务先行的智慧化经营管理体系、企业智能化演化的逻辑构建了全书的整体结构。

第一篇，数字化浪潮下的企业经营觉醒。本篇包括智慧化时代的来临、智慧企业理论体系、智慧企业的框架体系3章，主要介绍了智慧化时代带来的新变化，并指出智慧企业是在智慧化时代企业应对挑战和适应未来竞争的重要选择方向。同时，系统梳理了智慧企业建设的6种理论，并提出了智慧企业建设的理论框架。

第二篇，财务先行的智慧化经营管理体系。本篇从5个方面论述如何从企业财务切入促进企业智慧化经营管理体系建设的路径，具体包括企业标准化体系、全面预算体系、资产数字化体系、财务管理标准化体系、横山煤电数字化体系案例分析。

第三篇，企业智能化演化。本篇包括立足全局的智能化安全平台和未来可期的智慧电厂两个方面。本篇既是在前两篇理论分析和实践总结基础上，对发电企业未来发展的展望，又是在数字经济背景下，企业实现从数字化迈向智能化，推动智能化、绿色化融合，实现可持续发展的必然选择。

本书参考了国家社会科学基金项目"数据赋能对中小企业创新的影响机理及效应测度研究"（20BJY111）部分研究成果。本书由孟勋彪、叶小建提出创意、写作提纲，撰写主要内容，组织团队成员分工写作，以及最终的统稿定稿。本书的编写团队成员还有：王涛、任生祥、文胜先、朱世东、周彦平、张瑜、高宇航、康欢，感谢他们的辛苦付出。本书的写作过程中参考了相关学者的研究成果，并从中得到了重要的启示，已尽量将其在书中注明，在此一并向他们表示感谢！最后，衷心感谢北京大学出版社的鼎力支持，提出了很多宝贵的建设性意见。由于作者水平有限，书中难免还有不足之处，敬请指正！

孟勋彪

2023年6月

# 目录
Contents

## 第一篇 数字化浪潮下的企业经营觉醒 /1

### 第1章 智慧化时代的来临 /2

1.1 数字经济社会 /2

1.2 数字经济与能源变革 /7

1.3 数字经济、能源互联网与企业智慧化 /15

### 第2章 智慧企业理论体系 /21

2.1 系统理论 /21

2.2 仿生学理论 /26

2.3 进化生物学 /29

2.4 产业组织演化理论 /33

2.5 组织柔性理论 /36

2.6 风险管理理论 /40

### 第3章 智慧企业的框架体系 /43

3.1 智慧企业的内涵 /43

3.2 智慧企业的运行机理 /45

3.3 智慧企业架构 /57

3.4 横山煤电的智慧化实践 /64

# 第二篇 财务先行的智慧化经营管理体系 /73

## 第 4 章 企业标准化体系 /74

4.1 企业标准化概述 /74

4.2 企业三大标准的确立 /76

4.3 企业标准化体系在横山煤电的实践 /84

## 第 5 章 全面预算体系 /91

5.1 全面预算概述 /91

5.2 全面预算的框架体系 /106

5.3 全面预算在横山煤电的实践 /111

## 第 6 章 资产数字化体系 /118

6.1 物联网概述 /118

6.2 物联网的关键技术 /123

6.3 物联网在横山煤电的实践 /129

## 第 7 章 财务管理标准化体系 /136

7.1 财务管理标准化概述 /136

7.2 财务管理标准化的流程体系 /147

7.3 财务管理标准化在横山煤电的实践 /152

第 8 章 横山煤电数字化体系案例分析 /169

 8.1 数字化融合的业财税管融合体系 /169

 8.2 建设期的降本增效 /178

 8.3 运营期的低成本高效益 /184

## 第三篇 企业智能化演化 /189

第 9 章 立足全局的智能化安全平台 /190

 9.1 安全管理概述 /190

 9.2 智能化安全管理的框架体系 /204

 9.3 智能化安全管理在横山煤电的实践 /211

第 10 章 未来可期的智慧电厂 /219

 10.1 五个横电建设 /219

 10.2 未来发展方向 /230

参考文献 /244

# 第一篇
## 数字化浪潮下的企业经营觉醒

随着互联网的发展与崛起，当今世界已进入信息社会，以互联网为基础的数字技术迅速普及，大量的企业应用数字技术促进生产发展，完善企业管理系统，增加市场竞争力。现阶段，国内外经济形势与政治形势不容乐观，各国企业不仅面临着因金融危机陷入衰退的困境，同时还要应对数字技术带来的风险与机遇。人工智能、大数据、云计算等新技术为企业带来企业智慧化的觉醒，其在金融、工业互联网等领域的全面融合，掀起了数字经济和经济数字化的新浪潮。在数字化浪潮下，企业不再墨守成规，而是积极接受并主动拥抱数字技术，建设智慧企业，增强企业实力，提高企业竞争力。

# 第 1 章 智慧化时代的来临

近年来，互联网、大数据、云计算、人工智能、区块链等技术加速创新，日益融入经济社会发展各领域的全过程，数字经济发展速度之快、辐射范围之广、影响程度之深前所未有，正在成为重组全球要素资源、重塑全球经济结构、改变全球竞争格局的关键力量。根据中国信息通信研究院测算，2022 年我国算力核心产业规模达到 1.8 万亿元。另外，《云计算白皮书（2023 年）》显示，2022 年我国云计算市场规模达到 4550 亿元，增速为 40.91%。我国十多亿用户接入互联网，形成全球最为庞大、生机勃勃的数字经济市场。在这个 5G（5th Generation Mobile Communication Technology，第五代移动通信技术）全连接的时代背景下，我国产业数字化迅猛发展，工业互联网应用覆盖 45 个国民经济大类，重点平台连接设备超 8100 万台，5G 基站已覆盖全国所有地级以上城市，并且产业规模过万亿。无论是产业数字化，还是数字产业化，都实现了质的飞跃，智慧化已经成为新时代发展的重要特征。

## 1.1 数字经济社会

近年来，我国提出建设数字中国，加快发展数字经济，促进数字经济与实体经济深度融合，打造具有国际竞争力的数字产业集群。当前，信息技术已经成为企业智慧化的重要工具，数字化已经成为提升企业管理模式升级服务和优化运营的关键。建设数字经济社会，凸显中国高质量发展，通过加快 5G、人工智能等技术的发展，实现数字经济助力实体经济，提高产业链、供应链整体效率和竞争力。

### 1.1.1 数字技术推动数字经济发展

相较于传统生产组织方式，数字经济的社会再生产过程中的具体分工协作模型发生了颠覆性变化。数字经济在基础设施、生产要素、生产和服务方式等方面具有全新的特征,既体现出技术属性,又包含新经济形态。把握数字经济发展的趋势和规律,需要深刻理解其中的内在逻辑。近年来数字改革建设受到了各地区、各部门的高度重视和积极探索。部分地区的数字建设初见成效,有力地推动了新模式的创新优化,数字化治理能力显著提升。

数字技术广泛应用推动了数字经济发展,催生新业态、新模式不断涌现。首先,5G具有超高速(十倍于4G)、低时延(毫秒级传输)、广链接(千亿级终端)等特点,是人工智能、VR(Virtual Reality,虚拟现实)/AR(Augmented Reality,增强现实)、物联网等数字经济前沿技术的前置性技术。5G带来网络智能硬件设备的根本变化,产生了海量的数据资源,重构了新一代国家和城市关键信息基础设施,推动了消费互联网向产业互联网跨越,开启了数字经济新一轮的创新浪潮。其次,人工智能推动了人与智能机器交互方式的变革,智能终端设备的应用也逐渐普及,人们将会以更加自然的方式和智能机器交流,未来人机交互方式将更加多元、无处不在。人工智能为IT(Information Technology,信息技术)的基础设施层面带来巨变,传统的CPU(Central Processing Unit,中央处理器)、操作系统、数据库将不再处于舞台的中央,新型的人工智能芯片、便捷高效的云服务、应用开发平台开放的深度学习框架、通用的人工智能算法,将成为新的基础设施。下一阶段人工智能将作为数字经济融合实体经济的催化剂,成为中国数字经济发展的核心驱动力。再次,大数据是数字经济的关键生产要素。数据资源的有效利用以及开放的数据生态体系使得数字价值充分释放,驱动传统产业的数字化转型升级和新业态的培育发展,大数据在与各领域融合发展的过程中,催生出了许多新型业态。最后,我国云计算产业快速推进,涉及交通、物流、金融服务业等多个方面。根据中国信息通信研究院有关数据,中国数字技术与各行业不断融合,我国数字经济总体规模保持强劲增长。如图1.1所示,从2017年起我国数字经济总体规模呈现上升的趋势,特别是2019年年末2020年年初疫情较为严重的情况下,我国数字经济市场规模依旧保持强劲增长,于2020年达到39.2万亿元,较前一年增加3.4万亿元,占GDP比重为38.6%,同比提升2.4个百分点,有效地支撑了疫情防控下的经济社会发展。2022年我国数字经济规模达到50.2万亿元，总量稳居世界第二，占GDP比重提升至41.5%。

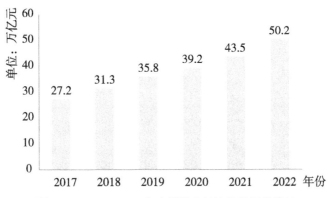

图1.1　2017—2022年中国数字经济总体规模统计

随着新型基础设施的加快建设，大数据、区块链、AI（Artificial Intelligence，人工智能）等技术创新和融合应用的进一步发展，实体数字经济的转型面临新的发展，数字经济的发展规模逐渐提升。根据中国通信研究院预测，到2025年中国数字经济的规模将会进一步扩大，达到60万亿元左右，数字经济进一步成为经济高质量发展的新模式。除此之外，根据数字经济的发展结构，预计2025年中国数字产业化规模将达到9万亿元左右，产业数字化规模将达到51万亿元左右。数字科技正成为推动数字经济发展的重要驱动力，为各行各业提供了丰富的服务，大幅降低创新投入成本和企业数字化转型升级的门槛，催生各领域大数据的创新应用，增强数字经济发展的内驱动力，优化数字经济治理和公共服务体系。

## 1.1.2　数字经济促进新经济模式发展

近年来，中国数字技术专利数量显著增加。在数字技术专利数量增长成就的背后是中国科技领军企业在改革开放中的不断成长，以大数据、云计算、人工智能、物联网、区块链等为代表的数字技术应用和数字经济在中国蓬勃发展，不断重塑经济新格局。当前，新一轮科技革命和产业变革向以信息技术为主导并与新能源、新材料和生物技术等深度融合、群体跃进的方向加速演进。数字技术进一步彰显"头雁效应"，其深度应用将为经济社会发展注入新动力。以数字技术为主导的变革正在加速产业分工和经济格局的大调整、大重构。数据这一关键生产要素渗透到社会生产的各个领域，对于解放和发展社会生产力的作用日益凸显。发展数字经济是把握新一轮科技革命和产业变革新机遇的战略选择。深入推进数字技术的创新应用，不断催生新产业、新业态、新模式，成为做大、做优、做强中国数字经济的重要抓手。我国"十四五"规划和2035年远景目标纲要提出"打造数字经济新优势"，强调"充分发挥海量数据和丰富应用场景优势，促进数字技术与实体经济深度融合，赋能传统产业转型升级，催生新产业新业态新模式，壮大经济发展新引擎"，为中国数字经济发展指明了方向。

在创新驱动发展战略推动下，中国数字技术创新呈现出强渗透、广覆盖的突出特征。一系列"互联网+"经济新业态相继诞生，云计算、工业互联网成为驱动企业数字化转型的重要动力，大型互联网平台企业持续通过互联网、大数据、云计算、人工智能等技术赋能实体经济，数字消费持续释放居民需求潜力，数字技术在很大程度上摆脱了时空限制，数字贸易等新型贸易模式发展畅通了国内国际经济循环。数字经济的高速发展，借助中国超大规模市场和内需动力，为新经济模式的发展提供了领先市场和应用场景，未来需要进一步加快数字技术对经济的赋能作用。一是要加快推进数字产业化、产业数字化，特别是实现数字经济和实体经济的深度融合，进一步释放数字化红利，构建现代化经济体系。二是要以数字技术应用赋能共同富裕。数字化方式将有效打破时空阻隔，提高有限资源的普惠化水平，促进教育、医疗、服务等的均等化。三是要大力支持科技领军企业通过数字化转型发挥市场需求、集成创新、组织平台优势，整合集聚创新资源，提升中国产业基础能力和产业链现代化水平，为经济迈向高质量发展增添更多活力。

可以看出，数字经济借助规模经济、范围经济和网络经济，帮助企业提升盈利水平、运行效率和创新能力。换言之，数字经济能够提升科技创新、强化产业竞争力，借助"数字技术赋能+大数据驱动+微观行为重构"产生颠覆性的发展效应，驱动全国统一市场由大向强转变。

### 1.1.3 数字经济推进经济结构演化

当前，全球经济面临巨大下行压力，数字经济成为经济转型的重要推动力量。数字化正在改变人类社会发展的结构，互联共享成为经济增长的新途径，数字化改变着人类社会发展的动力结构。数字经济在改善、改变中国经济结构中扮演了重要的角色。中国互联网络信息中心发布的第51次《中国互联网络发展状况统计报告》显示，截至2022年12月，我国网民规模达10.67亿人，较2021年12月增长3549万人，互联网普及率达75.6%。工业互联网网络体系正在加速推进，"5G+工业互联网"的发展促进了传统工业技术升级换代，加速了人、机、物全面链接的新型生产方式普及。当前，中国启动新一轮基础设施建设，与数字经济相关的新基建将进一步推动互联网、大数据、人工智能和实体经济深度融合，培育新经济体系。

当前，中国经济正处于发展模式转型和新旧动能转换的关键阶段，以人工智能、区块链、大数据、云计算等数字技术驱动的数字经济蓬勃发展成为第四次工业革命，为加快经济结构的演变升级提供了重要机遇。经济数字化转型体现了新理念，采用了新要素，拥有了新结构、新模式、新动力，加快实现了我国经济发展的质量变革、效力变革和动力变革。转变经济结构发展方式，显然是适应发展阶段演变的基本规律，把握经济结构战略性调整的历史机遇，促进经济可持续发展的长效机制。要充分发挥经济结构数字化转型的核心引擎作用，推动科技创新、制度创新、产业创新等，为传统产业发展注入新的动力，加快形成以数字化转型为引领和支撑经济增长的动力体系。

作为新发展阶段经济高质量发展的新模式和新动力，数字经济的发展对于提升我国实体经济，增强国际竞争力，建设新发展格局具有重要的意义。一方面，数字经济可以通过产业数字化、数字产业化直接作用到实体经济上。数字经济利用数字产业化和产业数字化两方面激励新兴产业的发展，推进传统产业经济不断升级，加快重塑产业结构的形态。随着信息技术的持续发展，物联网、大数据、云计算等产业技术发展迅速并逐渐成为数字经济的支柱力量，丰富产业结构的内涵。另一方面，数字经济通过影响实体产业供需结构，促进产业结构合理化来间接推进实体经济，促进经济结构的演变。伴随着数字技术的发展，新的商业模式顺势发展，相较传统的以企业价值创造为中心的商业模式，数字技术催生出基于互联网创新以客户价值创造为主的商业模式，缓解信息不对称带来的影响，增加商业利润，激发商业活力等，演变成一种新型的产业形态。

总之，数字产业化和产业数字化是数字经济推动经济结构演变升级的基础。如今，新一轮的科技革命和产业变革方兴未艾，经济结构也在加速发展并呈现出新的特征。当前数字经济赋能新发展格局仍在发展中，推动立法强化基础研发、加快创新型数字人才培育，推进经济结构数字化转型，持续扩大国际化合作，以数字经济的高质量发展为引领，以数字产业化和产业数字化为抓手，实现我国经济结构的转型升级和可持续发展。

## 1.2 数字经济与能源变革

随着能源革命和数字革命不断推进，二者逐渐呈现相互融合的发展趋势，能源互联网正是二者深度融合的产物，并已成为推动我国能源转型、提高能源利用效率、实现节能减排和可持续发展的重要途径。

### 1.2.1 能源互联网

能源互联网（energy internet）可理解为是综合运用先进的电力电子技术、信息技术和智能管理技术，将大量由分布式能量采集装置、分布式能量储存装置和各种类型负载构成的新型电力网络、石油网络、天然气网络等能源节点互联起来，以实现能量双向流动的对等交换与共享网络。本节将回顾国内外能源互联网发展历程以及概念来简要介绍能源互联网。

1. 发展历程

20世纪80年代，理查德·巴克敏斯特·富勒（Richard Buckminster Fuller）提出了世界电能网络（World Electrical Energy Grid）的构想。1986年，彼特·梅森（Peter Meisen）创立了全球能源网络学会（Global Energy Network Institute，GENI）。在此时互联网主要指的是物理网，还没有引入互联网理念和技术，此时互联网处于起步阶段，还需向能源互联网学习。

《经济学人》（*The Economist*）于2004年发表了《构建能源互联网》（*Building the Energy Internet*）。在该文中，提出要借鉴互联网自愈和即插即用的特点，建设能源互联网，将传统电网转变为智能、响应和自愈的数字网络，支持分布式发电和储能设备的接入，减少大停电及其影响。

2008年，美国国家科学基金资助FREEDM（Future Renewable Electric Energy Delivery and Management Systems）项目，成立了FREEDM研究中心，顺势提出建设能源互联网的观点。同年德国联邦经济技术部与环境部发起电子能源（E-Energy）项目，历时4年，实施了能源互联网的6个示范项目。

2011年，里夫金出版《第三次工业革命》，提出能源互联网是第三次工业革命的核心之一，使得能源互联网被更多人关注，产生了较大影响。国家发展改革委给出了能源互联网的定义：能源互联网是"互联网+"智慧能源，一种互联网与能源生产、传输、存储、消费以及能源市场深度融合的能源产业发展新形态。能源互联网将改变传统的电、热（冷）、煤、油、气等能源"平行流动"的状况，实现在生产、输送、存储、消费等各个环节的耦合，使得不同形式能源在诸多环节可相互转化，实现多流网络的协同运行。2014年，里夫金出版《零边际成本社会》，进一步阐述了能源互联网的作用。随后，这一概念在中国得到重视并广泛传播。2014年，中国首先提出了能源生产与消费革命的长期战略，并以电力系统为核心，试图主导全球能源互联网的布局。能源互联网用先进的传感器、控制和软件应用程序，将能源生产端、能源传输端、能源消费端等数以亿计的设备、机器、系统连接起来，形成了能源互联网的"物联基础"。大数据分析、机器学习和预测是能源互联网实现生命体特征的重要技术支撑：能源互联网通过整合运行数据、天气数据、气象数据、电网数据、电力市场数据等，进行大数据分析、负荷预测、发电预测、机器学习，打通并优化能源生产和能源消费端的运作效率，需求和供给将可以进行实时动态调整。

随之，能源互联网也在国内得到了更多的关注。2015年9月26日，习近平总书记在纽约联合国发展峰会，发表题为《谋共同永续发展 做合作共赢伙伴》的重要讲话。在讲话中，习近平总书记宣布中国倡议探讨构建全球能源互联网，推动以清洁和绿色方式满足全球电力需求。

2016年2月，国家发展改革委、国家能源局、工业和信息化部联合制定的《关于推进"互联网+"智慧能源发展的指导意见》（以下简称《意见》）发布。《意见》提出，能源互联网建设近中期将分为两个阶段推进，先期开展试点示范，后续进行推广应用，并明确了十大重点任务。《意见》明确了能源互联网建设目标：2016—2018 年，着力推进能源互联网试点示范工作，建成一批不同类型、不同规模的试点示范项目。2019—2025 年，着力推进能源互联网多元化、规模化发展，初步建成能源互联网产业体系，成为经济增长重要驱动力。[1]

2016 年 12 月，为落实《意见》和国务院第 138 次常务会议的部署，有效促进能源和信息深度融合，推动能源领域结构性改革，国家能源局以《国家能源局关于组织实施"互联网+"智慧能源（能源互联网）示范项目的通知》（国能科技〔2016〕200 号）公开组织申报"互联网+"智慧能源（能源互联网）示范项目。

从实际发展情况来看，我国能源互联网行业快速发展，中国能源互联网行业市场规模一直在不断增长。《2023 国家能源互联网发展年度报告》显示，2022 年能源互联网企业数量突破 20 万家，增长率超过 70%。另外，2022 年世界互联网大会乌镇峰会举行"携手构建网络空间命运共同体"实践案例发布展示活动，全球能源互联网发展合作组织现场展示了其自主研发投运的全球能源电力发展合作数字化平台——"能联全球"平台，赋能全球能源电力基础设施建设与全球能源互联网落地实施。接下来，将会稳健推动能源互联网的建设，优化国内能源资源配置，实现电网的合理布局，加快能源互联网示范项目建设，积极研究提出配套政策措施，为能源互联网新模式、新业态预留充足发展空间。

2. 概念定义

能源是现代社会赖以生存和发展的基础。为了应对能源危机，各国积极研究新能源技术，特别是太阳能、风能、生物能等可再生能源。可再生能源具有取之不竭、清洁环保等特点，受到世界各国的高度重视。但由于可再生能源存在地理上分散、生产不连续、高随机性、高波动性和不可控等特点，传统电力网络的集中统一管理方式难以适应可再生能源大规模利用的要求。对于可再生能源的有效利用方式是分布式的"就地收集，就地存储，就地使用"。[2] 但对于该电网难以从根本上改变对上一级电网的影响，也难以最大化地利用可再生能源。面对该问题只有实现可再生资源的信息共享，借助信息流控制能量流，高效地实现可再生能源的传输和共享，才能有效地充分利用可再生资源。

能源互联网是信息技术与能源系统生产、传输、使用和存储各个环节融合的新一代能源技术，是数字革命与能源革命深度融合的产物，能源互联网是一项"颠覆性技术"，目标是促进能源更好互联互通和开放共享。在碳达峰、碳中和目标下，我国能源发展要提升能效、降低碳排、保障安全，亟须通过建设能源互联网为能源系统进行数字化、智慧化赋能。能源互联网的使命是构建绿色低碳、安全高效、开放共享的能源生态，突破能源共享生态中的各种壁垒，包括技术壁垒、商业壁垒、市场壁垒，以及体制、机制壁垒，在发展能源互联网时，要以互联网思维改造能源系统。能源互联网通过实现能量流、信息流、价值流和碳排流的"四流融合"，推动能源数字化和智慧化转型。在应用方面，以省级、城市级能源互联网为例，通过能源大数据平台建设，可以实现煤炭、电网、气网、电动汽车、企业能耗等用能数据汇聚，支撑智慧能源大脑建设，实现能源数据汇聚融合、共享交换和挖掘分析。相比较其他智能电网、分布式电网、微电网等，能源互联网在概念、技术和方法上有一定的独特之处，同时能源互联网为解决可再生能源的利用率问题提供了可行的技术方案。所以，研究能源互联网的特征和内涵，探究实现能源互联网中的各项技术，促进能源互联网的发展，能够使传统电网向能源互联网逐渐演进，最大程度实现资源的配置。

总体看来，能源互联网能够最大程度利用我国能源行业技术积累和创新成果，具备联通多品类低碳能源生产网络、畅通多时空尺度能源传输网络、贯通电热气冷能源供应网络等诸多优势，是智慧能源体系的重要组成部分。

### 1.2.2 能源互联网与新基建

新基建是我国立足当前、着眼未来的重大战略部署。数字新基建十大重点建设任务是主动适应能源革命与数字革命融合发展趋势的具体体现。未来我国将以能源物联网（电力物联网）作为数字化基础，以智能化为主要目标，提高能源基础设施的灵活性、适应性、实时交互、动态优化及协调控制水平，构建能源互联网。通常情况下，新基建分为狭义和广义，狭义的新基建主要是指数字基础设施，包含 5G 基站建设、大数据中心等。广义的新基建主要是指融合基础设施，其中包含新能源汽车充电桩、水利重大工程等。总的来说，新基建就是利用新一代信息技术对基础设施进行数字化改造，融合基础设施，服务于智慧能源体系，进一步推进数字经济时代。

新基建的一个典型代表就是能源互联网，目前新基建逐渐得到社会和国家的关注和重视，并写入了 2020 年政府工作报告。高效实施新基建能够有效地加速能源行业的变革，电力系统对一个国家来说，是保证国民经济运行、国家能源安全的核心基础设施，有利于实现能源的清洁化和可再生化。2016 年，国家发展改革委、国家能源局印发《能源生产和消费革命战略（2016—2030）》推进能源生产和消费革命，预计 2025 年我国资源富集地区新能源装机占比将超过 50%，新能源发电占比将超过 30%，2050 年新能源发电占比预计达 50%。然而，我国的新能源发电却呈现出局部高密度并网的发展态势，高渗透率新能源改变了输配电网的潮流和电压分布，并开始出现功率倒送、电压过高等现象，新能源的迅速发展给电力系统安全稳定运行带来了重大挑战。在新基建的建设过程中，5G、人工智能、互联网等先进的技术，将在更广阔的领域、更深程度上与能源产业融合，成为发展我国清洁能源产业、保障国家能源安全的关键。2018 年 12 月 19 日，中央经济工作会议将 5G、人工智能、工业互联网、物联网等领域的建设定义为新型基础设施建设，即新基建，这是官方首次提出这一概念。2019 年政府工作报告要求加强新一代信息基础设施建设。2020 年 2 月 3 日至 3 月 4 日，仅中央层面至少五次部署与新基建相关的任务，主要涉及七大领域：5G 基站建设、特高压、城际高速铁路和城市轨道交通、新能源汽车充电桩、大数据中心、人工智能和工业互联网。2020 年政府工作报告提出，重点支持"两新一重"建设："两新"为新型基础设施建设和新型城镇化建设；"一重"为交通、水利等重大工程建设。

在新基建产业浪潮即将来临之际，在"十四五"新基建规划下，深入推进智慧能源新基建的"一体两翼三能"研发，产业平台的建设逻辑如图 1.2 所示：能源互联网利用区块链平台连同技术平台和前台业务应用之间的信息断层和管理断层，在保证业务连续性的同时实现业务的创新，提升业务快速迭代和管理效能，还可以通过引入互联网企业战略合作，实现优势互补，提升融合创新能力，构建互利共赢的能源互联网生态系统。

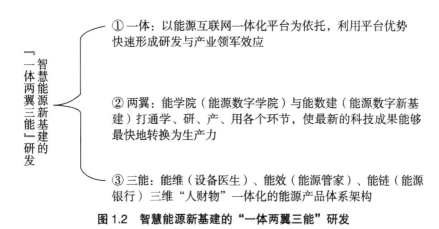

图1.2　智慧能源新基建的"一体两翼三能"研发

能源互联与数字新基建是党的十九大对能源发展做出的一项重大决策部署。未来中国将形成清洁低碳、安全高效的能源体系，与全球低碳发展和能源转型趋势相呼应，与中国经济社会发展目标相适应，是能源发展的最终战略目标，是贯彻"四个革命、一个合作"能源安全新战略，是践行新发展理念，服务美丽中国、数字中国、网络强国建设的过程，是推动我国能源电力产业基础高级化、产业链现代化的落地形式，是构建合作共赢产业生态、促进产业链水平提升的需要。在全球疫情结束、世界经济低迷的特殊时期，聚焦能源行业面临的机遇与挑战，积极探索实现可持续发展的路径与方案，共同推动能源互联网的落地实践，极大增强了疫后经济重振的信心。

### 1.2.3　新基建下的电力企业

新基建是一项着眼转型、兼顾长远的经济拉动政策。新基建契合中国经济高质量发展的方向，其中包含的科技创新、5G、大数据等内容均是面向未来社会发展需求的新技术，有利于发展新产业，创造新需求。从短期来看，新基建有利于扩大需求、稳定就业、稳定增长。从长期来看，新基建能够提高生产效率，释放经济增长潜力，提高民生水平。我国经济发展正处于供给侧结构性改革的关键阶段，重点是减少无效和低端供给，扩大有效和中高端供给。[3]与银行、铁路、航空、通信这些老基建专业行业相比，电力行业在这种模式转换上面临巨大挑战。传统电力企业应当及时审视自身实际情况，在薄弱的地方先建立护城河，充分认识到新基建之后必然会出现的各种趋势和后果，及时应对，避免陷入老模式的基建狂欢，错失行业革新和自身发展机会。

新基建强调"重创新""补短板"，能源电力加快与新基建的高端技术融合，形成全新的产业生态建设。借助新基建，电子行业信息化、数字化、智慧化发展迅速，推进产业水平和产业结构进入更高层级的发展阶段，为建设新的经济模式打下夯实基础。同时，借助数字系统，电力系统从传统转变到现代，从整个发展历程来看，变化是显而易见的。早期，从我国电力消费弹性和能耗强度来看，两者均呈现增长的趋势，重工业在经济增长的占比较高。与此相应的能源经济发展模式也呈现粗放的特点，具体体现在集中式生产、远距离运输、粗放式消费等方面。电力消费增长主要体现在高耗能产业，负荷特性相比较为稳定。

面临百年未有之大变局，经济发展进入新常态，高能耗产业的传统经济增长逐渐减弱，新兴产业、服务业和居民生活用电逐渐上升，用电负荷结构和特征已经发生了改变，负荷波动随机性逐渐增强。电动汽车、分布式微网、储能等新型负荷在系统内的占比增加，能源系统运行方式由大规模、集中式、单向响应转向小规模、分布式、多向互动。随着能源互联网规模的增加，传统电力行业效率逐渐下降，传统电力企业面临的难题也将增加，不仅要平衡负荷的波动，还要平衡新能源带来的波动。

电网与新基建的链接，始于供电服务，但不止于服务，在能源技术的快速更迭环境下，电力企业应立足于主业，做好新一代的通信技术、数字技术与电力系统的融合。虽然目前我国的某些电力技术已经超过发达国家，达到国际先进水平，但后期的电力企业的技术创新难以有现成的经验和成功的范式可供借鉴，还需多思考如何将新的信息技术、数字技术与电网物理系统融合，加快推进智慧电网关键技术研究攻关，促进人工智能与业务发展的深度融合，推进基建智慧工程全面落地，实现向新基建管控模式的转变。总之，就是要通过新基建平台满足企业各类需求，把电网上下游的产业链联动起来，形成一个生态圈，并对电力企业提出更高的要求，指出明确的实施路径，促进电力企业与数字技术融合发展。

在这一背景下，新基建不断升温，智慧电厂作为推动电厂升级的排头兵，正逐步从概念走向现实。

（1）我国电力企业已经实现了从"人防"到"技防"的智慧变革，其逻辑如图 1.3 所示。由于电厂面积大、人员数量多、设备结构复杂，且部分工作危险性较高，如何加强安全管控，降低安全事故发生概率，是传统电厂要解决的关键问题所在。现代的智慧电厂解决方案，可以结合电厂实际业务需求，将先进的人工智能、AI、三维虚拟、物联网、区块链等前沿技术与传统电力企业安全生产有效融合，搭建感知层、智能分析层、数据输出层、应用层四级应用。各级应用层层传递、环环相扣，完成对人员位置、重点设备及敏感区域的精准定位和监控，解决发电企业安全生产管理过程中，现场人员位置及工作状态无法把控、危险区域防护不严等问题，达到数据全面感知、风险智能预警、过程规范管控等目的，实现从"人防"到"技防"的智慧变革，筑牢电厂安全防线。

（2）利用"轻骑兵"[①]助力快速搭建三维虚拟电厂，在传递信息的过程中，三维图像的效率大于图片和文字。对于电厂来说，通过对厂区进行三维转换，将电厂全生命周期的信息及数据（设备运行参数、两票信息、违章信息、检修位置等）同三维模型相结合，搭建虚拟电厂，通过屏幕即可看到每一位现场工作人员的实时定位，每一台设备的实时三维图像，甚至每一个零件的详细信息，使信息集成度更高，体验方式更直观。

在数字新基建的推动下，建设智慧电厂成为电力企业提升综合竞争力的必然选择。期待未来有更多信息化企业投身其中，共同探索如何构建智能、安全、高效、绿色的智慧电厂，为实现中国工业 4.0 和"两新一重"建设的宏伟目标贡献力量。以横山煤电企业为例，智慧电厂的实现，参考"'轻骑兵'低代码开发平台"，平台内置丰富的 3D（3-dimension，三维）场景及业务组件，通过对组件的"拖、拉、拽"等可视化操作，即可根据智慧电厂的实际建设需求，快速搭建 3D 场景和应用程序，降低开发成本和开发门槛、提高开发效率和运维质量。

---

①在此处"轻骑兵"主要指三维图像的效率、三维转换，使用三维转化技术不仅可以将真实环境形象逼真地展现于眼前，更可以将生产实际业务无缝融合于平台中，实现企业智能化、精细化管理。

1. 筑牢电厂安全防线
将先进的人工智能、AI、三维虚拟、物联网、区块链等前沿技术与传统电力企业安全生产有效融合,搭建了感知层、智能分析层、数据输出层、应用层四级应用。实现数据全面感知、风险智能预警、过程规范管控。
2. 利用"轻骑兵"助力快速搭建三维虚拟电厂
在传递信息的过程中,三维图像的效率大于图片和文字。对于电厂来说,通过对厂区进行三维转换,将电厂全生命周期的信息及数据(设备运行参数、两票信息、违章信息、检修位置等)同三维模型相结合,搭建虚拟电厂。

图 1.3 从"人防"到"技防"的智慧变革

## 1.3 数字经济、能源互联网与企业智慧化

在人工智能技术层出不穷的今天,智能技术承载着企业智慧财务系统,建立个性化企业数字管理模型已刻不容缓,这也为国有企业数字化转型研究提供了非常广阔的理论空间。集团型企业搭建会计信息化与智能商务平台,可有效地融合大数据再造技术,发挥大数据整合数字技术和财务领域的基础建设效应,凸显智能财务的价值创造能力,揭示大数据环境下集团型企业所面对的转型路径。要想有效地洞察财务数据中的规律,发掘隐藏在海量企业经营数据中的财务管理问题,必须考虑经营管理关联效应,促进智能财务系统智能化创新。

### 1.3.1 数字经济为企业智慧化提供支撑

国资委于 2022 年发布了《关于中央企业加快建设世界一流财务管理体系的指导意见》,提出了企业智慧化建设总规划图和总路线图,着力推动财务管理理念、机制、组织、功能手段四大变革。[4]智慧财务是企业智慧化的代表,是一种先进的财务管理系统,能够有效地体现企业财务与数字技术的融合。

数字技术是底层支撑，数字经济模式是企业智慧化的支撑，智慧化是数字经济的核心载体，其核心目标在于实现兴业、善政、利民。近年来，随着大数据、AI、云计算、物联网等技术日趋成熟，我国企业智慧化建设进入了高速发展阶段。云计算、边缘计算、大数据、物联网和人工智能已经成为成熟类技术，以区块链、5G、IPv6（Internet Protocol version 6，第6版互联网协议）为主的前瞻类新技术前景广阔。新的智能技术和数字化能力将成为企业智慧化建设的主要工具，决定企业的未来。云计算与边缘计算等数字化能力提高数据处理效率：云计算相当于互联网虚拟大脑"中枢神经系统"，基于云基础设施，把海量数据资料存储为本地化资源，取代以往庞大的磁带库，优化了存储结构，提高了数据存储、处理能力。云计算与边缘计算相结合，为万物互联提供强大的数据处理能力。企业云计算的部署目前以自建云为主，随着安全性及相关服务的逐步完备，混合云和公有云将成为主要趋势。根据 IDC（International Date Corporation，国际数据公司）数据预测，公有云将逐步替代私有云。

推动数字经济和实体经济融合发展（图1.4），要把握数字化、网络化、智能化方向，对传统产业进行全方位改造。国家电网高度重视数字化转型，利用数字技术对电网生产、客户服务、企业经营进行全链条改造，深挖电力大数据价值，构筑智慧电网，提升公共服务能力水平。首先，以数字化支撑新型电力系统构建，利用先进数字技术实现新能源发电的全息感知、精准预测，有效提高系统灵活调节能力，支撑高比例新能源并网、高效地利用：在电源侧，建成全球规模最大的新能源云平台；在电网侧，建成世界首个大规模源网荷储的友好互动系统；在负荷侧，打造新型电力负荷管理系统，有序接入负荷资源。其次，以数字化促进客户服务创新，利用数字化手段提升电力便捷服务、精准服务、智能服务水平：打造"网上国网"平台，"线上办、互动办、透明办"成为办电新常态。再次，以数字化提升经营管理水平，利用数字技术推进经营管理全过程实时感知、可视可控、精益高效。打造新型资金管理体系，实现现金流"按日排程"。建成现代智慧供应链，实现物资业务全流程在线办理。最后，以数字化服务社会治理，发挥电力大数据覆盖范围广、价值密度高、实时准确性强等优势，推广电力看经济、看环保、看"双碳"等大数据应用，服务政府决策和经济社会发展。立足新发展阶段，贯彻新发展理念，构建新发展格局，国家电网将统筹发展与安全、速度与质量、成本与效益，全力推进电网数字化转型，服务数字经济高质量发展。

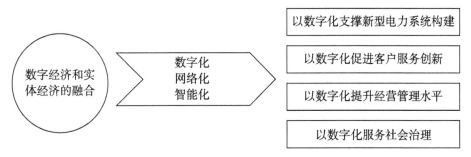

图1.4  数字经济和实体经济的融合

## 1.3.2 能源互联网为企业智慧化提供实现空间

随着近年来5G、云技术的飞速发展，《关于推进"互联网+"智慧能源发展的指导意见》中的第二阶段目标，即2019—2025年实现"初步建成能源互联网产业体系，成为经济增长重要驱动力"，并且随着智慧能源概念进一步升华，弱化了"能源+互联网"在单一领域的具体作用，突出了"智慧+能源"应对包括能源行业在内的多领域、多行业的深度融合，以全新的发展形态推动社会的持续发展。通过积极将智慧能源及其相关技术进行落地，数字化油田、油井勘探、输管道信息化、炼化生产协同、数字化加油站，以及油气行业数据中心的建立和完善，大幅提升了我国的能源保障能力。除能源行业以外，各行各业的能源消耗和污染物排放问题也是重中之重，推进智慧能源概念，优化能源决策，通过物联网技术、大数据分析平台、算法模型等智慧能源管理方案，实时采集、监测生产设备消耗的水、气、油等能源参数，对企业用能情况进行智能诊断分析，对能耗异常进行监控和告警，帮助企业管控能耗水平，优化节能策略，最终实现高效节能减排，降本增效，也是现阶段智慧能源发展的重要方向。

进入21世纪以来，以互联网为代表的信息技术和其他各项技术相互关联，共同发展，能源互联网将实现信息网、能量网、能源网"三网合一"的高度整合，以电力网络为枢纽平台，以互联网技术为实现的工具，通过能源调节系统对可再生能源优化协调，实现多种能源形式的优化互补，提高能源使用效率，从而实现信息流、能量流和能源流三者之间的相互流通共享。在"互联网+"时代，为推动能源革命提供历史机遇，能源互联网的发展将成为能源革命取得实质成果的重要标志，也进一步说明能源革命和信息技术融合走向成熟。

首先，能源互联网同时具备能源和互联网两个产业的特征，基于互联网技术的大数据、云计算等，能够将能源与能量的生产、转化、储存等多个环节串联起来，实现信息流、能量流和能源流的统一。其次，推进能源互联网的建设，对企业活动的各种能源需求做出智能响应，充分保障企业智慧化的发展。推动能源与信息技术基础建设的深度融合，优化能源互联网中元件的布局，与能源网络各种设施实现高效配置，推进信息系统与物理系统的高效集成和智能化企业调控，实现能源互联网的快速响应和精确控制。再次，推进建设智能化能源生产消费基础，鼓励建设基于互联网的智慧运行平台，实现可再生能源的智能化生产，促进可再生能源和不可再生能源之间的协同生产，推动对化石能源的清洁替代。鼓励建设以智能化为特征的智能产品，支持企业智慧化建设，加快工业企业能源管理，建设基于互联网的信息化服务平台。最后，营造开放共享的能源互联网体系。构建能源互联网的开放体系，要充分利用互联网领域的更新迭代的创新能力，建立面向多种应用和服务场景的开放接口和应用平台，实现资源的共享。此外，还要建设能源互联网的市场交易体系，鼓励多方灵活自主地参与到能源市场中，促进能源互联网的商业模式创新，提供差异化的能源商品，提供增值服务，提升资源配置效率，为企业智慧化提供实现空间。

智慧能源运维管理系统建设是传统能源企业提高自身生存能力、实现自我变革的新出路。虽然目前部分企业只是初步建成了富有特色的智慧能源站雏形，但也实现了降本增效、风险预控的目标，继续深挖智慧运维管理平台与能源物联网技术，让智慧能源运维管理系统在引领传统能源企业做出颠覆性改变，让更安全、更节能、更高效、更智能的智慧能源站为企业与居民输送绿色能源，提高企业生产与居民生活的便捷性，造福社会。

### 1.3.3　横山煤电的智慧化觉醒

陕西榆林能源集团横山煤电有限公司（简称横山煤电）成立于2015年，是陕西榆林能源集团有限公司（简称榆能集团）所属分公司，是一家以煤炭生产、煤盐化工、发电供热、物流运输、新能源等为主营业务的大型综合性能源企业。横山煤电承担 $2\times1000MW$ 高效超临界空冷燃煤发电工程，它既是榆林市重大民生工程、重点工业项目，也是榆能集团战略发展的重中之重。横山煤电自开工建设以来，资产规模不断扩大，发电板块的管理难度日益提升。作为新建电厂，横山煤电希望充分采用新技术来构建新的智慧管理体系，以提升大型发电企业管理能力为目标，全面剖析在数字经济背景下大型发电企业发展过程中管理的方法论，凝练出一套适合大型发电企业的智慧管理模式，为大型发电企业适应新形势下的管理提供指导。

横山煤电自从建立以来，秉承"基建生产一体化"的工程理念，发扬实干的企业精神，践行新理念、树立新目标、接受新挑战，真正将项目建设发展成为榆能集团做大做强电力板块、产业转型升级和带动地方社会经济发展的助推器。强化技术管理，实施标准化建设，加大市场营销和成本管控，以运营纲要、管控体系、绩效激励、对标管理为强有力抓手，在内部管理上实现大提升，基本建设财务管理标准化，为财务管理把握脉搏，为企业经营开出新方法。2020年，横山煤电开启了标准化的全面建设之路，强化内控管理，提质增效赋能未来，并在2020年年底召开了企业标准体系文件发布会。公司制定了各类管理、技术、岗位标准722项，班组建设也进一步优化提升。公司的标准化良好行为AAAAA创建过程系统全面地理顺了管理关系、优化了管理流程、明确了岗位职责，为企业员工绩效评价提供了依据。

横山煤电项目建设是榆能集团核心竞争力的关键，为控制项目投资、科学分析宏观经济形势、行业竞争现状等场景，在项目建设之初着手构建全面预算管理体系，高效组织协调企业管理活动，高质量提前完成项目建设计划，提升了企业管理水平，项目建设总投资节约了4.84亿元，投资控制成效显著。

横山煤电开工建设的 $2\times1000MW$ 高效超临界空冷燃煤机组是世界上

最大的火力发电机组之一，必须加强过程管控，不断优化提升内部管理。为了给榆能集团后续项目建设建立财务管理模型，横山煤电组织实施了基本建设财务管理标准化模式，围绕项目建设目标，以财务标准化管理为抓手，以财务组织体系、核算体系等为突破口，确立了基本建设财务管理标准化指导思想。同时，将提高财务保障和服务能力作为出发点，对企业财务管理涉及的岗位、职责和权限、工作流程等进行深入研究，明确基本建设财务管理标准化原则。此外，还建立了完善的组织体系、规范的核算体系等，加强过程管控，确保工程预算管理规范、项目投资成本可控。本书回顾了横山煤电从财务管理模式转型出发，从财务管理标准化建设助推开始，逐步推广至企业全面标准化、智慧化的全过程，全面总结建设实施过程中的经验教训，并立足实践对下一阶段发展进行展望，以期为同类企业的智慧化发展提供借鉴，助推行业发展，推动社会进步。

# 第2章 智慧企业理论体系

智慧企业是企业进行数字化改造和智能化应用后的新型管理模式和组织形态，是先进的信息技术、工业技术和管理技术的深度融合。智慧企业理论体系包含以下几部分：系统理论、仿生学理论、进化生物学、产业组织演化理论、组织柔性理论、风险管理理论（图 2.1）。正是对该理论体系的熟练掌握和应用使企业具备了在复杂多变、飞速发展的数字经济环境中的自适应和自发展能力。

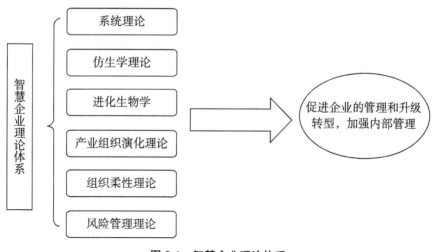

图 2.1 智慧企业理论体系

## 2.1 系统理论

系统理论是进行企业现代化管理组织设计的基本理论。现代企业管理组织是为实现生产经营目标，按照一定的原则和条件建立起来的人的活动系统。因此，要着眼于企业管理组织的系统性、整体性，恰当地将其内向性与外向性结合起来，以系统理论指导管理组织设计。

### 2.1.1 系统理论的产生与发展

美籍理论生物学家贝塔朗菲（Bertalanffy）在1937年提出了一般系统论原理，奠定了这门科学的理论基础，又在1952年发表的《抗体系统论》中提出了系统论的思想，最终在1968年出版的《一般系统理论：基础、发展和应用》中确立了该理论的框架体系。随后众多学者对系统理论进行了深入研究，并不断总结系统理论的特性。

一般系统论试图给一个能描述各种系统共同特征的系统进行定义，通常把系统定义为由若干要素以一定结构形式联结构成的、具有某种功能的有机整体。这个定义包括系统、要素、结构、功能四个概念，表明了要素与要素、要素与系统、系统与环境三个维度之间的关系。系统论中的整体性、关联性、等级结构性、动态平衡性、时序性等体现了系统所具有的基本特性。

任何一个系统都不是各部分简单地相加或者机械地组合，而是一个有机的整体。各个要素在孤立情况下无法体现系统整体性的性质，只有在特定位置上才能体现特定的作用，彼此之间串联、相互关联，构成一个不可分割的整体。同时，系统是多种多样的，可以根据不同的原则和情况进行系统的分类（图2.2）。系统论的任务，不仅在于认识系统的特点和规律，更在于利用这些特点和规律去控制、管理、改造或创造系统，使它的存在与发展合乎人的目的和需要。总之，研究系统的目的在于调整系统结构，改善各要素关系，使系统得以优化。

在系统论出现后，人们的思维方式发生了深刻的变化，系统观念、系统方法由定性转化为定量，由经验转化为科学，上升为科学理论形态，成为20世纪以来生产实践、社会实践的产物。首先，出现了一些把系统科学作为对象加以考察的新学科，为系统论的创立奠定了基础。泰勒在1911年率先提出科学管理的概念，总结科学管理的方法。后来科学管理发展到一定阶段，奥索夫斯卡和奥索夫斯基提出用系统工程的设计科学，在设计复杂系统时，明确目标和功能，使各个元件和系统协调配合，使系统整体

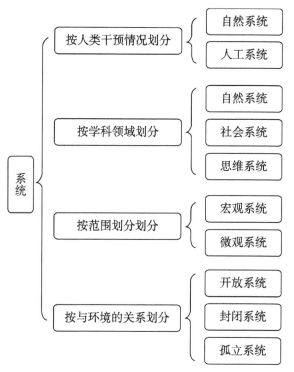

图2.2 系统的分类

性达到最优目标。在现代科学整体化、综合化发展的趋势下，在人类面临许多规模巨大、关系复杂、参数众多的复杂问题面前，传统分析方法就显得无能为力了。正当传统分析方法束手无策的时候，系统分析方法却能站在时代前列，别开生面地为现代复杂问题提供有效的思维方式。所以系统论，连同控制论、信息论等其他横断科学一起所提供的新思路和新方法，开拓了人类的思维模式。它们作为现代科学的新潮流，推进着科学的发展。

系统论是现代科学发展的趋势，能够有效反映现代社会的特点，体现现代社会的复杂性，其理论和方法在现代社会中得到广泛的应用。系统理论和其他各个学科技术相互渗透，紧密结合。系统论、控制论、信息论正在向"三归一"的方向发展，系统论是其他两论的基础。其他新的科学理论从各个方面丰富发展了系统论的内容，系统科学的哲学方法渗透到生活中的各个方面，引起人们的重视。

### 2.1.2 系统理论对企业的影响

1987年,国际标准化组织提出了ISO 9000系列管理标准,为管理体系标准化提供了参考。此后,国际标准化组织陆续推出了ISO 14001、ISO 45001等各类管理体系的标准,充分应用了系统论的观点。在ISO 9001的2015版标准中给出了过程模型以及管理体系模型,让我们从中体会到系统的思维,进而了解系统对管理体系标准的影响。

从图2.3过程要素的结构中,我们可以看到过程与外部世界的开放互动。任何一个过程都可以看成是一个独立的系统,这个系统与其他过程系统相互作用,共同构建了整个质量管理体系。所以说,管理体系的基础是业务过程。作为系统存在的过程,将从外部接受物质、能量和信息三大类输入,并将其转换成其他类型的物质、能量和信息。过程的价值在于其输出物被接收者充分利用,因而它一定有其存在的目的和意义。

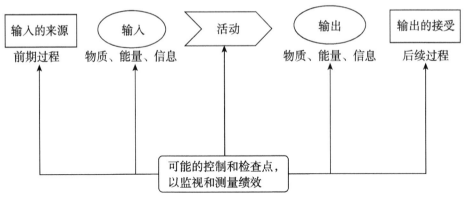

图2.3 过程要素的结构

图2.4是质量管理体系的模型图,它将质量管理体系作为一个整体进行了表述,包括质量管理体系的整体是如何构成的,以及质量管理体系是如何与外部环境互动的。它从外部接收需求和期望,基于组织战略进行决策,开展其自身的内部活动,并通过向外部提供产品和服务,致力于获得顾客的满意以及相关方诉求的结果。从质量管理体系的内部活动上来看,一个自组织的质量管理体系,将在领导作用的驱动下,经由PDCA〔将质量管理分为四个阶段,即计划(Plan)、执行(Do)、检查(Check)和处

（Act）]的循环达到自我提升、自我优化的有序状态。这个模型很好地诠释了系统论在质量管理体系中的应用。其他管理体系的标准也是遵循这个管理体系的模型而建立的。

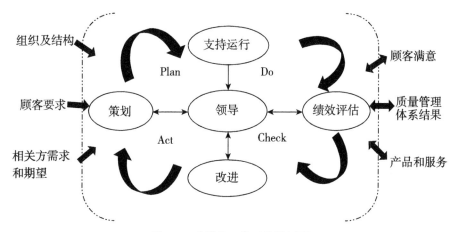

图2.4 质量管理体系的模型图

作为管理者，充分理解系统的特点，并将系统论的观点应用于管理实践是非常重要的。在管理实践中，应当首先将管理对象看作一个整体，而不能将其割裂。所以，领导者必须有整体观、大局观。基于组织的业务过程，各管理的子系统也应当充分整合，而不应是割裂的、零散的。管理者在理解系统目的性时，要理解系统目的有时是多重的，更要注意多重目的的协调并抓住管理的重点。动态性则告诉管理者，观念不可僵化，要动态地看待组织，并用发展的眼光处理问题。系统的动态开放性也提示管理者要高度重视系统的环境影响。任何一个系统都有边界，所以系统外面还会存在更大的系统，即这个系统的外部环境。环境的能量可能比系统本身更大，维度比系统本身更高。所以系统得适应环境，一个没有环境适应性的系统，是没有生命力的。自然界的生物不是强者生存，而是适者生存，这一点同样适应于企业。

在管理实践中，一个优秀的管理者应当致力于使管理的业务活动有序化。在中国，古代的圣贤就有类似的说法。比如，孔子有"不在其位，不谋其政"的定位策略，老子有"道法自然""无为而治"的管理方针。这些都是使组织有序、稳定的高论。在企业管理的实践活动中，就发现很多组织存在流程不明确、授权不充分、组织架构不合理、决策随意等现象，其实这些现象就是组织无序状态的表现。无序的状态使得组织产生内耗，影响组织效率，严重时将导致组织解体。因此，根据系统的特点，管理者在明确整体目标的前提下，首要任务是建立规章制度，并确保规章制度得以遵循，这样才能确定组织运行的规则，形成组织有序的状态。有序状态一旦形成，日常的管理事务就将简单化，管理者就可以将工作重点转移到应对外部环境变化上来，并致力于提升组织适应环境的能力。同时，管理者还必须重视那些可能破坏有序状态的因素，并对其加以控制。组织中最易导致有序状态被破坏的两个因素是人心向背以及内外部的突发状况。第一，要注重凝聚人心，人心一旦离散，那就一定会使组织无序，产生内部摩擦，所以管理的高手都会把主要精力放在解决思想统一的问题上，思想政治工作作为凝聚人心的工作是重要的管理工作。第二，应当关注突发状况带来的冲击，也就是要重视不确定因素带来的影响，关注风险管理。因此，当管理体系建立起来并被有效实施后，管理者的管理重点即为解决人心向背和实施风险管理。

在企业建设系统工程中，按照系统理论的观点，系统的目的和要求既是建立系统的依据，又是系统分析的出发点。系统的目的不明确可能会降低系统可靠性。确定系统的目的首先要考虑整体要求，既要有全局观念，还要有长远观念。同时，确定系统目的应当分清主次。一个复杂的系统，往往有多种目的要求，但确定系统目的时，应当选一个最主要的要求作为系统目的。一个系统通常只能有一个主要目的。如果有多个主要目的，必然在人、财、物、时间、信息等各方面相互干扰，从而达不到优化的效果。如果目的多样，主次不分，看似面面俱到，实则不利于系统的优化。

## 2.2 仿生学理论

企业的产生、成长、成熟、衰退以及消亡是一个周期性的过程，与生物的生命过程具有较高的相似程度。所以，要想使企业获得长久的发展，必须将其作为一个生命体来对待，对其生长中的每一个过程都进行合理规划和安排,从而实现其生命的意义。企业内在的成长过程与依存的外在市场环境系统所呈现出来的生物性,为仿生化的研究提供了众多可能,在此前提下研究仿生学理论对企业的影响成为了管理学的一个热点问题。[5]

### 2.2.1 仿生学理论的产生与发展

随着生产的需要和科学技术的发展,从20世纪50年代以来,人们借助生物系统,利用生物界的各种现象研究各项技术。用化学、物理学、数学以及技术模型对生物系统开展深入研究,促进了生物学的极大发展。此时模拟生物不再是幻想,而是能够实现的事实。生物学家和工程师们积极合作,开始运用从生物界获得的知识改善旧事物或创造新的工程技术设备。生物学开始跨入各行各业技术革新和技术革命的行列,并率先在自动控制、航空、航海等军事部门取得了成功。生物学和工程技术学科结合在一起,互相渗透孕育出一门新生的科学——仿生学(bionics)(图2.5)。

| 20世纪40年代 | 20世纪50年代 | 20世纪70年代 |
| --- | --- | --- |
| 科学技术的发展和新理论的提出,人们开始将机器和生物联系到一起,认识到两者之间的关系。 | 仿生学作为一门独立学科存在,斯蒂尔为其命名为"仿生学"。 | 随着技术的发展,生物学开始跨入各行各业技术革新和技术革命的行列。 |

**图2.5 仿生学发展历程**

20世纪中期出现了研究系统的结构和性质来为工程技术提供新设计思想及工作原理的科学的新学科——仿生学。从早期的母系社会开始,人类一直不断尝试通过对技术手段的模仿让自然界的形态和意识为我们的生活服务。直到1960年,仿生学作为一门学科才得以推广。仿生学的学科特点主要是广泛运用类比、模拟和模型,其任务主要是研究自然界生物系统的运作原理及其所具备的优异功能并将其模拟化,然后利用这些原理设计和制造先进的生产技术设备。其目的并不在于机械地复制每个细节,而是对生物的功能和结构进行分析并运用到未来的设计中。

仿生学学科虽然在20世纪中期才得以问世,但是其思想从古至今一直存在，人类与自然界中的万物都有着密切的联系。古代人类从研究模仿自然生物开始设计并制造满足人们日常生活的工具，研究水中鱼的生理结构和前进方式发明了重要的交通工具——船；研究空中鸟的生理结构和飞行方式发明了飞机；仿照鱼的胸鳍做成双桨，按照鱼的尾鳍又制造了单橹，实现了人们"水上漂"的绝世武功。人们模仿生物的微观结构与功能，制造出和人们息息相关的科技产品，在不断探索中创新，实现人类的进步。但如今仿生技术手段已经非常成熟并经受得住考验，根据生物的生理结构搞清动物的运作原理，对仿生行为提供了正确指导，从而实现人类与自然的和谐共生。

总之，人们利用仿生学技术实现了人类从微观世界到宏观世界的模仿，为生物学与科学技术之间架起一座沟通的桥梁，解决了许多技术上的难题。仿生学朝着多个方向和多个学科相互交叉、相互渗透的方向发展。对生物学的发展起到了极大的推动作用，通过模拟的方式将生物的理论研究与实践结合起来，使生物科学的研究更加准确。如今企业也将仿生学技术的方法联系起来，利用仿生学推进企业的发展。

### 2.2.2 仿生学理论对企业的影响

仿生学是模仿生物特殊本领的一门科学，是生物科学与技术科学之间的边缘学科，主要利用生物的结构和功能原理来研制新的机械和新技术，或解决机械技术难题。通过仿生学，可以从生物身上探寻到许多知识。正如企业组织与生物体存在惊人的相似性一样，企业管理的一些成功做法在生物界也有众多模板。以生命体的各种特征为模拟对象，研究和探索企业生存和发展的奥秘，将帮助企业发现自身存在的系统缺陷，并有助于其寻找根本的解决方案，这为企业管理研究提供了新的视角和借鉴。因此，诞生于20世纪90年代的企业管理仿生学日益受到人们的重视。企业管理仿生学是管理学与仿生学等多学科交叉的新兴边缘学科，学者将企业视为生命体，在管理的群体行为、个体行为、现象效应以及实现法则等领域进行了大量研究。《失控：机器、社会与经济的新生物学》一书的作者凯文·凯利（Kevin Kelly），是用生物学的理论和思维来解释和指导商业实践的杰出代表，其"蜂群思维""分布式管理"思想被企业家所推崇，并被运用到企业运作。仿生学作为一门新兴的学科，是企业生存发展的智慧之源，有效运用生物学思维和仿生学思维来激发灵感、促进企业发展将成为必然。

在企业资金管理过程中,可以用仿生学的理论和思维来加深对企业资金管理的理解。在企业经营法则中,通过寻找企业生存与自然生命体生存之间的共性,将仿生学与企业资金管理相结合,从仿生学的角度对资金管理进行系统分析。具体来讲是针对新时期企业资金管理的特点,借鉴仿生学中血液循环机理描述企业资金循环过程。按照人体血液要素的划分思路,根据企业资金的功能和特征,将其分为经营性现金流量、投资现金流量和自由现金流量。按照人体血液中淤血、缺血、血液结构失衡、高血压、高血脂等健康检验标准,诊断企业资金健康状况,并针对资金"病症"从融资、投资、分配、运营、预算等方面对症下药,从而提高资金使用效率,降低资金风险,确保企业持续发展。[6]

如同血液循环需要在好的外界环境中才能正常运行,解决企业问题也需要良好的市场环境。要解决企业问题,必须综合运用各种方法,多管齐下。

## 2.3 进化生物学

纵观生物进化史,从最微小的生物到高智商的人,无一不是经过时空的考验、优胜劣汰、进化演变而成。由此可见,企业发展史和生物进化史之间具有超强的相似性。本节通过介绍进化生物学理论的概念,分析进化生物学理论在企业经济管理中发挥的有效作用,为企业在经营管理中应用进化生物学相关理论指导实践提供参考。

### 2.3.1 进化生物学的产生与发展

对自然解释的系统探索源于古希腊的哲学家们。柏拉图认为我们所生活的世界是永恒本质的倒影。亚里士多德强调观察的重要性,认为一个复杂的胚胎可能是通过均匀物质的分化形成的(表观发生),或者结构在一开始就存在(预先形成),只是在发育过程中展现而已。这些观点和现在遥相呼应。15世纪末,文艺复兴开启了现代科学的先河。对世界的研究不再是基于凭空想象或解释圣典,而是进行观察和实验。

进化生物学（Evolutionary Biology）是研究生物进化的科学，其研究内容包括进化的过程、证据、原因、规律、学说以及生物进化与地球的关系等，是生命科学最重要的学科之一。一方面，进化生物学是生物进化论（Biological Evolution）的继续和发展，而生物进化论是进化生物学的重要基础。早期的生物进化论研究以理论探讨为主，不完全具备现代自然科学的一般特征。近几十年来，随着生命科学的迅猛发展，生物进化论的研究与生态学、分子生物学、行为学等学科广泛结合，已从推论走向验证，从定性走向定量，从基础理论走向理论和应用的结合，这也是学科名称更新为进化生物学的原因之一。另一方面，进化生物学是相对于功能生物学（Functional Biology）而言的，功能生物学主要研究生物体自身的结构和功能，进化生物学则研究与进化有关的生命现象。所以综合而言，进化生物学主要的研究范畴如图2.6所示，即学习和研究进化生物学对其他学科的交叉影响，借助进化生物学的理论完善和研究。

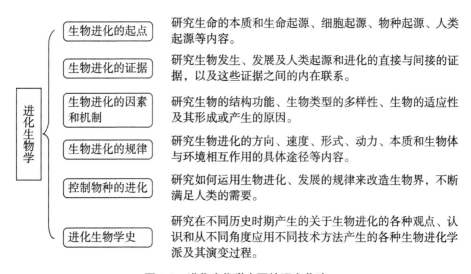

图2.6 进化生物学主要的研究范畴

生命的起源与演化是生物进化过程中极为关键的历程。生命的演化和复杂性的形成等虽然在某些方面已取得一些重要成就，然而，迄今尚未取得重大的实质性进展，许多环节仍处于探索或提出假说阶段。

学习和研究进化生物学对促进生物学的发展具有十分重要的意义。进化生物学的理论基础是生物进化论，生物进化论的形成和发展依赖于生物学各分支学科的发展，诸如细胞学、植物学、动物学、生理学、比较解剖学、古生物学、胚胎学、分类学、遗传学和分子生物学等。这些学科都是从各个不同角度研究生命运动及其规律性，而进化生物学正是这些学科研究成果的概括和总结，具有高度的综合性。首先，动植物的改良需要以进化论为依据，不仅要求选育的类型符合人类生产的需要，还要考虑其抗逆性，这样才能既满足适者生存，又符合人类的需要。其次，育种就是用人工选择的方法来加速自然选择的进程，实际是人工进化。再次，利用细胞遗传学和分子遗传学的规律来系统地创造某些新的生物类型，如单体、多体、单倍体、多倍体、双二倍体及无核类型等，以实现人工进化。最后，我们还可以利用各种现代分子生物学技术如电击法、基因枪法、花粉管导入法和原生质体摄入法等实现基因的水平转移，培育转基因动物和转基因植物，为人类生活的不断改善和提高提供可能。

### 2.3.2 进化生物学对企业的影响

由于现代科学技术的快速发展，企业的组织框架将面临新的变化，企业要想顺应时代的潮流，需要变成发展快速、充满想象力并具备创新精神的现代企业。总体来看，无论是小规模企业还是大中型企业，都是企业组织在自然环境和社会环境中长期进化的结果。相比较人类的进化过程，企业的进化发展与生物的进化发展有异曲同工之妙。

生物进化主要是指生物种类多样性和适应性的变化，或者说一个群体在长期遗传组成上的变化。在自然选择的作用下，生物的基因可能会发生变化，从而导致生物向着某一方向发展。生物的进化过程是生物与生物之间、生物与环境之间共同进化的过程。同样地，企业的进化过程也可以看成企业为了适应环境发生的一系列相对稳定的变化和获得的结果。进化生物学可以促进企业有效地适应环境并对环境做出相应的改变。与生物进化变异不同的是，企业变异更多采用的是一种主动的变异形式。为了适应环境变化的要求，企业将会积极主动地采取各种方式来获得新知识并产生新能力，从而进一步促进企业的发展。

在生物的进化过程中，生物只有适应生存环境才能够繁衍昌盛；在企业的进化过程中，变异后的企业能否被环境所吸收取决于环境。成功的企业之所以能够在市场大环境下稳定发展，其根本原因就是其与所处的环境相辅相成。企业在激烈竞争的大背景环境下创新，又在创新环境中逐渐提升竞争力。因此，对于一个创新性的企业必须适应环境的变化，随着环境的变迁不断调整自己的优势，摒弃一切阻碍创新的常规和管理，达到内外环境的和谐统一，才能在错综复杂的市场竞争中立于不败之地。在市场竞争激烈的情况下，企业为了实现发展，需要不断学习，通过知识的积累和不断的创新来提高竞争力。企业要想获得竞争力，可以从生物进化过程中实现的各种规律里进行学习。生物多样性是生物体与生态环境相互作用的结果，在商业领域，创新型公司需要多种创意和创新知识，可以让员工提供创新的方法和机会，鼓励员工发展创造力。如今从众多案例中发现，成功的企业必须拥有可靠的领导力和创新团队，以发挥整个团队的作用而不是孤军奋战。对企业而言，"势"就是企业未来经营环境的演变方向，比如，经济大环境的变化、政策大环境的变化、产品消费群体的喜好变化等。雷军创办的小米手机可以在短短数年发展成为知名手机制造厂商，一定程度上就是因为抓住了智能手机普及的大势。看到产业大势的企业不止小米一家公司，那为什么小米能够异军突起？这是因为小米还抓住了另外一个"势"，即智能手机消费群体对性价比的疯狂追求。小米不是最早做智能手机的，也不是做得最好的，但它却是当时性价比最高的。因此，当企业决定未来的进化方向的时候，要做的第一件事情就是看清未来之"势"，并抓住最有可能产生效果的"势"，做到极致。因此，进化生物论对企业经营最大的启示在于，环境在变，企业经营也要变，变则活，不变则死。但企业的进化也不能是盲目碰运气，必须看清未来趋势，因势利导，顺势而为——唯有有效才是真的进化。

如果物种行为过于僵化，不能自我调整，一旦环境变化，便难逃灭顶之灾的命运，成功企业在发展中形成强有力的行为规范和程序，这些规范和程序又随着资源投入得到强化。当环境发生突变时，由于沉浸于昔日辉煌，企业难以做出自我调整来适应新的环境。在瞬息万变的环境中，昔日的核心优势很快变成了企业的核心桎梏。企业必须做好准备，有计划地发动一场"破除传统桎梏的运动"，向着市场大势变化的方向进化，才能在竞争中得以生存。

## 2.4 产业组织演化理论

企业创新是企业、产业升级的重要驱动因素。加强企业创新，对当前我国低端制造业转向高端制造业，由"中国制造"实现"中国智造、中国质造"意义重大。当然，企业创新不仅仅指的是技术创新，产品创新、市场创新、资源配置创新、制度创新等也不可忽略。从某种意义上来说，产业演化升级的驱动力量就是产品创新、技术创新、市场创新、资源配置创新、制度创新等构成的共同演化机制。通过创新，推动企业发展，进而达到整个行业升级，这是产业演化升级的重要途径。

### 2.4.1 产业组织演化理论的产生与发展

20世纪30年代以来，在西方国家产生和发展起来以特定产业内部的市场结构、市场行为和市场绩效及其内在联系为主要研究对象的产业组织理论，主要是揭示产业组织活动的内在规律性，为现实的经济活动参与者提供依据，为政策制定者提供政策建议。产业组织理论自产生以来对西方国家产业组织政策的制定有着重要的影响。随着世界经济一体化进程和国际经济贸易往来活动的加强，产业组织理论发生了一系列变化（图2.7）。

图 2.7 产业组织理论

亚当·斯密的理论学说关于看不见的手对市场的干预，对于资源配置的统一认识具有重要影响。在完全竞争市场的条件下和不受外界因素影响的情况下，价格引导着一切资源的流动，在社会的各部门利润平均化时，这一资源自由流动过程将会停止，此时，资源配置便达到了均衡的状态。在均衡价格体系的调节下，厂商只需按照边际成本等于边际收益的基本原则进行投资和生产，便可以使成本达到最低，产量适宜，生产出来的产品刚好可以满足社会的需求。也就是说，在完全竞争条件下，市场是资源配置的最佳手段，不需要对市场进行任何人为干预。19世纪末，以马歇尔为代表的新古典主义经济学派看到了实际经济活动中存在的垄断，并强调垄断会导致垄断利润的产生或均衡价格的上涨，阻碍资源的最优配置。但他们也认为垄断只是竞争过程中的一个暂时现象，从长远来看，垄断企业会受到技术进步的阻碍，无法保持垄断地位，从而恢复全面竞争。

1936年，张伯伦和罗宾逊提出，由于产品的差异，现实中典型的市场结构实际上不是完全竞争，而是垄断竞争。在垄断竞争的市场结构中，企业具有一定的价格决策权，这将使长期的垄断利润大于短期的垄断利润。因此，仅凭市场机制的自发行动不足以实现资源的最佳配置，政府必须进行干预，才能保证市场的适度竞争。垄断竞争理论的提出引发了人们对一系列现实问题的深入思考，正是在对这些问题的研究和解决过程中，产业组织理论得以产生和发展。

最早的产业组织理论产生于哈佛大学梅森教授和他的弟子贝恩的相关研究中。1959年，贝恩出版了第一本关于工业组织理论的教科书《工业组织》，这标志着哈佛学派的正式形成。哈佛学派以实证的截面分析法推导出企业的市场结构、市场行为和市场绩效之间存在一种单向的因果联系：集中度的高低决定了企业的市场行为方式，后者又决定了企业市场绩效的表现。这是产业组织理论中"结构—行为—绩效"（SCP）分析的独特范式。根据这一分析，产业集中度高的企业往往会提高价格，设置壁垒以追求垄断利润，阻碍技术进步，导致资源配置效率低下。要实现理想的市场表现，最重要的是通过公共政策调整和改善不合理的市场结构，限制垄断权力的发展，保持适度的市场竞争。哈佛学派建立的SCP分析范式为产业组织理论的早期研究提供了一套基本的分析框架，并使该理论按照通用的标准方法发展。然而，在随后的发展中，SCP 分析范式的内涵发生了很大的变化。

20 世纪六七十年代，美国经济在国际上的竞争实力趋于下降，经济中出现了"滞胀"现象，以斯蒂格勒为代表的一些芝加哥大学学者对哈佛学派的观点展开了激烈抨击，并逐渐形成了产业组织理论中的芝加哥学派。20 世纪 70 年代后期，随着美国经济出现衰退，以及传统产业的国际竞争减弱，芝加哥学派成为美国垄断政策的主流，20 世纪 80 年代以后，生产要素在世界范围内加速流动，企业不得不在全球范围内配置资源，依托大生产规模，展开竞争，此时美国政府基本采纳芝加哥学派的主张，采取了缓和的反垄断政策。[7]随后，针对 SCP 范式的缺陷，一批有着良好微观经济学理论素养和数学基础的经济学家，利用现代微观经济学的最新成果，对传统产业组织理论进行了全方位的改造，形成了新产业组织理论。

因此，新产业组织的理论学家认为，企业的适当界限不仅由技术因素决定，还由技术、交易成本和组织成本决定。研究适当的企业规模是在企业和市场治理结构之间找到合理的组合。并且，为了理解产业结构形成和变化的原因，也有必要研究经济活动参与者的行为属性。因此，新产业组织理论的研究重点已经从结构联系转移到行为联系。由于行为属性的不确定性较大，传统的经验方法难以扩展到研究方法中，因此新的产业组织理论采用了基于演绎的研究方法。

### 2.4.2 产业组织演化理论对企业的影响

在产业趋同的事实下，要准确分析公司目前的定位，掌握市场需求变化的特点和行业内需求的变化，需要特别注意工业发展技术因素的影响。当企业处于新建阶段或成长期，应根据自身实力寻求相应的发展；当其处于成熟阶段，应注意工业发展前景，随人口生活水平的提高和新技术的出现行业发生的变化。企业对此做出预防，为今后的产业输出做好准备。史密斯定理认为，产业内部的企业从专业型走向全能型。比如，我国的彩电行业，在经过快速发展之后，已经逐渐走向成熟，此时应特别注意新技术对产业的冲击，实力较弱的公司应该积极准备退出、转移生产或合并。一方面，处于衰落行业，可以通过一些渠道，如推广、产品改进、寻求支持等，在一段时间内保持活力。另一方面，企业将面临要么退出要么向全能企业转化的选择。当企业发展到一定阶段，企业多元化经营成为一种必然趋势，可以通过有效利用资源、业务扩张、分散风险等目的来进行驱动。因而，企业在实施多元化经营时的产业选择非常关键。虽然一些学者提到了多元化经营的低效率，但在实际上这种效率往往来自错误产业的进入。有些企业在进行多元化经营时，根本不考虑企业的发展，不认真分析市场需求和供给的可能变化，只注重眼前的利益，最后可能会小赚一笔却无法全身而退，多元化经营反而变成企业发展的包袱。

根据产业发展的规律，我们发现了许多企业发展的机遇。企业是工业发展的微观基础，要从根本上解决资源利用率低的问题，必须依靠企业的补充。企业必须适应国内外市场需求的变化，不断创新，促进行业的可持续发展。企业应充分发挥宏观控制和微观控制的作用，实施国家措施，优化资源配置。在当前产业结构走向合理化和先进的时候，企业要认真进行产业分析，把握规律，居安思危，追求可持续快速发展。

## 2.5 组织柔性理论

柔性管理作为一种有效的管理方式，不仅可以提高企业的经济效益，而且对组织管理、人才培养以及生产运营等方面产生了相当大的影响。事实上，柔性管理方式的推行被看作是一场管理革命，在企业经济管理中发挥着巨大的促进作用。本节通过介绍柔性管理的概念，分析柔性管理在企业经济管理中发挥的有效作用，研究如何在企业经济管理中运用柔性管理，希望为以后在企业经济管理中应用柔性管理提供参考。

### 2.5.1 组织柔性理论的产生与发展

与传统的刚性管理有所不同，柔性管理强调以人为本。柔性管理是一种新型的企业经济管理形式，借助企业文化、企业价值以及精神力量对员工进行感化和教育的人性管理。其主要以人的心理和行为发展规律为基点，对员工进行管理，通过对员工的心理和意志的说服，形成行动上的自觉。本质上，柔性管理就是针对企业的稳定和变化进行的经济管理，主要任务也是实现思维方式的多方转变。通过柔性管理，将事物发展的规律解释出来，体现市场的变化特点，帮助企业管理者更好地发挥其主观能动性，实现企业的长期稳定发展。实际上，理论界对于柔性研究的焦点是不断变化的，早期对于柔性的研究主要是关注生产和制造柔性，后来研究者们将柔性研究的焦点逐渐转移至战略层次和其他职能层面，包括研发、组织结构、人力资源管理和营销等职能柔性。近年来，柔性研究越来越关注组织系统柔性，组织柔性研究的发展可以划分为五个阶段（图2.8）。

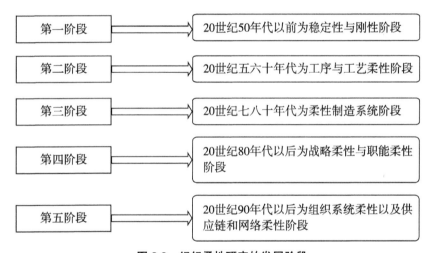

图 2.8　组织柔性研究的发展阶段

不论从管理理论还是从管理实践来看，柔性管理与刚性管理的分歧无处不在。在理论上，泰勒的科学管理理论将人看作经济人、机器的附件，强调组织权威和专业分工。梅奥的行为科学理论则认为，人是社会人，提高生产效率的关键是满足员工的社会欲望、提高工人的士气，而不是纪律的强制和物质的激励。上述两个管理理论的对立，实质是刚性管理与柔性管理的对立。同样，在实践中，美国的管理总体上较重视战略、结构、体制等硬性因素，却忽视组织的共同价值观、作风、人员、技巧等软性因素。一些亚洲国家（如新加坡、韩国）的企业管理，就比较重视企业的思想、文化及精神等"软件"。

柔性管理在人的智力活动特别是创造性活动中发挥着重要作用。首先，柔性管理能够有效激发人的创造性，在目前知识经济时代下，柔性管理可以巧妙地将员工的知识奉献给企业，实现知识的共享。其次，在知识经济信息爆炸的时代，复杂的外部环境要求管理者整合专业人员的智慧快速做出决策，而这只有通过柔性管理才能提供人尽其才的机制，才能迅速做出决策，实行职能的重新组合，才能在复杂的环境中脱颖而出。最后，柔性管理能够满足柔性生产的需求，随着时代的发展和变化，人们的消费观念、消费习惯和审美情趣也在不断地变化，满足消费者的需求，更加需要柔性化生产和精细化生产，对其赋予责任，实现企业模式上的转变。

柔性管理在管理决策中也发挥着重要作用。第一，柔性管理在管理决策中的作用主要体现在目标选择决策上。传统的决策理论更多遵循最优化原则，在一定条件下寻找最优解，但基于现实情况，不可能严格按照最优决策来进行抉择。赫伯特·西蒙提出以满意度替代传统决策理论的最优化准则，决策者根据自己掌握的情况做出最优解，实质上也就是实现刚性准则向柔性准则的转变。第二，管理决策的柔性化还体现在决策程序上。管理决策往往面对从事创造性活动的员工，但创造性活动存在不确定性和偶然性，本身的质量活动难以保障，对其难以作为量化考核的标准。柔性理论可以有效地改变这种局面，柔化奖酬机制，除了物质上的奖励，还注重精神上的嘉奖，通过扩大工作的内容和机制，提高工作的意义和挑战性。柔性管理还可以有效地帮助企业员工的配置、人才的流动，实现企业创造价值最大化。

总之，柔性管理可以有效地解决决策管理中难以处理的问题，柔性管理并不是凭空产生的，其思想在中西方各个发展时期均有体现，它也并没有优越于刚性管理，只是更顺应时代的发展，由物的管理转变到人的管理，柔性管理显然比刚性管理更具有效力。它和柔性制造系统、人本管理、权变管理虽有共同之处，却有本质区别。柔性管理的目标是追求企业的整体柔性，包括人员柔性、组织结构柔性、企业文化柔性等。实现柔性管理要以顾客要求为导向，以企业再造为手段，以学习型组织为目标，以信息化为基础。

## 2.5.2 组织柔性理论对企业的影响

通过对我国传统经济规范结构的观察，组织柔性理论主要配合企业长期可持续发展方针进行经济活动布置，而柔性化经济管理指标在于合理度过既定阶段发展困境，确保企业个体能够避开不必要的限制困境。以往以债权关系为支撑的企业架构，现阶段也快速转换成为保留合作双方共同利益成果的形态模式，就连过往的激烈竞争对手也在彼此之间建立合作共赢交流体系。在知识经济时代下企业组织系统的弹性化和生产作业的柔性化，对相应的管理体制提出了要求，组织柔性管理就是适应未来管理的这一发展趋势。

众多新兴产业随着社会的变迁和时代的进步诞生，企业要想在大背景环境下脱颖而出，需要不断创新。创新发展离不开员工的劳动和智慧，有效地采用柔性管理的模式，可以尽可能地调动员工的积极性，增强其责任感，保证企业在激励的市场环境中站稳脚跟。企业采用柔性管理，将其思想融合进激励机制，实行非物质的激励，激发员工的热情。企业实现生产的柔性，在进行生产时有理有据，可以有效地提高企业生产率，尽可能获得最大利益。柔性管理还可以提高企业的管理水平。柔性管理的运行方式趋向于网络化，在一个网络中，信息的传送更加畅通无阻，通过柔性管理建设沟通平台，企业管理者可以倾听来自内部员工的意见和建议，及时为企业决策做出调整，使其能够更符合企业的发展需求。在柔性管理的网络化运行中可以及时发现许多未解决的难题，企业上下同心共同解决问题，为达到共同的目标而努力，使得企业内部的工作效率得以提升，促进企业获得更高的经济效益。企业对柔性管理运用得当，能够缩短企业管理层和企业员工之间的距离，企业对市场的变化能够快速做出反应，出具科学合理的经营决策，使得企业在市场经济中获得足够的竞争优势。

总之，柔性管理的效果越显著，越多的企业会将柔性管理运用到企业的经济管理中，并且逐渐形成企业的管理方式。柔性管理能够使企业更加关注员工的诉求、及时更改决策、确保企业的灵活度，使员工的忠诚度得到保障，提高企业的经营管理效率。

## 2.6 风险管理理论

企业风险管理是企业发展的关键。企业在发展过程中会出现各种问题阻碍企业的发展，所以企业需要做出大量决策。企业风险管理对企业的意义在于可以帮助企业及时了解风险，并做出相关调整，还可以帮助企业更好地把握风险中隐藏的机会，使企业抓住机遇，稳步发展。本节通过介绍风险管理理论的概念，分析风险管理在企业经济管理中发挥的有效作用，研究如何在企业经济管理中运用风险管理，为企业风险管理提供参考。

### 2.6.1 风险管理理论的产生与发展

风险管理理论大致经历了传统风险管理理论（20世纪30—70年代）、整体化风险管理理论（20世纪70—90年代）和全面风险管理理论（21世纪初至今）三个发展阶段（图2.9），由最早的以金融保险为主要研究对象延伸、拓展到经济社会生活的方方面面，越来越受到国际社会的广泛关注。

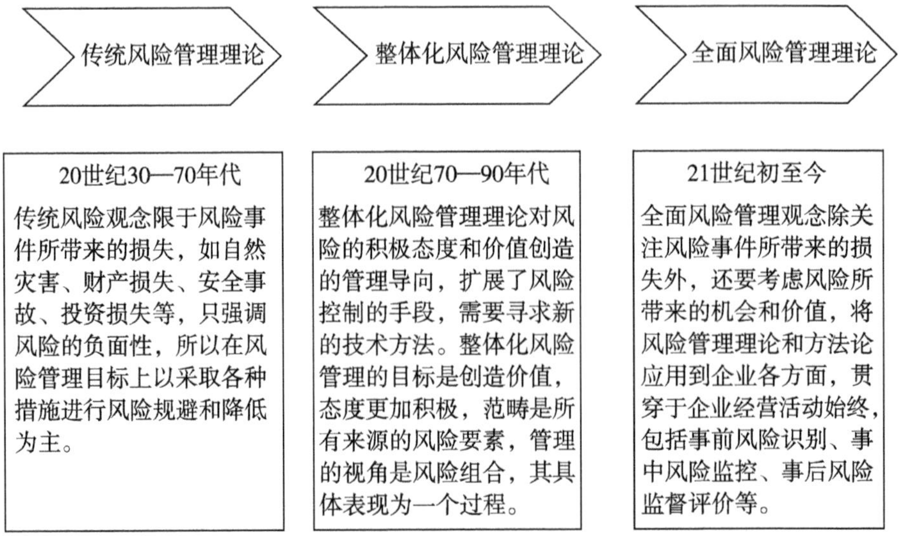

| 传统风险管理理论 | 整体化风险管理理论 | 全面风险管理理论 |
| --- | --- | --- |
| 20世纪30—70年代 传统风险观念限于风险事件所带来的损失，如自然灾害、财产损失、安全事故、投资损失等，只强调风险的负面性，所以在风险管理目标上以采取各种措施进行风险规避和降低为主。 | 20世纪70—90年代 整体化风险管理理论对风险的积极态度和价值创造的管理导向，扩展了风险控制的手段，需要寻求新的技术方法。整体化风险管理的目标是创造价值，态度更加积极，范畴是所有来源的风险要素，管理的视角是风险组合，其具体表现为一个过程。 | 21世纪初至今 全面风险管理观念除关注风险事件所带来的损失外，还要考虑风险所带来的机会和价值，将风险管理理论和方法论应用到企业各方面，贯穿于企业经营活动始终，包括事前风险识别、事中风险监控、事后风险监督评价等。 |

图2.9 风险管理理论历程

最早提出风险管理理念的是美国 US 钢铁公司董事长 B. H. 凯里（B. H. Carey），1906 年他从公司多次发生的事故中吸取教训，提出安全第一的思想。20 世纪 50 年代，风险管理作为一门学科发展起来，形成了独立的理论体系。在这一发展阶段，风险管理主要运用于企业管理领域，主要目的是对企业的人员、财产和自然、财务资源进行适当保护。个人和企业是此阶段风险管理的主角，风险管理以保险为核心。

20 世纪 70 年代以后，整体化风险管理集金融传统风险管理和金融财务风险管理于一体，成为现代风险管理的核心理论。对风险管理的研究逐步趋向于系统化、专门化，使风险管理成为企业管理领域的一门独立学科。整体化风险管理冲破了传统风险管理以防范损失为主要内容的狭隘理解，以更加自觉、更加系统、更加全面、更加科学的思维和方法来研究和降低风险对企业的整体影响。在西方发达国家，很多企业中设有风险管理机构，专门负责风险的分析和处理工作。风险管理工作要涉及人力资源管理、财务管理、市场营销、生产作业管理等企业运作的各个方面，最大限度地降低和管理企业运作的各个环节可能出现的风险。风险管理部门已成为企业中专业性、技术性较强的经济管理部门，风险管理人员通过他们的工作识别风险，为企业管理层和决策层提供决策依据。

全面风险管理是现代风险管理发展的产物，强调站在全局的角度进行整体化风险管理，通过在管理的各个环节和经营过程中执行风险管理的基本流程，培育良好的风险管理文化，建立健全包括风险管理策略、风险理财措施、风险管理的组织职能体系、风险管理信息系统和内部控制系统在内的全面风险管理体系，为实现风险管理的总体目标提供合理保证的过程和方法。全面风险管理阶段改变了传统的"头痛医头、脚痛医脚"的事后分散风险管理模式，该阶段风险管理的特征是战略性、前瞻性和整体系统控制，并考虑了环境因素。它不但注重风险的事后管理，更注重事前和事中管理。更为重要的是，它通过构建系统的风险管理框架，将面临的各种风险有机地结合起来，明确各类风险之间的关系和互相影响，形成了实时的、系统的、立体的风险管理模式。

### 2.6.2　风险管理理论对企业的影响

2015 年 9 月，ISO 9001：2008 质量管理体系已经改版升级为 ISO 9001：2015，

改动较大，在整个条款中贯穿了"基于风险的思维"。风险管理流程主要包括：风险辨识与评估、选择风险管控策略、制订并实施风险控制方案、完善内部控制管理、实施评价监督与改进等内容。由于任何企业经营过程中风险是客观存在、不可避免的，企业可以通过风险管理以及控制来达到降低风险和规避风险的目的。

首先，风险管理能够有效地保证企业生产经营目标的顺利实现。企业的目标就是追求利润最大化，将盈利放在首位，实施风险管理恰恰使企业盈利建立在更加稳固的基础上，促进企业增加收入和减少支出，使企业风险最大程度地减少，并在发生损失后及时获得补偿，从而保障了企业经营目标的实现。其次，能够有效地提供安全的生产经营环境。实施风险管理可以持续推进企业内部改革，提高企业风险控制能力，提升内部控制水平，从而保证了企业正常生产经营活动，提高了企业的整体实力。再次，能够促进企业经济效益的提升。最后，能够促进企业决策的科学化，减少决策的风险性。

# 第3章 智慧企业的框架体系

智慧化时代的来临，掀起智慧企业建设浪潮。智慧企业是建立在数据驱动基础上，整体呈现人工智能特点的人机协同企业。智慧企业要求站在企业整体的角度，强化物联网建设、深化大数据挖掘、推进管理变革创新，将先进的信息技术、工业技术和管理技术深度融合，实现企业全要素的数字化感知、网络化传输、大数据处理和智能化应用，从而使企业呈现出风险识别自动化、决策管理智能化、纠偏升级自主化的柔性组织形态和新型管理模式。

## 3.1 智慧企业的内涵

改革开放四十多年来，中国经济发展取得举世瞩目的成就。我国经济发展已经由高速度增长转向高质量发展，企业传统的经营与生产模式已经不适应新时代高质量发展的需求，推动传统企业数字化、智慧化转型成为必然趋势。从政策层面来看，我国出台了《智能制造"十三五"发展规划》和《中国制造2025》两个文件，并提出了相应的实施方案，以期实现中国新经济发展战略。从市场层面来看，我国已经进入了消费升级的时代，主要的改变就是消费者对产品质量和服务更加重视，不再是单纯地追求价格低廉。顾客对产品质量、服务的要求越来越高，这也促使企业不断地向自动化、智能化转变。从产业视角来看，尽管中国已经是世界上最大的制造业国家，但是中国的制造业优势主要表现在生产成本方面，而且大部分都是以资源、劳动为主的产业。近年来，我国企业面临劳动力和原材料成本上升的压力，传统的成本优势正在逐渐消失，企业转型十分迫切。

大数据、物联网、云计算、人工智能等新技术不仅让传统产业的竞争更加激烈，而且还引发了跨界竞争，对公司发展提出了新的挑战。对手或许并不是那些曾经的同行，而是跨界者的颠覆式创新。因此，企业必须进行转型，以提升企业的竞争能力。在转型的过程中，云计算、大数据、物联网、移动互联网、人工智能、区块链等技术的渗透与应用，为数字化的智慧企业提供了基础。智慧企业研究也得到了广泛关注，不同学者从不同角度给出了界定。例如，顾新建等（2010）[8]认为，智慧企业以云计算（云制造）、互联网、无线网和物联网为基础，具有更全面的感知、更广泛的互联互通、更深入的智能化的特点。叶秀敏（2015）[9]指出，智慧企业是指企业能够充分利用现代信息技术，及时获取和利用信息，进行科学决策，使用智能设备，合理整合、配置企业内外资源，更好地满足和引导用户需求的企业。

涂扬举（2017）[10]认为，各种新兴技术已经具备了改变产业组织运作方式的能力。在"互联网+"的产业变革背景下，要形成以数据为导向的经营理念，并融入企业的经营活动过程，逐步实现企业转型。《中国智慧企业发展报告（2019）》中提到，智慧企业应当具备将新一代信息通信技术与企业内外部生产要素高度融合，在生产、管理或服务过程中实现自主决策、自主执行和自主演进的能力。《中国智慧企业发展报告（2022）》通过对智慧企业建设案例进行分析，总结出目前智慧企业建设的六个特征：一是案例分布更加均衡，智改数转全向发力；二是数智创新范围更广，实现全流程覆盖；三是智能化程度加深，自主优化开始探索；四是数据资源集成共享，平台成为重要承载；五是数字技术与行业技术融合创新，迈向普适化；六是管理变革同步推进，建立面向数智化的流程机制。可见，智慧企业建设正逐步走向成熟。

综上所述，智慧企业是在数字时代发展的一种新兴企业形式，它是基于大数据、云计算、区块链、5G网络、人工智能等数字技术形成的一种新的企业组织方式。智慧企业与传统企业有着巨大的区别，甚至可以说是一种颠覆式的变革。智慧企业并不只是将数字化的设备引入到企业中，而是将大量的信息链与传统的产业链相结合，从而提高生产效率、提升产品品质、拓展销售渠道，实现更高的利润。智慧企业不但具有巨大的生产优势，而且因为数字化技术的应用，使得管理方式变得更加科学化，人力资本结构得到了优化，管理效率也得到了提高。如今，面对百年未有之大变局，智能化的商业模式正成为发展趋势，各地区、各领域、各行业内部都将会发生一次大的变革，企业要想获得竞争优势，必须有敏锐的洞察力、准确的决策、有效的资源整合和快速的反应，而这都是建立智慧企业的基础。

## 3.2 智慧企业的运行机理

智慧企业是以区块链、云计算、共享平台等数字技术为支撑的数字化企业，其运行模式与传统企业有很大的不同。建设智慧企业，需要充分释放数据要素的价值，让数据与其他生产要素融合，发挥倍增作用。因此，智慧企业需要建立一套新的运行机制，适应当前数字社会的发展。

### 3.2.1 数据成为新的生产要素

党的十九届四中全会通过的《中共中央关于坚持和完善中国特色社会主义制度 推进国家治理体系和治理能力现代化若干重大问题的决定》，以及 2020 年中共中央、国务院发布的《关于构建更加完善的要素市场化配置体制机制的意见》都提到了数据作为新的生产要素所发挥的重要作用。在数字经济背景下，随着人工智能、区块链、云计算、5G 等数字技术的普及，以及与实体经济的紧密结合，万物都可以数据化，数据成为继土地、劳动、资本、技术、知识和管理之后新的生产要素。数据是生产的一部分，而且与其他生产要素相互结合，极大提高了生产效率与生产质量。数据是数字经济时代的一种全新的、关键的生产要素，它贯穿了数字经济整个发展的过程。数据与其他生产要素之间相互结合，形成了新的要素组合、要素结构，释放了信息的红利，特别是与劳动、资金等因素的融合，使之成为企业的经营管理与决策的重要手段。由此看出，数据是"黏合剂"，它充分地与传统的劳动、资本等生产要素相结合，推动要素之间的联系与流动，使各种生产要素集成。在各要素系统中，协调各要素之间的协同与联系，使各要素的组合与结构不断地产生乘数与网络化作用，从而使数据生产率得以充分释放。

1890 年，马歇尔在《经济学原理》中提出，生产要素是维持国民经济运转以及市场主体生产和运作所必需的基本社会资源。在农业经济时期，土地和劳动是两个基本的生产要素。第一次工业革命以后，资本的作用逐步加强，也被纳入了生产要素的范围。与此同时，由于公司的产权和经营权分离、新技术不断影响着市场竞争，以及专业分工的细化，管理、技术、知识逐渐成为生产要素。随着大型存储设备、运算单元等软件和硬件迅速发展，大量结构化、半结构化和非结构化的数据被记录，并在数字经济时代成为"新石油"。生产要素的发展如图3.1所示。从数据自身的资源属性和潜在的生产潜力来看，把数据看作是一个生产要素，既是时代必然，也是现实需要。生产要素既具有创造价值的潜能，又可以与生产资料相结合联合创造价值。就数据本身来说，它不能独立创造价值。将数据与生产资料结合起来的过程，是将数据从潜在的生产要素转化为真实生产要素的过程。正是因为数据资源无法独立地转化为实际的生产要素，所以在企业层次上，数据资源不能独立地影响公司业绩。

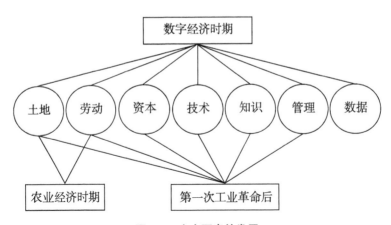

图3.1 生产要素的发展

数据作为一种新型生产要素，它与传统的生产要素有着本质区别。因此，对其特性的探讨对于了解数据的运作机理以及数据价值形式的动态演化过程有着十分重要的作用。数据的特点可以归纳为虚拟替代性、多元共享性、跨国界融合、智能即时性等几个方面。

（1）虚拟替代性。通过"0-1"代码实现虚拟研发、虚拟制造、虚拟营销和虚拟运营，从而实现虚拟生产。数据替代是指数据要素取代土地、劳动和管理。具体来说，首先，数据要素取代了土地要素。数字孪生技术能够将实物空间映射到虚拟空间，进行产品的虚拟生产，极大地节省了实物用地，摆脱了土地资源的限制，解决了土地供应不足的问题，并使实际的生产空间得到了一定程度的"去土地化"。其次，数据要素取代了劳动。利用人工智能技术，实现了以数据为中心的生产过程自动化，并自动完成数据的采集和存储。在这个过程中，以数据为中心的生产过程将会部分地或完全地取代劳动，也就是"去人工化"。最后，是管理要素与数据要素的关系。在数字经济时代，一切事物都是连接在一起的，个人就是"数据产生器"，把所有的信息都传输到云端，而 AI 则模仿人类的大脑，利用机器学习和深度学习，突破人类的认知极限，帮助人类进行管理和决策，实现云计算、云管理、云决策，实现一定程度的"去管理化"。因此，数据要素的虚拟替代性使其可以有效地对传统的生产要素进行一定程度的替换，从而解决传统的生产要素短缺问题。

（2）多元共享性。分散的数据处理方法导致多元参与者的出现。随着大数据、云计算和区块链技术的迅速发展，数据处理模式由单中心、线性、串联向多中心、非线性、并联转变，最终向点对点的分中心网络过渡。去中心化的网络化平台使众多的机构能够参与到公司数字产品的研发、制造、销售、运营等各个方面，并通过"众包""外包""皮包"等方式进行合作。多主体协同生产方式具有灵活性、高弹性和快速性的特点，可以有效地减少生产时间、减少交易费用、提高生产效率。数据的虚拟特性，使数据的生产要素与传统的生产要素存在一定的差异，其固有的特性，如低边际成本、高可复制性，使得数据的所有权具有二元化、多元化的特点。此外，从产权的角度来看，数据的产权也是多元参与的，可以归属于资料的生产者和使用者。一方面，资料生产者在日常生产、生活中直接产生资料，而产生的资料却是单一的、价值密度低的、碎片化的。另一方面，使用者，也就是数据管理者，运用数据留迹等技术手段，对大量数据进行采集、清洗、分析、处理，从而产生价值。在数据的采集、存储、处理和应用阶段，数据的管理者都会把自己视为创造价值的一部分，数据的多场景应用会使数据的价值增加。所以，在产权问题上，资料的多样性是存在的，既表现为参与主体的多元化，又表现为资料的多元化。

（3）跨国界融合。跨国界融合包含两个层面：一是跨国界的数据类型，企业散点数据、行业或领域条带数据经过多维集成，最终形成了数据块，多维的块状数据在平台上进行组合和聚集，企业需要的时候可以随时调用，可以即时分享数据，帮助企业获取跨越国界的竞争优势，从而实现"赢者通吃"。二是跨国界的生产要素整合。主要特点有三个方面：①将数据和劳动要素结合起来，构成数据劳动，从而提高了劳动力的生产效率、优化了企业的雇佣结构、节约了人力资源。②将数据和资金结合起来，使数据能够引导企业进行投资决策，使资金流向最佳的方向，从而最大限度地发挥资金的作用。③将数据要素和技术要素结合起来，使科技优势得以充分发挥，达到产品工艺和生产过程的最优化，使企业的产品质量和效益得到提高，从而促进企业数字化转型。因此，数据要素与劳动、资金、技术等生产要素相互结合，能够形成要素之间的优势互补。而新的生产要素——数据的引入，使要素的融合效应呈非线性增长，进而对数字经济的发展起到了巨大的推动作用。

（4）智能即时性。在数字经济时代，数据智能化是一个典型的特点，智能数据的处理主要有智能搜索、智能聚合关联、智能筛选、智能决策等。在数字经济时代，数据的实时性是最基本的需求，使用户可以即时处理、分析、反馈，并能根据用户的不同需要提供快速灵活的服务。以网约车平台为例，企业需要在平台两边的用户和驾驶员之间进行实时的数据匹配，因此需要尽量减少数据延时。在这一过程中数据传输、数据处理的即时性是关键，只有减少数据传输、反馈的延迟，快速、动态、即时地反馈需求方的要求，才能提高用户的黏性。

从数据元素的虚拟替代性、多元共享性、跨国界融合、智能即时性四个方面可以看出，数据元素的应用场景是大规模、系统性的，对于个体化或小规模的场景，数据元素的应用效果要差一些。在大的企业或产业链中，数据元素的作用更为显著，这是由于数据具有宏观的生产力属性，生产要素从低级到高级的进化，也是生产力的动态演化。在数字经济时代，数据既是一种新的生产要素，也是一种新的生产力。数据生产率被定义为"数据+计算能力+算法"。生产力由劳动、劳动资料、劳动对象三大要素构成。具体来说，在数字经济时代，新一代的数字技术如人工智能、大数据、区块链等，为大量数据的产生提供了技术支撑，而数据则是以"0-1"二进制字符串的形式出现。数据的收集、储存、处理、分析等都不依赖于体力劳动，而主要依赖于数据分析师等智力工作者。因此，数据生产力被界定为：以数字化技术为劳动工具的知识型劳动者，通过大量的数据作为劳动体来改造社会。生产力对生产关系起着决定性作用，而数据生产力的产生与发展，必然会对生产关系进行解构与重组。生产关系的解构与重组，是指不断地对原有的生产要素进行渗透、替代，破除旧的常识与规则、旧的经济形态，创造新的常识、新的规则、新的模式、新的形态。数据生产力使得经济和社会发展的规律、运作方式发生颠覆性变化。

  微观上公司的组织形式和经营方式的改变，是从宏观水平上对规则、常识和经济形态进行重构的具体表现。随着数字化、网络化、智能化的不断深入，企业的组织形态和经营方式也在不断地向"新化"发展。随着数字化技术的不断发展和普及，数据资源的爆炸式增长、用户的指数增长，不但使生产力得到了极大的提升，而且对"云"的生产也起到了推动作用。"云"上生产模式有利于智能共享海量数据，支持技术中台，沉淀业务发展，打造"云端制"的组织形态，催生平台经济、共享经济等新型经济形态，从数据生产要素、数据生产力、数据生产关系等方面进行全方位的系统性变革。以"数据+计算能力+算法"为核心的人工智能技术，在计算能力、算法等方面都得到了一定程度的提升。数字技术深入到经济生活中，推动了经济的迅速发展，特别是5G、工业互联网、物联网、人工智能等信息技术在金融、制造、教育、能源、汽车、物流等领域的广泛应用，使得新基建中的数据可以通过传感器实时传输。比如车联网以"车、路、云、网、图"五大元素为核心，形成车内网、车际网、车载移动互联网"三网融合"的车联网体系结构（图3.2），呈现实时发布指令、共享车辆数据、判断实时路况、确定最佳行驶路径、监测车辆行驶状况等功能，达到"车、路、云、网、图"的有机统一，实现车辆智能与安全。新基建下的数字化转型应用加速并扩展了数据的生成，催生了大量的数据。所以，数字技术对于数据的生成起到了支持的作用。由于人工智能、区块链、云计算、5G等新技术体制下的基础技术的革命性创新，使得资料数量以几何倍数的速度增加。由于资料具有可重复利用的特性，因此其边际费用非常低廉，甚至可以达到零费用。特别是在摩尔定律①的影响下,数据的收集、存储、处理、分析和应用的成本大幅度降低。所以,数据具有成为主要生产要素的条件。

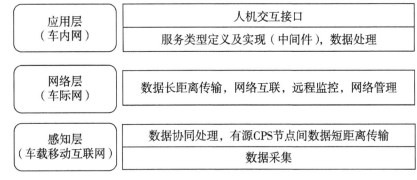

图 3.2　车联网体系结构

从企业的角度来看,大数据驱动的管理创新已经形成了三个基本观点:一是数据是企业在数字经济中的一种竞争资源,它可以增强企业的动态能力,比如数据赋能,即通过技术、技能等手段来提高用户的能力,从而创造价值。二是以数据为基础,加强组织学习的能力,企业可以通过对数据的处理和分析提高企业的组织学习能力。三是要实现数据的价值创造,就必须对核心结构和能力进行调整、更新,以防止企业产生对现有流程、业务模式的惰性,从而妨碍数据分析帮助企业做出正确的经营决策。

由以上分析可知,数据作为一种新型的生产方式,它已经渗透到了社会和经济的方方面面,小到人们的衣食住行,大到企业的生产效率,推动了整个国家的经济发展,给人类带来了越来越多的利益。

### 3.2.2　新技术推动生产力发展

生产力是人类社会发展的最终决定力量,它决定社会的性质、面貌和发展趋势。1847 年,马克思在《哲学的贫困》中指出,手推磨产生的是封

---

① 摩尔定律是由英特尔(Intel)创始人之一戈登·摩尔(Gordon Moore)提出的。其内容为:当价格不变时,集成电路上可容纳的元器件的数目,每隔 18～24 个月便会增加一倍,性能也将提升一倍。换言之,每 1 美元所能买到的电脑性能,将每隔 18～24 个月翻一倍以上。这一定律揭示了信息技术进步的速度。

建主的社会，蒸汽磨产生的是工业资本家的社会。今天的生产力革命表现为由大数据、移动互联网、物联网、云计算、区块链、人工智能等一系列新信息技术相互融合而形成的大数据技术体系的迅猛发展。数据作为新型生产资料，正在给社会生产以及人们的生活带来翻天覆地的变化，从根本上改变社会的生产方式和人们的生活方式。

数据是人类智力劳动的一种信息，它与技术、机器设备、资本、劳动、土地等一样，是现代社会生活中不可或缺的物质基础，也是21世纪的一种新型生产资料。

与石油等传统生产资料相比，数据具有共享增值性（数据分享价值）、可复制性（非稀缺性）、非排他性（同一数据可以被大家共享）、可反复利用、可用于多种用途等特点，是一种取之不尽用之不竭的新型资源。数据的收集、传递、分析、管理、应用等是大数据技术系统的核心。数据要通过移动互联网和多种新兴大数据技术系统地处理海量且全面的数据，从而转化为有价值的数据，并可以应用在实际生产中。以上这些都不是仅依靠技术上的突破就可以实现的，而是要通过移动互联网和物联网技术（数据收集、传输和交流）、云计算（数据计算、分析）、区块链（数据管理）、人工智能（数据应用）等一系列新技术的促进、融合才能实现。

新技术推动生产力的发展体现在数字化改造促进行业技术升级。[11]①数字化改造促进技术进步。数字化改造所带来的生产设备升级以及生产技术的革新可以提高生产效率，所替换的原材料可以降低生产成本，因此，数字化改造促进技术进步。工业企业的数字化转型最直接的措施是设备更新，先进的数字化设备改善了生产流程，促进了物化技术的发展。装备的数字化改造也对工人的素质、技能提出了新的要求，通过教育和培训使人力资本的层次不断提高，从而提高劳动生产率。同时，经过数字化变革，数据与实体化的装备、激活的生产和组织、使用的人力资本相结合，变成了技术进步的一种资源，推动了新的生产、提供了新的服务、提高了生产力。以企业为主导的数字化改造可以提高整个产业的生产技术水平，带动整个产业的生产设备改革升级，助推更多传统生产要素进行数字化转型。②数字化改造提高了企业管理和交流的效率。一方面，数字化的装备促使系统实现数字化，实现企业生产、组织间的沟通更加高效，并与上游的企业进行实时的交易和信息交流，从而提高信息传递的效率。另一方面，数字化转型会直接改良企业的组织结构，包括虚拟企业、无边界企业、平台企业、模块化企业，甚至个体企业，这些企业都会通过数字互联网，促进信息和资源的交流，提升企业的效率。然后，经过数字化转型的企业，不但会降低信息的监督、搜寻、验证等交易成本，还会因信息与商品的紧密结合，使得货物所附的信息几乎为零，从而降低货物的实际成本、物流环节的成本等。③数字化转型促进了企业研发的效率。企业的研发行为是其技术升级的内生性驱动因素，而数字转型则可以帮助其提升研发效能，推动其技术升级。目前各行业都在进行数字化转型，促进了创新环境的优化，为企业创新提供了更好的外部环境。政府部门是创新环境的关键维护者，其管理平台的数字化转型可以使政府与企业之间的信息交流更为迅速和全面，从而提升行政管理的效率，更好服务于企业。④数字化转型推动业务模式创新，大幅降低成本。互联网和信息技术最大的变化就是改变了传统的从工厂到顾客的多层次过程，在新的商业模式下，企业与顾客的物理距离并没有发生变化，但交易的时间大大缩短，通过去中间商、去环节、去库存等一系列减法，可以大大减少交易费用。技术升级则表现为企业充分利用数字化技术优化生产、管理、运输、销售等环节，形成以数据驱动企业生产经营的新模式，最终实现生产成本的下降和效益的提升。

　　由此可知，新技术通过多方面协同发力，促进生产力发展，提高生产效率，降低成本，使企业获得更大的收益。全面深入地推动信息革命的技术系统和机器系统，并不是一种技术的突破，而是多个信息技术的相互促进和融合。大数据、移动互联网、物联网、云计算、区块链、人工智能等新技术，它们都有自己的发展历程，但在过去的十多年里，这些新技术日益融合、相互支持，共同构建起大数据技术体系，即以大数据为基础的智能机器体系。

　　在数字化浪潮中，数字经济已经成为一个国家经济发展的主要动力，数字经济作为推动市场组织与运营的关键因素，推动着新的商业模式出现，打破以往的单一供应模式，形成以消费者为中心的新经营方式，数字经济在经济社会发展中扮演着越来越重要的角色。

　　《中国数字经济发展白皮书（2022年）》指出，产业数字化在数字经济中的比重已达到 80% 以上,数字经济的结构得到了进一步的优化。2012年以来,数字经济的年增长率达到了 15.9%,远远超过了同期的平均水平。在中国,在 5G 网络和工业网络的带动下,数字经济在 2021 年实现了 45.5 万亿元的规模(图 3.3),比上年同期增长 16.2%。产业数字化已成为发展数字经济的主引擎。专家们认为,过去的数字经济主要是以电子商务为代表的消费网络,而近几年,产业网络在数字经济中的作用越来越突出。因此,在加速数字经济建设的大背景下,数字技术的使用将会使企业的生产成本降低、资金的约束得到有效释放,生产效率的提高、资源的优化、全要素生产率的提高进一步促进了技术进步。

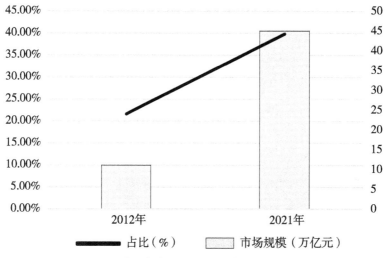

图 3.3 中国数字经济市场规模及占 GDP 比重

### 3.2.3 人类通过数字空间改造物理空间,实现人、机、物要素融合与重构

随着物联网、人工智能等高科技的不断发展与应用,网络覆盖了实体世界,从人机共存过渡到了人机物三位一体。在人—机互动的研究中,一个重要的思想就是人与机器合作,进行充分的了解并建立信任,人类要了解机器的运作模式,机器也要了解人类的世界观与价值观念,并且在设计人机互动的过程中充分考虑对方的特性和局限性。高效的人—机智能融合

往往是把人的思想带入到机器中,机器要考虑使用者的性格、习惯和偏好,而计算机则会和大脑产生共鸣,利用它们的优点,把人的本能和机器的信号探测和处理能力结合起来。人—机—物融合智能基于人与人之间的融合智能,并将人所在的自然和物理世界考虑在内,即态势环境。深入的态势感知是人与物融合的关键技术之一。深度的环境感知,不仅是对环境的简单感知,还是对人的偏好和机器能力的深度认识。人—机—物融合智能系统是以"预期—选择—预测—控制"闭环为基础的自主智能体。

信息技术和人工智能等新技术的迅猛发展,使人类进入了一个人—机—物三元智能交互时代。人—机—物三元融合需要深度集成物联网、通信等技术,实现人与物的互联,让智能与万物无缝对接、协同计算。尤其是在"互联网+"时代,工业互联网正在推动人—物融合的形成与发展。"十四五"规划提出了若干战略,包括核心技术突破、智能化转型和应用。人—机—物三元融合是指物理空间、信息空间、社会空间三者之间的有机结合(图3.4),包括物理空间与信息空间、社会空间之间的信息互动,信息空间和社会空间在智能上相互结合。三方融合的核心就是人工智能,三方合作的关键在于人与物的结合,如果能够将三方结合起来,就相当于给三方融合增加了一个"马达",让三方融合顺利地向前推进。在生产上,三元融合可以提高机器的感知能力、共情能力、行为能力、应变能力,使机器与人的能力相辅相成,提高生产的效率和质量。在生活上,三元融合技术可以减少认知上的偏差,也可以减少互动的局限,让机器能够更好地利用现实世界和资源,为人们提供更多的个性化产品和服务。

图 3.4 三元融合智能涵盖的三大空间

实现人、机、物的和谐共存，实现智能化、精细化、动态管理，构建新的社会生态，是一个巨大的工程，要实现这个目标，需要花费很长的时间，甚至需要几代人的努力（图3.5）。鉴于人、机、物的交互关系，要达到人与物的融合，就必须在理解人与物之间的关系的前提下，促进人与物之间的良性互动。因为从人类演化和发展的角度来看，在劳动的过程中，人类对自然、自身进行持续的改造，必然要与劳动对象产生关联，这就是所谓的人—物关系。人—机—物关系的核心是人与物之间的关系，因为人与物的智能交互是最主要的。要解释人和电脑之间的关系，就必须了解软件的特性。从动态信息论的角度看，软件的本质是人与人之间的互动，从而使电脑变得更聪明。电脑以软件为载体，承载着人的意志和智慧，与人之间的关系更像是人与人之间的关系，在融合和协作的基础上，人与电脑之间产生了一种共生关系。在《人机共生》一文中，利克里德指出："人—机共存是人和电脑相互协作的结果。"从世界的观点来看，人类和电脑应该相互协调、相互配合，以实现对世界的认识和改造。人—机融合智能需要一种合理的、良好的人机关系，而目前的人机关系更多的是一种从属关系，比如奴役关系或工具关系。然而以电脑为代表的智能机械，已不再只是人类的一种工具，它们已经与人类的文化、经济、生活息息相关，它将人类的感官扩展开来，同时也将人类带入了一个与虚拟世界、物质世界相结合的生态系统，对人类的思想与行动造成了巨大的冲击。可以认为，随着机械的发展，机器具有了自主的智慧，人类与机器、其他对象可以用统一的信息语言进行交流和合作，从而形成一个健康、舒适、安全、高效且开放的互联网社会。所以，人—机融合，短期的目标是帮助机器实现智能，并大幅提高机器的感知、应变能力，并推动人与人之间的关系。在语音识别、机器视觉、执行器等现有研究的基础上，着重于认知行为系统的研究，从语音助手、搜索引擎、导航系统等弱人工智能向拥有人类思想的强大人工智能发展，让机器更好地了解外界。信息是人与物之间的互动，机器可以有效地捕捉和储存实体环境中的信息，却不能独立地对信息进行分析。而人可以通过对物理环境更高层次的感知，从中提取出有用的信息，并在与人的互动中将感知到的信息传输到机器上，使机器在对物理环境感知中，能够真正反映出人的真实意图和智力特征。当机器的自主化水平不断提升时，人与物之间的共生关系就会发生变化，三方协同工作,共同缔造一个智慧社会。从短期来看,在人—机—物智能技术的驱动下,在人类社会、信息空间、物理空间中形成数字孪生、动态耦合、虚实交融的新社会形态,在创新创业、休闲娱乐、医疗健康等领域,提供更加主动、精准的智慧化服务。

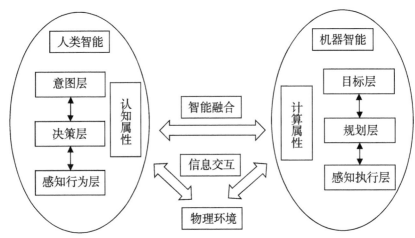

图 3.5　人、机、物关系模型

人—机—物三元融合技术的应用与发展,将会给人类的生活带来极大的改变。高度的连通性会带来大量的资料,而资料的高度集中将会促进不同的产业和地区间的流动,从而产生更多新的商业模式和商业形态。如果说互联网发展的前半部分改变了社会经济,那么后半部分就是工业互联网了。工业互联网是新一代信息技术与生产技术深度融合的产物,它通过人、机、物深度互联,实现全要素、全产业链、全价值链的全方位链接,推动形成新的工业生产和服务体系。三元融合计算的核心是人、机、物三要素的高效提取与融合,并提供人的普适服务,也就是说,在人—机—物智能技术的驱动下,人类社会、机器虚拟空间、物理自然空间将通过数据和信息联通互动、虚实交融,从而形成以人为本的人—机—物三元融合的新型社会形态。在这种新的社会形式下,人与机、人与物、机与物和谐共存,形成一种新的合作关系。随着人机交互智能的不断发展和应用,人工智能系统将越来越注重基于场景感知的个性化定制,用户将积极地参与到系统的设计中。这样一来,既可以运用人的特性和能力,又可以实现人、机、物三要素的充分融合。促进人—机—物高效协作和融合,一方面要加强人工智能的建设,另一方面,要从大局出发,通过对人、机、物的全面链接,建立一个覆盖全产业链、全价值链的全新系统,从局部融合到行业融合直至社会融合,最终实现社会一体化。

面对当前的人—机—物融合问题,政府和社会仍需要在技术和政策方面进行有效地协调并提供有力的支持。在技术层面,需要进行数据治理,解决数据冲突,确保数据的真实性、客观性、安全性。此外,需要在整体优化战略的基础上,进行科学的预测,为人—机—物的融合提供前瞻性的引导,在发生问题时,启动错误机制,进行适应性的调节。在政策方面,目前急需建立和推动相关上下游衔接的标准、法规、政策,明确开放的数据内容、开放的领域和权限,实现高效衔接、适度开放。[12]只有解决这些问题才可以更好地发挥人—机—物三元融合技术的积极作用。

## 3.3 智慧企业架构

信息技术的发展和互联网的深度应用已经成为企业发展的重要推动力,信息互联网、移动互联网和物联网技术的应用为企业铺就了数字化的康庄大道。在互联网上,阿尔法狗(AlphaGo)已经证明了人工智能在某些专业领域能够超越人类最优秀的选手,这昭示着在企业领域,智能化亦将创新变革至传统企业的方方面面。智慧企业的技术框架与组织框架是基于互联网新兴技术建立起来的,它的框架体系与传统企业有很大不同。智慧企业的框架体系要实现人与智能设备的高效配合,实现人—机—物的三元融合,构建一个以数字化为核心的智慧企业框架。

### 3.3.1 智慧企业的技术框架

信息技术、能源革命和管理创新都在带来新的变革,制造方式也从大规模集中向智能化、网络化、个性化发展,智能制造、互联互通已经成为企业发展的新趋势。自动化技术、云计算技术、大数据应用等一系列新技术的出现,给传统企业带来了颠覆性改变和巨大冲击。对于企业来说,若想要在激流跌宕的市场中站稳脚跟，就必须积极地顺应科技创新的潮流，引进新的技术、新的管理方法，强化管理并进行自我革新。

改革、创新的脚步永远不会停止，在数字经济时代，企业数字化、智能化转型是必要的。智慧企业并不是传统的企业信息化、数字化、智能化，而是将现代信息技术、工业技术以及管理技术高度融合在一起，从而产生出来的一种全新的、具备自动管理能力的企业组织形态和管理模式。这就需要企业找到正确的定位，厘清自己的思路，企业全员上下形成合力，才能保证智慧企业建设的有序推进。

智慧企业的技术体系，需要将云计算、大数据、物联网、移动互联、人工智能等技术与生产、运营、管理等各个方面进行深度整合，支撑起智慧企业的技术创新体系。通过多年的探索和研究，大量先进企业已经在"云、大、物、移、智"的技术基础上，按照业务量化、集成化、平台化、智能协同的关键途径，实现了一种智慧决策的人机交互技术体系（图3.6）。通过业务规模化进行数字化转型，对相关上下游产业链进行数字化感知，是智慧企业实施的基础，包括设备、流程等相关设备的数字化改造，以及面向市场的统计概率分析。通过运用物联网、大数据、人工智能技术，达到实时采集、传输、处理各类信息数据的目的，实现对企业各种要素的动态感知，提升企业精细化管理。信息化不是智慧，但智慧依赖数据的高度集成集中。数据是智慧企业的财富，要通过信息化建设，不断扩大员工的脑力限度，对各种复杂的运营数据进行统筹、整合、集中、统一运行，消除业务系统分类建设、条块分割、数据孤岛的现象。目前企业的经营决策，都是参照多个经济管理指标得出的最优方案，如果只对各个行业的数据进行合理分析，而不能将各个专业的数据串联起来，就会形成一座数据孤岛。智慧企业以专业数据整合为核心，通过无国界的云计算、移动互联等技术，建立员工协同工作、实时数据交换、实时处理信息的网络基础平台，横向打通各个行业的障碍，形成"蝴蝶效应"[①]。总的来说，智慧企业

---

[①]蝴蝶效应由美国气象学家爱德华·洛伦兹在1963年提出，它指在一个动力系统中，初始条件下微小的变化能带动整个系统的长期的、巨大的连锁反应。蝴蝶效应是一种混沌现象，说明了任何事物发展均存在定数与变数，事物在发展过程中的发展轨迹有规律可循，同时也存在不可测的"变数"，往往还会适得其反，一个微小的变化能影响事物的发展，证实了事物的发展具有复杂性。

以数据、平台和应用为支撑,实现人、机、物有效协同,以人的创新驱动技术进步,以技术进步推动管理系统,以管理系统释放人的创造力,实现三方面的智能协同,共同推动智能化应用的落地。

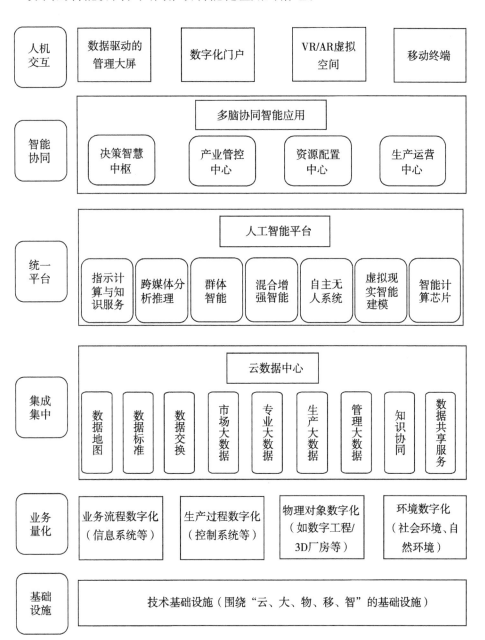

图 3.6　智慧企业技术架构

通过对智慧企业的分析，我们可以清楚地认识到要系统地建立起煤电企业的智慧型框架，需要从以下方面着手。首先，要加强企业的智慧建设。《中国制造2025》的一个重要内容就是实施数字化、网络化和智慧化制造。作为煤电企业智慧化的领导者，推动智慧的建立，并积极推动创新在全流程中展开。在现有的信息化基础上，通过建立网络化、分布式、智能的生产设施以及数据采集和传输网络，建立符合煤电企业和发电过程标准的"互联网+煤电产业"基础设施、服务业务和互动网络。其次，推进流程智能导向，以标准化、智慧化的生产和经营管理为抓手，积极推进生产、安全、人员管理服务标准化、信息电子化和引导智慧化工作，通过对生产流程、任务管理流程、人机交互、供应链系统等的智能化管理，切实提升集评价、考核、监督于一体的服务质量标准管理体系。最后，对电网进行智慧设计。在新的环境下，传统的能源管理信息化系统已不能适应新形势下的能源管理需求。能源管理不仅是一个信息化的体系和平台，更是一个智能的能源网络，它的设计、建设、管理过程要结合全网设计和全网优化的思想，实现能源的可持续发展和可循环利用。在人力资源管理方面，主要围绕智慧煤电企业建设、智慧生产流程再造、企业管理、能源分配与利用、资源回收与保护、特种产品研发等方面展开。人员依然是重中之重，煤电企业对人员的专业技能和跨学科的综合素质要求很高，要加强对员工的培训，完善员工的激励机制，加大对员工的引进力度，增强员工的诚信意识、品牌意识和优质服务意识，构建员工的经验分享和共享机制与平台，形成一支素质良好、业务精通、服务一流和充满热情的专业团队。[13]

### 3.3.2 智慧企业的组织架构

在大数据、3D打印、物联网、机器人等信息化派生技术日趋成熟的今天，企业的制造能力建设将迎来千载难逢的发展机会，加强智能设计和智能制造系统的建设，是推动智慧企业实现跨越发展和实现战略目标的关键。

智慧企业的经营分为三个层次，即智慧管理、智慧研发、智慧制造，决策层面是综合控制、资源调度和决策中心，而设计和制造则是产品的实体业务。[14]在实现智能化生产的同时，应建立并健全3D工艺管理平台，开发出工艺设计软件，开发出加工设备及测试设备。同时，应建设先进的生产排放系统,使生产数据、质量数据等信息能够以数字形式传送,并通过多媒体方式传送。该系统可以实时地记录零件的工艺状态、加工情况、质量等信息,并可以进行智能化查询。智能研发是建立在协同设计和并行设计的基础上,通过制定相关的设计标准和流程、设计先进的仿真工具、使用实验平台等方式来实现设计的数字化模型。智慧管理需要建立在多个层面的运营平台和共享数据基础上,要求企业的经营数据规范化,对各种文件、表格进行模板化,从而使企业的经营活动、请示、批复等工作能够快速、规范地进行。

智慧企业管理模式是以数据为基础,以"物联网 + 大数据 + 人工智能"为载体,实现了先进信息技术、工业技术、管理技术的深度融合,逐步构建新型智慧企业管理体系。图3.7中展示了智慧企业管理模式一(转换模式)。它的特征是将层次控制和数据驱动的管理有机地结合起来,适用于不能在短时间内消除层级控制的公司。智慧企业的经营模式是通过对核心业务进行数字化改造和功能部门的专业化整合,在保持原有的泰勒科学管理组织结构的前提下,逐渐加入智慧企业的管理系统,并根据企业需求进行改革,建立起"双轨制"的运作机制,逐步提高原有管理系统对数据驱动的管理方式的依赖性,度过智慧企业的初期阶段。

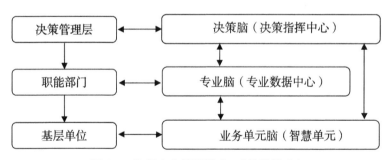

图 3.7 智慧企业管理模式一(转换模式)

图3.8中展示了智慧企业管理模式二(理想模式)。它的主要特征是以数据为导向,以各个智能大脑为中心,发挥规划、研发、服务保障等功能。该模式适用于单个功能企业、大型企业或企业的高层管理。这种智慧企业管理模式,全面改变了智慧企业的管理系统,以决策中心为核心,向下以专业数据中心为基础,向上为企业的管理层提供综合决策方案,同时以规划、研发、服务等部门来保障智慧企业管理、技术的先进性变革,采

用巡检、专业值班等方式实现公司一线员工的专业整合和智慧转型[15]。

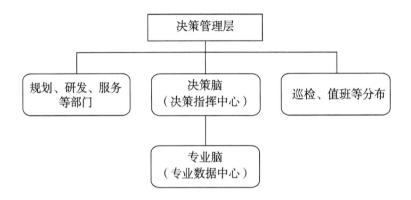

图 3.8 智慧企业管理模式二（理想模式）

企业以盈利为目标，具体的运营方式也应当体现这种特征。其中业务模式是一种抽象的概念模型，目的在于帮助企业获得价值，并引导其特定的经营活动。而经营模式是一种行之有效的经营策略。基于这一点，本节把对智慧企业业务模式的讨论视为一个具体的智慧企业模型。

企业模型概念的产生始于20世纪50年代，但在1990年，由于信息技术与全球化的不断发展，商业模式才逐渐被人们所关注。企业经营模式由单一经营模块、盈利模块、策略定位等一维经营模式向以系统理论为核心的多元经营模式转变。业务模式的实质是一种通用的工具，它可以为公司创造价值。作为一种简单的策略模型，业务模式中的各个环节通过节点连接起来，并与企业的活动协同运行。因此，我们可以把商业模式看成是一个动态的、面向对象的商业过程和商业价值过程（图3.9）。

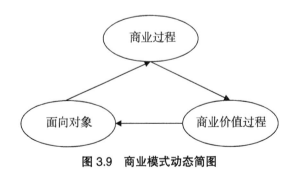

图 3.9 商业模式动态简图

目前的公司业绩是实际利润和将来风险之和[16]。信息系统是智慧企业技术支持的桥梁,它把市场中的商品、服务和利益相关方的状态传达到各公司。在建设信息化平台的过程中,要充分考虑到信息技术本身的特点,并对其进行筛选(图3.10)。从技术接受模式(TAM)角度看,使用者对新技术的接纳与使用,都会受到个体认知的影响。这一点,取决于技术的可用性和个体对技术的态度。因此,在建立信息化系统时,必须从工作契合度、使用简单度和用户偏好这三个方面来考虑,然后通过智慧管理,将所有的资源、要素都转化为最终的价值。尽管资源的有机结合可以为企业带来新的价值,但是在实际情况下,资源并不能自发地产生利益,因此,只有借助组织的经营手段,才能促进企业的发展。由于智慧系统的本质是组织与信息技术的高度结合,因此,两者之间的配合是实现资源—价值跨越的关键。此外,个体特征如是否受过教育、管理年资、工作经历等,都会对智慧系统的执行产生一定的影响。所以,在智慧化系统的建设中,必须重视匹配分析和个体特征的研究。

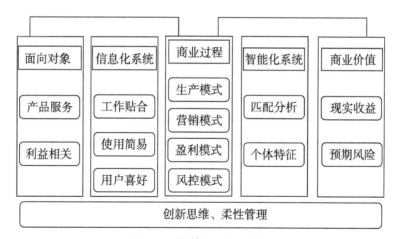

图3.10 智慧企业桥梁模型

综上所述,智慧企业组织架构一定要立足全局,统筹兼顾,充分利用互联网新兴技术,既要建设完整的智慧企业运营模型,又要符合企业自身的性质与特点,因地制宜地建设智慧型企业,另外还要充分考虑到人为因素,个体特征也会对企业运营产生影响,根据个体特征与能力高低分配工作,有助于智慧企业的建设与发展。

## 3.4 横山煤电的智慧化实践

由于我国电力企业有半公益的性质,产品定价较低,在煤炭价格波动较大的年份,企业卖得越多亏得越多,但由于电力产品的特殊性质,企业无法通过降低产量或提高售价的方式改善效益,所以企业只能通过降低成本来提高利润。在此背景下,横山煤电通过构建新型智慧管理平台、优化管理结构,提高了企业经营管理效率,降低了企业管理成本。

### 3.4.1 财务先行

对于企业来说,首要目标便是获得收益,与其他工业企业不同,大型发电企业具有半公益性质,电力价格由国家给定,企业自身不可随意改变价格,因此,大型发电企业若要提高收益,就要进行智慧化转型,降低生产成本与管理成本,提高效率,进而实现增加收益的目标。由于大型企业组织庞杂,只有管理做到井井有条,才能推动生产层有条不紊地进行技术改革。在庞杂的管理系统中,财务是一个贯通始终的项目,大到购买设备的支出,小到员工薪资与办公用具的支出都包含在内,因此,做好财务管理升级是企业智慧化转型的第一步。本节从全面预算管理、资产数字化管理和财务管理标准化三个方面来叙述横山煤电建设智慧化财务管理的背景与成效。

横山煤电作为大型煤电企业,各项目的建设与运行离不开大额财务支出,各岗位工作人员的高效工作也需要一定的激励政策,在这种情况下,如果企业想要可持续性健康发展,就要有合理的财务规划,不能盲目进行资金支出,因此,需要事先做好项目各环节的预算管理。对于横山煤电来说,不论是在国家政策层面还是企业自身层面,进行全面预算管理都是企业进行财务管理升级的最佳选择。

对于横山煤电来说,针对大型发电企业建设期项目管理"散、乱、变"的特点,果断在项目建设期构建全面预算管理体系。横山煤电采取"分期实施、逐步推进"的预算管理模式,按照"谁执行、谁编制"的原则划分预算责任中心,利用价值工程优化预算管控指标,采用滚动预算和零基预算相结合编制预算,运用精细化管理实施预算过程管控,严格预算调控程序,健全预算考评机制,利用全面预算对企业内部各部门、各单位的各种财务及非财务资源进行分配、考核、控制(图3.11)。横山煤电有效地组织和协调了企业管理活动,高质、高效地提前完成了项目建设计划(图3.12),企业管理水平得以提升,投资控制成效显著。二十五项重点管控费用实现逐年递减,项目建设总投资节约4.84亿元,为同类项目建设期实施全面预算管理提供模板,经济效益和社会效益凸显。

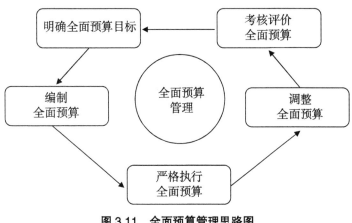

图3.11 全面预算管理思路图

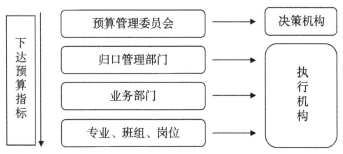

图3.12 预算管理组织体系图

做好全面预算管理可以提升企业管理效率、优化资源配置、降低企业运营风险,这都是企业可持续发展运营的基础,而固定资产是企业运营过程中切实可用到的实物,并且资产管理是企业管理中的一个重要组成部分,固定资产具有价值高、使用周期长、使用地点分散、管理难度大等特点，对固定资产管理进行转型升级也是一个很重要的步骤。

对横山煤电来说，生产物资由于已经在生产线上安装投产，存在盘点困难、管理难度大等问题。如果不对固定资产管理进行改革升级，便很难将账目和实物进行一一对应，也无法对某些重要生产设备资产进行有效的安全管理。系统的建设需求既要满足不同服务群体的主要诉求，又要为建设智慧电厂打下基础。系统的建设通过搭建资产管理平台，助力智慧电厂的基础信息化架构得以实现。因此为实现这些目标，横山煤电进行资产管理模块数字化系统项目建设。该项目以 RFID（Radio Frequency Identification Technology，射频识别技术）[①]、软件及互联网技术为基础进行开发，建设一套具有资产管理、贵重设备使用管理和利用率管理等功能的资产管理系统，可对资源进行有效监控和跟踪，实现资源的全面可视化、透明化和信息化，监控资源的使用与流动状况，使资源的利用率达到最大化，辅助规范和优化单位的资产管理。

资产数字化管理系统搭建的主体框架分为三个部分：资产管理应用、数据服务中心以及可视化数字工厂（图 3.13）。这三个部分既相互独立又相互衔接。资产管理应用部分又分为客户端和管理应用两部分。其中客户端主要用于资产管理中的各类业务流程处理，是盘点统计和资产追溯等用户功能的承载。管理应用则是资产管理部门对资产数据档案管理、资产业务管理、芯片管理等管控功能的使用。数据服务中心是相对独立的数据管理平台，除了能够对资产管理系统的数据进行有效管理外，还将是未来数字工厂的基础平台，既归集厂区的各类信息数据，同时又将数据服务化，通过可定义的 API（Application Programming Interface）向外输出数据服务能力。可视化数字工厂则主要是顶层呈现，通过 3D 可视化建模技术，利用 BIM（Building Information Modeling）信息化系统的呈现方式，结合数据服务中心的各类厂区实时、非实时数据，将厂区的生产经营状态、管理状态都清晰地呈现在虚拟工厂的可视化界面上，让人一目了然地掌握厂区的实时生产状态。

---

① 射频识别技术 RFID（Radio Frequency Identification Technology）是从 20 世纪 80 年代起走向成熟的一种非接触式的自动识别技术，它通过射频信号自动识别目标对象并获取相关数据。它相对于条形码技术有非接触式、非视线识别、可擦写信息、更大的读写距离、大容量（相对条形码）、可多个识别等突出优势，代表着自动识别领域的前进方向，对现代工业生产与服务将产生革命性影响。已经在物流供应链管理、生产管理与控制、资产管理等领域获得了大量应用。

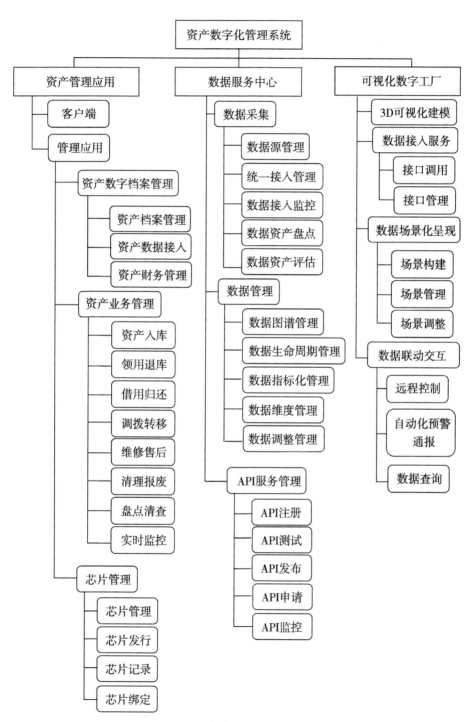

图 3.13 资产数字化管理系统

该项目的资产数字化管理系统，通过使用 RFID，对电厂的资产设备等进行标签化管理。管理区域主要是仓库以外的所有厂区范围。通过安放在资产上的标签，采用 RFID 实现数据的自动化收集，再由后台应用软件进行智能决策，从而实现对资产的快速管理。

通过实施全面预算管理和资产数字化管理，不难看出，企业在进行各项目的建设与运行时，财务管理贯穿始终，如果财务管理工作不规范，将难以支撑企业推进智慧化建设。因此，企业的财务管理标准化建设是企业标准化建设的第一步，也是企业智慧化建设的第一步。

首先，为了有效地控制横山煤电工程的投资费用，需要进行财务管理标准化建设。其次，建设财务管理标准化是保证工程建设质量的需要，百年大计，质量第一。项目建设的进度，是影响项目建设周期、投资成本的关键因素。项目建设风险无处不在，包括质量风险、安全风险、市场风险、政策风险、资金风险、纪律风险等。要想确保项目建设的质量高、进展快、风险小，就必须充分利用财务管理的监督和控制功能，确保项目建设资金能够得到及时、有序的供给。为此，横山煤电将财务管理标准化概念引进到项目建设中（图3.14）。最后，建设财务管理标准化是提高财务管理效率的需要，作为新时代下的煤电企业，横山煤电 2016 年开工建设的 2×1000MW 高效超临界空冷燃煤机组是目前世界上最大的火力发电机组，必须加强内部管理、优化资源配置、调整产业布局、加强投资管控、发掘内部潜力，不断优化和提升内部管理，为企业做强、做优、做大保驾护航。

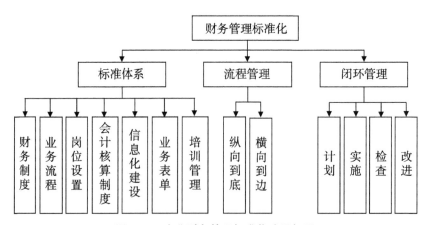

图 3.14 企业财务管理标准化建设框图

在此背景下，横山煤电自 2016 年项目开工以来，已全面推行财务管理标准化（图 3.15），并初步形成了"上下统一、协同高效、操作规范、持续优化"的财务管理标准化模式，最终实现财务活动合法合规、财务风险可控再控、财务资源配置最优，在确保项目建设质量和工程进度的前提下，实现投资预算缩减。

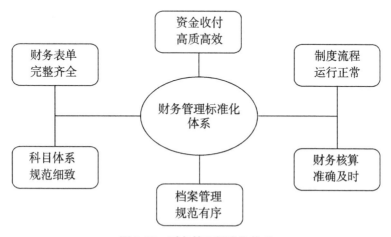

图 3.15　财务管理标准化体系

## 3.4.2　横山煤电的智慧化实践全面流程再造

从全球经济环境来看，因疫情等多重因素交织叠加，使国内外大宗物资价格高出预期，导致电煤价格非理性飙升，达到历史最高，给煤电企业带来前所未有的经营压力。从行业角度分析，双碳政策出台后，国家更是提倡绿色发展，推崇新能源发电，火力发电利用小时缩短，调峰成为未来主要方向，利润空间进一步挤压，而且电煤价格回归常态还存在一定不确定性，加之销售端电价偏低，当前的电价上调难以达到预期。电价改革给企业带来了难得的历史机遇和挑战。从企业内部来看，有一些困难和问题较为突出。首先，经营亏损严重。其次，安全形势不容乐观，比如机组非停事件，暴露出企业在安全生产管理方面还存在许多薄弱环节，需要进一步提升生产安全水平。再次，随着设备原始缺陷的逐渐出现，客观上加大了机组运行压力，需要企业整合一切资源，统筹技术力量，提前做好风险预判和缺陷消除，确保机组长周期稳定运行。最后，受疫情影响，二期项目推进缓慢，需要做足准备工作，想尽一切办法推进规划发展。在这一背景下，推进企业全面智慧化建设刻不容缓。

建设期全面预算管理的实施，实现了内部资源的高效配置，提升了战略管理能力，规避了项目建设风险，并且项目投资设计优化，降本增效效果明显，预算控制效益显著，降低了各项成本费用，实现了综合经济效益的显著提升。资产管理数字化通过 RFID 资产管理系统来确保有形资产物尽其用、安全流动，并帮助建立一套先进的、规范的及优化的管理机制，将资源管理贯彻到企业运营的每一个方面，帮助企业最大程度降低运营成本和风险。财务管理标准化建设使得项目投资成本控制成效显著。近三年，横山煤电建设单位管理费中的各项可控费用逐年递减，同时，项目建设质量、进度得到保障。建设项目启动以来，取得了多项创新奖项，并且，基本建设财务管理标准化获得了中介机构和政府相关部门的大力肯定。由此可知，财务管理标准化的智慧化实践，不仅实现了财务管理的高效运行，而且为企业的全面智慧化升级奠定了坚实的基础，也为企业实施全面智慧化建设提供了强大推动力。

煤电企业的智慧化实践是一个复杂的系统工程，生产过程中各类业务的实现范围和难度有较大差异，因此，横山煤电在智慧化实践过程中呈现出探索应用、循序渐进、全面成熟的建设趋势。

（1）智慧运行。智慧运行建设着重于运行优化与效益寻优，基于智能发电技术，连接电力系统，实现多个电力系统间的协同联动与决策优化，在满足安全、环境约束的前提下，实现电力系统的高效运行。横山煤电的煤电一体化发电工程的建设，不仅给华北地区输送大量电力，而且实现了安全环保运行的目标。

（2）智慧检修。检修将设备作为主要的管理对象，是电力企业正常生产运作的根本，也是当前较为依靠人工感知和经验判断的业务流程。在其智慧化建设的过程中，必须利用智能化设备和传感器，实现对设备的状态和问题的全方位的泛在感知，并在外部数据和专家的帮助下，借助人工智能的不断自我学习和优化判断，才能获得可信、可控的良好应用效果。

（3）智慧安全。安全管控是电力企业的生命线，也是智慧化建设中的重点关注业务之一。通过对人员身份识别、行为识别、事件识别，并与对工作和位置的识别相结合，用智能设备和远程监控来取代人工，对其进行管控和巡查，强制实施安全措施，并对不符合安全要求的人员和事件进行自动报警。对工厂内的所有区域进行智能化监控，对非法进入以及进入未经授权区域的行为进行识别并报警。实现了对设备的安全事故的识别，并对系统中出现的故障、跑冒滴漏等情况进行自动报警。可视化数字工厂是3D可视化呈现的表现层应用，是横山煤电智慧安全建设的一环。

（4）智慧物资。物资供应是生产正常进行的重要保障之一，是一个需要不断加强管理、提高效率的环节。在目前物流仓储技术先进、无人化管理已经变成现实的情况下，提高物资全流程管控可追溯能力，构建无人值守的仓储系统，是智慧物资的一个重要组成部分，横山煤电的资产数字化管理就体现了这一点。

（5）智慧管控。智慧管控对于各项智慧业务来说，就是建立在最上层的高级智慧应用，是在各项智能业务应用基础之上，建立起来的数据集成化、可视化、深度学习的平台，并逐步通过对历史数据和决策过程的自我学习，形成智能辅助决策能力。除此之外，还存在着一些其他的智能业务应用。除了跟生产有关的主要业务之外，横山煤电在党建、办公自动化、审计监察、档案等多个业务领域，也都存在着智能化应用的需求和业务场景。相对来说，在各个电力企业中，这些业务在管理模式上是比较一致的，业内成熟的解决方案基本都能代表行业最佳实践，可以统筹规划实施。

横山煤电基于以上智慧化实践流程，完善企业管理模式，制定更科学的管理制度，引入新型设备，注重人才队伍建设，进而逐步实现企业的全面智慧化建设，积极应对宏观环境和企业自身经营的危机，最终实现降本增收。

### 3.4.3 企业数字平台构建

2017年11月，国务院在《关于深化"互联网+先进制造业"发展工业互联网的指导意见》中提出，构建网络、平台、安全三大功能体系，建立涵盖设备安全、控制安全、网络安全、平台安全和数字安全的工业互联网多层次安全保障体系。随着工业的不断发展以及需求的不断扩大，工生产的规模不断扩大，生产难度逐步提高，从而促使技术不断创新，与此同时，不可忽略安全设备是否满足当前企业的生产发展，在其他环节不断更新的同时，也要不断完善企业的安全管理。

对于大型煤电企业而言，燃煤发电是最重要的环节，该环节需要技术人员、设备维护人员、物资管理人员、机器操作人员等大量人力资源进行配合，更是需要不计其数的煤炭燃料进行燃烧发电，还要考虑燃煤发电环节所产生的废气废料是否造成了环境污染。燃煤发电环节是极其庞杂的一个环节，更是最易出现安全事故的环节。因此，安全管理系统的建设是企业的重点工作。

随着数字技术的发展以及建设智慧企业浪潮的掀起，对于横山煤电来说，将数字技术应用于企业的安全管理中是最优选择。在电力企业的安全管理中，采用数字技术的一般逻辑是：用传感器采集设备的工作状态，并把运行数据通过网络进行采集和集成，最终挖掘和分析电力公司的安全管理情况。通过数字技术，可以提高电力公司的安全管理信息化水平，并在一定程度上消除信息孤岛，使得电力企业在运行检查、调度等部门之间实现信息的迅速传递，从而更好地应对突发事件。例如，将移动可视技术与移动视频设备相结合，实现重点对象全覆盖监控、关键环节全过程管控。在输变电设备监控系统中，实现了对电网画面的远程实时监控。在配电网中，利用人机交互的应急指挥平台，能够对故障区域进行智能化判断。[17]

横山煤电的企业数字化平台构建，根据自身特点，充分考虑了安全管理系统的构建与运行，保证生产流程的安全性，不仅强化了对生产流程安全的管理，而且节省了人力资源。

# 第二篇
## 财务先行的智慧化经营管理体系

横山煤电立足管理系统，统筹实施全面预算管控，构建标准化财务管理体系，在生产建设管理方面亮点突出。"大型发电企业基本建设财务标准化管理""大型发电企业建设期全面预算管理的构建与实施"分别荣获全国企业管理现代化创新成果二等奖、陕西省企业管理现代化创新成果一等奖。2021年5月，在全国火电机组能效水平竞赛中1号机组荣获百万千瓦级超临界间接空冷机组第一名，机组厂用电率指标荣获第一名的佳绩。同年6月，横山煤电顺利通过了中国电力企业联合会AAAAA级标准化良好行为企业认证，成为推动区域高质量发展的突出贡献者。2021年12月，横山煤电的煤电一体化工程获得"国家优质工程金质奖"，是近十年来我国西北地区百万千瓦级机组首次获此殊荣。构建以新能源为主体的新型电力系统是落实双碳目标的重要任务，智慧电厂作为新型电力系统的重要组成部分，当前正面临着经营、运检、安全、生产、管理五大方面的诉求和挑战。为实现从传统电厂向智慧电厂的转变，电力企业需要从业务流程、组织架构等方面进行优化。

# 第4章 企业标准化体系

在市场竞争日益激烈的背景下,建立企业标准化体系是现代企业良性发展的前提,有利于完善企业管理体系,提高产品市场占有率。同时,建立企业标准化体系作为现代企业经营管理工作的重要组成部分,对于提升企业技术研发水平、自身管理能力、创新能力,减少经营风险具有重要意义。

## 4.1 企业标准化概述

从中国古代的"车同轨、书同文",到现代工业规模化生产,都是标准化的生动实践。伴随着经济全球化深入发展,标准化在便利经贸往来、支撑产业发展、促进科技进步、规范社会治理中的作用日益凸显。标准已成为世界"通用语言"。世界需要标准协同发展,标准促进世界互联互通。因此,企业标准化势在必行,是企业可持续、高质量发展的重要基础。

### 4.1.1 企业标准化的定义

随着全球经济一体化的不断深入,国际市场的竞争日益加剧,与发达国家相比,我国的工业企业在标准化方面存在很多不足,主要体现在以下三个方面:(1)企业的标准化竞争意识不强、理念落后;(2)公司要么缺乏标准化制度,要么缺乏制度执行,这在中小企业表现得更明显;(3)缺乏高素质标准化人才,参与标准制定能力薄弱,缺乏标准化研究成果。我国要提升标准化管理水平,不能盲目使用国外企业的管理方法和经验,要结合我国的经济现状以及企业特点,因地制宜进行标准化建设。企业标准化是企业实现可持续发展的基础。企业标准化既能够提高企业生产经营的效率,是企业实现现代化发展的基础条件;又能够促进企业科学管理,是提高企业质量管理的重要条件。[18]在国内外经济形势低迷的背景下,企业进行标准化建设是增强自身实力、提高竞争力的重要手段,也是企业可持续发展的重要方向。

从企业标准化的理论文献研究来看,冯艳英等(2014)[19]认为企业管理标准的主要特点是对人的不同生产和经营行为进行规范,其性质是对企业的许多管理问题的质量规范,是企业生产和经营活动的基础。根据《企业标准体系 要求》(GB/T 15496—2017)可总结出:企业标准体系是企业内部的各项标准,围绕着实现企业总方针、总目标的要求,按彼此之间的内在联系形成的系统、科学、有机的整体。企业标准体系应贯彻和采用国际、国家或行业标准,在国家法律法规、上级标准化法规,以及企业的方针目标指导下形成。

综上,企业标准化是指以提高经济效益为目的,以生产、管理、技术、营销为核心,制定、实施、管理和维护标准。通过实行规范化管理,可以将生产的所有要素、环节有机地结合在一起,实现生产活动规范化、科学化、程序化,从而建立起生产经营的最佳秩序。

### 4.1.2 企业标准化相关实践

标准化工作的有效开展离不开相关法律法规的支持。为了发展社会主义商品经济,促进技术进步,改进产品质量,提高社会经济效益,维护国家和人民的利益,使标准化工作适应社会主义现代化建设和发展对外经济关系的需要,《中华人民共和国标准化法》(以下简称《标准化法》)由中华人民共和国第七届全国人民代表大会常务委员会第五次会议于1988年12月29日通过,自1989年4月1日起施行;后由第十二届全国人民代表大会常务委员会第三十次会议于2017年11月4日修订通过,自2018年1月1日起施行。2017年年底,《企业标准体系》系列国家标准经国家质量监督检验检疫总局(2018年改为国家市场监督管理总局)和国家标准化管理委员会联合发布,于2018年7月1日起正式实施。这一系列标准的修订和发布实施,将在新形势下进一步指导企业构建适合自身发展战略、经营管理需要的标准体系,形成自我驱动的标准体系实施、评价和改进机制,助推企业提升管理水平,提高整体绩效,使企业的生产经营和管理全面实现可持续发展。

《标准化法》赋予企业标准化工作的法律地位和渠道，激发企业参与标准化活动的活力，是新时期标准化领域的重大突破。《标准化法》废弃了旧法的备案制监管模式，转而实施自我声明制度，也抛弃了《中华人民共和国标准化法（修订草案）》强制要求企业通过特定信息平台进行自我声明的做法，而对自我声明制度的声明途径、形式和声明内容都做了较为自由的规定，这都体现出政府尊重企业进行自我治理的理念。

总的来看，《标准化法》并不能以固定模式照搬进所有企业，而应该兼顾其特殊性，因时制宜，因事制宜。对于电力企业来说，随着经济的快速发展，人们的用电需求也日益增长，电力企业为了提高用工效率和经济效率，逐渐建立起最佳的生产、技术和管理规则，对计划进行组织、协调、控制，并对人员、经费及设施等进行管理，即实施标准化管理。具体实施原则可参照《中国制造2025》和德国的"工业4.0"。《中国制造2025》和德国的"工业4.0"都是在新一轮的世界竞争环境下为了未来增强国家工业的竞争力，在世界工业发展中占领先机提出来的。

综上所述，《标准化法》的实施和执行促使企业高度关注国际、国内以及行业的标准化工作动态。由于《标准化法》取消了企业标准备案制度，建立了企业产品或者服务标准自我声明公开制度，并对公开的方式、内容等做了更灵活的规定，所以电力企业的管理自由程度相对加强，同时管理透明度增加，这一变化也促进了电力企业的智慧化转型。

## 4.2 企业三大标准的确立

企业标准化程度既反映了一个国家的工业技术水平，又在企业的经营、管理等方面具有十分重要的作用。当今世界，信息网络、智能制造、新能源、新材料等新一轮工业革命正在形成。无论何种生产，都要把质量放在第一位，建立法规体系，建立质量管理体系，形成先进的质量文化，建设诚信的市场，走以质取胜的发展道路，这无不需要借助标准的建立。所以说，企业标准是企业开展生产经营活动的重要依据。

### 4.2.1 技术标准

技术标准是参与国际竞争的通行证，在世界经济一体化的进程中，以技术标准为核心的技术性贸易壁垒正日益成为调节国际贸易的重要杠杆。国际经济竞争正逐步由传统的产品竞争、资本竞争、技术竞争演变为专利和技术标准的竞争，而技术标准则成为一种重要的产业游戏规则。制定企业技术标准、实施标准化是企业融入世界经济的重要依托。

换言之，技术标准是指导企业进行技术管理的基础和根本依据，它是在企业标准化领域中，对需要进行协调统一的技术事宜所制定的标准。对于技术标准的管理，主要是对技术标准体系的组成以及每个标准分支的具体要求和基本特点有一个清晰的认识，并对各个种类、各个层次的技术标准进行仔细的组织和实施。企业应以标准为依据，以标准化的科学方法和正确的思路，构建高效的内部统一协调的技术管理体系，推动技术标准的不断改进和全面贯彻执行，以达到企业的经营目的。

根据形成路径的不同，技术标准可以划分为法定标准和事实标准。法定标准是由国家标准化机构或由国家指定机构制定的标准。事实标准是由单一企业或具有垄断地位的极少数企业制定的标准，是新经济时代的一大特征。其中，事实标准又可划分为两类：第一类是单个企业由于市场优势形成的产品格式的统一或产品格式的单一，其典型代表即是Microsoft的Windows操作系统和Intel微处理器，故称为微软英特尔（WinTel）事实标准。第二类为普通事实标准，是企业或者企业联合出于标准化工作或标准许可的目的，通过有目的的标准化工作产生的非法定标准。普通事实标准按开放程度又可分为开放标准和封闭标准（图4.1）。

技术标准根据适用范围可分为五类（图4.2）：（1）国际标准，即国际组织制定的在国际上适用的标准，如ISO和国际电工委员会（IEC）制定的各类标准。（2）区域性标准，即区域性组织制定、使用的标准。（3）国内标准又称为国家标准，是由标准化机构确认的在全国范围内适用的标准。（4）专业标准是由专业团体、学会制定，原则上只在该团体内部使用的标准。（5）企业标准则是一个企业内部有效而顺利开展工作的手段，是取得企业有关人员同意而做出的规定。[20]

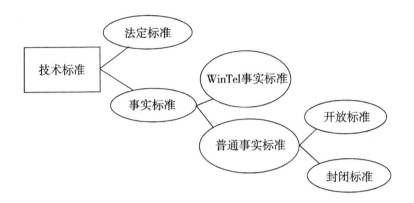

图 4.1　根据形成路径进行的技术标准分类

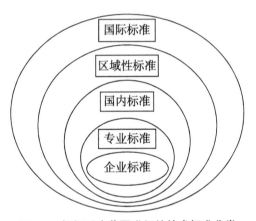

图 4.2　根据适应范围进行的技术标准分类

技术标准化的实现通常经过"技术研发—标准产业化—标准市场化"三个阶段。主导企业具备的技术标准化能力，推动着技术标准化阶段的发展。然而，主导企业的技术标准化能力不可能凭空出现，也不可能与生俱来，它是伴随标准化实现过程而产生的。[21]

技术标准化能力是指在技术标准化的各个阶段为其提供各种资源，使之成为市场标准的能力，是技术标准化的基础。技术标准化能力的形成主要基于以下两方面：一是联盟内部的异质性或互补型资源企业之间的协作。资源基本假设认为，公司的稀缺资源使公司获得持续的竞争优势。技术标准化涉及技术、市场等多方面的资源。因此，具有核心标准技术的龙头企业纷纷寻找具有相关资源的公司进行合作。同时，如果某个技术环节不能同步地使用和更新，那么该技术就不能被应用和更新。为了使资源利用最大化，拥有不同类型资源的企业必须围绕技术标准进行协作。二是技术标准的推广。技术标准的推广实质上是基于技术规范制造与销售产品。技术标准推广包括两个层面：第一个层面是行业间标准推广。在建立了标准化技术体系之后，联合研发行业标准相关的配套产品，促进行业内企业之间的标准推广，推动企业标准成为行业标准。第二个层面是市场推广的标准。标准化的市场扩展，是向广大消费者提供多样化的标准化产品，拓展其市场基础，增强行业标准的影响力，使行业标准进一步向市场发展。因此，在技术标准化的过程中，联盟内部的异质性或互补型资源企业之间的协作与技术标准的市场推广是技术标准化能力的重要保证。

技术标准化的主要动力是在技术标准化的过程中，由于外部市场的不确定性而导致的风险，以及单个企业对技术标准化的需求缺乏。外部市场中的不确定性主要体现在标准市场隐含着消费者的不确定，以及主导厂商对新技术预期情况的不确定。由于技术、经济等诸多因素制约着市场的发展，使得主导厂商很难准确地预测市场的发展趋势，并制定出能够顺应市场的技术规范。由于存在竞争的技术市场环境是不稳定的，企业在充分了解竞争对手数量和技术发展情况方面存在困难，所以，在技术规范制定过程中，往往会出现重复或者无效的研发，导致了资源的浪费。这些不确定性给技术标准化带来了诸多的不确定性和风险，阻碍了技术标准的建立和推广。另外，技术标准化的实施，需要投入大量的技术、市场等资源。在网络外部性的影响下，拥有主流技术的主导企业必须持续提升标准产品的丰富程度，以改善使用者的使用效能，吸引更多的顾客，扩大标准使用者基数。而对于普通使用者，若转换的费用比转换所得的收入要高，则会让使用者放弃使用新的技术标准，被老技术标准"锁定"。所以，企业必须充分利用现有的资源使标准用户基数保持稳定，并打破原有的技术规范。综合以上分析，市场环境不稳定、存在风险、资源匮乏等因素，是推动主导企业提高标准化水平的重要原因；要更好地推动技术标准的建立和改良，就需要从这几方面着手。

### 4.2.2　管理标准

管理标准是管理机构为行使管理职能而制定的具有特定管理功能的标准。企业的每一项活动，都与管理密不可分，因此，制定企业管理的标准体系，既是企业进行变革，构建现代企业制度的客观要求，又是企业管理逐步走向科学化的必然结果。

管理标准化就是对管理的制度化和规范化。伴随着管理科学的发展，企业管理的方式方法也在不断地改进，使用标准化手段来进行管理已经成为管理科学发展的趋势。管理标准是以规章制度为基础，吸收科学技术的最新成果，并利用标准化的原理和方法，对其进行提炼、加工和升华而成。与管理制度相比，管理标准更具科学性。管理标准制定的方式，使其具有很强的系统性。管理标准指的是使用系统科学的观点和系统分析的方法，对企业内部所有需要管理的事项运用标准化原则，对其进行协调、统一、结构优化和系统化处理后形成的标准，从而构成了一个管理标准体系。这种管理标准体系，可以将孤立的、分散的管理问题集中起来，形成最优的、能发挥整体管理功能的、内部协调统一的管理规范，将管理由复杂化变简单化，实现职、责、权、利统一明确，对每一个工作环节的内容进行量化，不能量化的要做出具体的时间、地点等规定，其内容、方法都要明确，在确保管理标准系统性的同时，也增加了可操作性。

企业在建立、实施标准化体系时，管理标准体系与技术标准体系应相辅相成。（1）就技术标准体系而言，任何一种技术标准的建立和实施，都是与管理工作密不可分的，都是建立在管理工作之上的，技术标准体系的建立和实施，必须有对应的管理工作标准。因此，管理标准体系保证了技术标准体系的实施。（2）就管理标准体系而言，一个企业要生存、发展，要进行"哑铃式"管理（抓两个大头：销售和质量），抓好销售管理可以短时间获取经济效益，抓好质量管理可以提高产品质量，保持产品质量的稳定，获得长期效益，而这些管理标准体系的建设需要通过建设技术标准体系来推动。

管理标准是指在企业标准化领域中，对需要进行协调和统一的管理事项所制定的标准，它是技术标准贯彻和实施的重要保障。要使管理规范化，就必须解决三个方面的问题：一是要通过深入的调研，制定出切实可行的、便于考核的管理标准；二是要切实落实好组织管理规范；三是对规范化管理的绩效评价采用行之有效的方法，以便对成功经验进行总结、推广，及时纠正偏差。在以往的标准化工作中，忽略了管理标准化，导致了标准化管理工作很难持续、高效地进行，也导致了在管理过程中出现了一些不规范的现象。在新的形势下，为了更好地推动企业的标准化，我们要更加注重对标准的制定、实施、考核等方面的工作。

企业管理标准化是实现企业管理现代化的一个重要步骤。通常情况下，企业管理可以分为两种类型：一种是控制型管理，也就是使被管理的对象精准地达到预期的要求或目标。此时的要求或目标通常具有一定的数值标准，管理的任务就是使其保持在一定的范围内。比如对产品的规格尺寸、熔炉的温度、生产作业线上的各种指标参数等事项的管理。另一种是改进型管理，是指在实践中对管理目标的不断完善，努力突破现状，即要求所管理的目标要比现有的目标更先进、更完善。比如对产品的合格率、成本、能源消耗、材料消耗等问题的管理。这些被管理对象的数值具有方向性，正指标越大越好，逆指标越小越好。改进型的管理活动是一种攻关式的或项目式的活动，具有一次性和创新性的特征，改进目标一旦实现，活动也就宣告结束。实际上，企业中的每项管理工作都是控制型管理与改进型管理的有机统一，控制型管理使得企业的生产经营活动能够以一种有序的方式进行，改进型管理则使得企业的生产经营活动水准能够不断提高、完善。

企业的管理标准化不仅会优化企业内部管理系统、提升管理效率，还会增加企业自身实力，增强竞争力，有助于企业向更高层次发展。

### 4.2.3　工作标准

在企业标准体系各子体系中，工作标准体系起到基础性的作用，确保了其他标准子体系的有效实施。在岗位纷杂繁多、员工众多的企业中，人和人所从事的工作成为企业管理中最难管理的因素。因此，与各岗位密切相关的一系列工作标准所形成的工作标准体系是企业发展不可忽视的重要部分。

企业工作标准，是协调企业内部各岗位、各员工具体工作事项的标准，即在执行相应管理标准和技术标准时，根据工作岗位的职责、岗位人员基本技能、工作内容要求、检查与考核等有关的重复性事务和概念所制定的标准，以人为制定标准的对象。为了规范工作行为，保证工作质量，针对其担负的稳定性、重复性工作事项制定的表述工作质量的标准，除了具体规定了每个岗位履职所必须承担的职责和任务，岗位的责任和权限，上岗者的学历、基本技能和工作经历，完成任务的程序以及工作方法，还应明确承担任务的质量要求和定额（包括数量、质量和时间方面的要求）、岗位之间的职责界限及衔接配合，以及完成任务的程序和方法、工作质量的考核办法和考评要求等。

按照适用范围，工作标准可以被划分为两种类型：操作岗位（或生产岗位）和管理岗位（或工作岗位）。操作岗位所制定的标准也被称为作业标准，是一种针对个性岗位的工作标准（作业指导书），为一般管理和简单操作工种岗位制定工作标准，为专业性较强的生产运行操作岗位制定作业指导书，比如喷漆作业标准、叉车工作业标准、设备维修作业标准等。管理岗位所制定的标准被称为管理作业标准，它是为全员或非操作岗位制定的工作标准，也就是一类岗位的通用工作标准，比如会计、出纳员、总工程师、调度人员工作岗位等。根据职位层次，工作标准可以被划分为三种类型：决策层工作标准、管理层工作标准和操作人员工作标准（图4.3）。决策层工作标准分为最高决策者工作标准和决策层人员工作标准。管理层工作标准（管理人员通用工作标准）又分为中层管理人员工作标准和一般管理人员工作标准。操作人员工作标准（操作人员通用工作标准）又分为特殊过程操作人员工作标准和一般操作人员工作标准。

实施工作标准化，其作用和意义主要表现在五个方面。

（1）实施工作标准化，企业可以实现人治管理向法治管理的转变。公司中有很多的部门，为了保证公司的各项工作能够高效地进行，就必须制定出一套统一的标准，用这些标准来将每一项工作进行整合，提高公司的管理水平，从而可以有效地降低工作中的无纪律性、片面性，提高工作的条理性和规范性，使公司逐渐达到规范化管理的目的，构建起一个科学、规范的工作秩序，使公司的管理逐渐实现制度化。

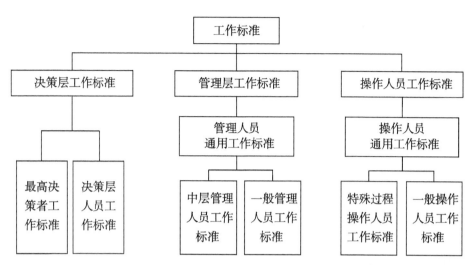

图 4.3 根据职位层次划分的工作标准体系结构图

（2）实施工作标准化，能够转变企业工作作风。对企业在发展过程中积累的工作经验与教训进行总结与提炼，从而形成企业的工作规范。在工作规范的指导下工作，可以有效地优化程序，提高工作效率，并在保证工作质量方面取得很好的效果。将相关工作流程、要求等以工作标准的形式明确，可以对企业多年运行中出现的一些不良作风进行较好的整改。

（3）实施工作标准化，能够提高工作质量。在当今的企业工作中，可能存在着效率不高、观念陈旧、作风不实等问题，导致了工作质量不高。将工作标准付诸实践，可以确保工作的品质，并持续提升。企业只有通过与员工的合作，才能更好地提高员工的标准与质量意识，才能更好地提高工作的质量与水平。在工作过程中，一旦出现了问题，企业既要做到"对人"也要做到"对事"，从根源上找到问题，并根据根源上的问题提出相应的对策，并将其转化为工作规范，形成一种新的工作模式，从而避免类似问题的再次发生。

（4）实施工作标准化，能够有效地调动员工的积极性。根据所制定的工作标准，每个岗位应该做什么、应该怎么做、具体要求是什么，这些都是明确的。在执行工作标准的过程中，能够保证所有的员工都能够做到各司其职、各尽其责，为员工的自我约束和自我管理创造良好的环境，从而解决做好做坏、做多做少差别不大的问题。同时，员工也可以对照相关标准，找出差距，找出不足之处，从而不断提升自己。

（5）实施工作标准化，能够逐步提高员工素质。通过工作标准的实施，使每一个人都能不断地学习、不断地进步、不断地提升自己的整体素质。与此同时，高素质的员工在执行标准的过程中，也会积极地去发现标准中的问题和缺陷，从而对标准进行修改，对企业工作标准体系建设有较大的促进作用。

企业工作标准具有特殊性，不同行业、不同企业都有建立工作标准的目标。对于电力企业而言，其管理系统庞杂，而标准化工作有助于提高员工的技术水平和管理能力，从而提高企业技术水平和管理水平。电力标准化工作有助于提高企业运作效率，减少企业活动中的相互抵触、相互掣肘以及工作要求混乱不一的情形，确保企业安全可靠运行和持续稳定发展，为各行各业提供优质电力服务保障，为国民经济发展做出应有的贡献。

## 4.3　企业标准化体系在横山煤电的实践

电力企业的生产过程非常复杂，所以需要加强各部门之间的协同合作，实现统一的流程管理，强化企业的标准化管理。在电力行业管理中，企业标准化是一项基础工作，它是电力企业实现科学化和现代化管理的重要途径和平台。健全的企业标准体系和科学的标准化管理，既有利于人、财、物和时间的节约，又有利于改善电力企业的生产环境和提高服务质量，从而建立有序的作业流程、提高工作效率、获得最佳的管理秩序和最优的经济效益。

### 4.3.1　实施背景

随着我国市场经济的快速发展，越来越多的产品走向国际市场。新的经济形势和日益激烈的市场竞争给传统的电力行业带来了冲击，要求电力企业更加积极主动地开展标准化工作，建立健全的标准体系以提高产品的市场竞争力。

近年来，我国电力企业标准化管理工作取得了很大的进展，很多电力企业以贯彻国家有关部门制定的标准为中心，通过积极努力地学习，逐年提高企业自制标准的数量和质量。此外，多数电力企业单位成立了标准化管理部门，企业标准体系较为完善，开展了 ISO 9001 质量管理体系和 ISO 14001 环境管理体系的认证活动。这表明我国电力企业在标准化体系建设和管理模式方面取得了一定进步。但与此同时，电力企业标准化管理中依然存在着一些问题，比如在标准化文件制定后，缺乏有效的执行力度，落实不到位，无反馈信息，标准之间的协调性差，最终导致企业标准化工作难以持续有效运行。另外，电力企业标准化工作的争先意识淡薄，很多企业对"有标不依"等违反标准行为的监督检查和考核力度还不够大。大部分电力企业的标准化工作还处于刚刚起步的阶段，其所制定的标准大多数都是借鉴别人的，尤其是其中的管理标准和工作标准，通常情况下，与电力企业的实际情况不相符，缺乏指导性，不能正确反映企业的生产、技术管理水平。

2021 年是横山煤电"五步走"发展战略之创品牌年，企业上下群策群力纾难解困，齐心协力共筑品牌，在党的建设、工程创优和标准化建设等方面都取得了喜人的成绩，"五步走"发展战略圆满收官，品牌效应初步凸显。2022 年是横山煤电"五步走"战略实施完成后进入下一个五年发展机遇期的开局之年，也是"五个横电"的品牌巩固年。企业在目前煤价较高、企业面临亏损的情况下，更加迫切需要实施企业标准化建设，以降低成本，提升生产效率，增加收益，实现"扭亏为盈"。

### 4.3.2 主要做法

横山煤电为深入做好企业标准化工作，推动企业标准化良好行为创建工作有效开展，促进各项工作任务的有效落实，专门成立了标准化工作组织机构——标准化管理委员会，并明确其职责。标准化管理委员会下设技术标准、管理标准、岗位标准三个专业委员会。因此，下面将在技术标准、管理标准、岗位标准三个方面分别介绍横山煤电的标准化建设。

1. 技术标准

技术标准专业委员会挂靠的部门为生产技术部。生产技术部按照国家的法律法规和其他要求，制定了技术标准的体系架构图、技术标准明细表，对企业的技术进行标准化管理。生产技术部组织企业各部门收集、更新适用于本企业的国家、行业、地方、团体技术标准及国际标准。根据标准编制的需要，组织企业技术标准编制、修订、提交审核和审批工作。根据不断改正进步的需要，编制并执行标准化工作计划，使企业的技术标准系统不断完善。对技术标准执行情况进行监督，制定整改措施。负责建立技术标准档案，对各部门提供的技术标准资料进行汇总，并将其提交到标准化管理办公室，确保标准在技术标准系统内的有效性。研究解决技术标准体系建设与运行中出现的具体问题。负责按标准化工作管理类方法对各部门技术标准工作情况提出考核、奖惩意见。按照标准化工作管理类方法，对各个部门的技术标准工作情况提出改进意见。负责对新产品、改进产品、技术改造和技术引进提出标准化要求，负责标准化审查。对企业生产、技术等相关法律法规的有效性进行确认，并组织有关部门对法律法规及强制性标准进行合规评估。

技术标准是横山煤电燃煤发电环节的强大支撑，只有加强技术标准建设，才能完善生产流程，降低生产成本，提高生产效率。煤电企业的生产流程又包含上百个模块，比如电测技术、电缆及附属设施、热工技术等模块。对于如此庞杂的生产系统，横山煤电首先进行技术创新改革，并且在近几年取得了多个创新项目的奖项。其中，横山煤电的煤电一体化工程荣获"国家优质工程金奖"。横山煤电不仅提升了本企业的生产效率与生产安全，还切实践行了国家双碳政策，努力实现绿色生产。随后横山煤电将上百个生产模块单独划分，并且均设有生产技术部，该部门明确职责划分，按照国家标准和国家政策对生产技术进行投入使用。

技术创新与投入使用是一个更复杂的过程，要结合现实的生产条件，将新技术因地制宜地投入到使用中去，在此过程中，旧的技术标准已不再适用，需要结合实际条件，编制新的技术标准准则用于指导新技术的应用（图4.4）。因此，横山煤电积极组织修订技术标准体系，执行最新的技术标准。横山煤电的煤电一体化工程地处陕北红色革命老区榆林市横山区波罗镇，为消纳当地煤矿高硫煤，建设的 2×1000MW 高效超临界空冷燃煤机组，是国际首次燃用硫份为 2.36% 高硫煤的超临界百万千瓦级煤电一体化项目。作为"榆横至潍坊 1000kV 特高压交流输变电工程"的重要配套电源点，是"国家大气污染防治行动计划"重点项目。该工程为横山煤电进行技术标准化管理的成功案例。

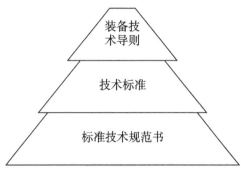

图 4.4　设备标准框架结构图

2. 管理标准

管理标准专业委员会挂靠的部门为行政管理部。行政管理部根据上级规范性文件等要求编制出管理标准体系结构图和管理标准明细表，并按照图表要求对企业实施管理标准化。行政管理部按照标准列明的要求，组织企业管理标准和规章制度的编写以及修改等工作。对企业工作计划进行标准化，以完善企业管理标准体系。负责管理标准执行情况的监督，制定整改措施。负责建立管理标准档案。把其他部门的管理标准信息进行统一整理，然后交给标准化管理办公室。负责研究解决管理标准体系建设与运行中出现的具体问题。对其他部门的管理标准工作进行审核，提出修改意见。对其他部门的法律法规进行评价，检验与管理有关法律法规的有效性。

横山煤电将强化管控体系建设作为一项基础工作，充分发挥运营纲要和全面预算两大职能的"指挥棒"作用，毫不动摇地推行"绩效管理、政务督办、内部审计"三大激励与监督机制，实现"工作执行力提升、管理规范化提升、经济效益提升、社会美誉度提升"四项提升。①坚持"管理自上而下、业务自下而上"的原则，实现上下联动、互联互通、管理服务业务、业务提升管理的目标。②完成现有制度体系整体修编，在补充完善制度体系的同时，去冗除陈，合并或淘汰不合时宜的陈旧制度，打造一套健全、现代、合规、合法、合理的制度体系。③行政管理上台阶，政务督办与绩效考核挂钩，将运营纲要事项，以及各类计划任务、文件任务、会议任务纳入政务督办范畴，周周通报、月月考核，形成政务督办常态化，提升工作执行力。④结合生产期实际，强化人力资源管理，按照"按岗领薪、按责取酬、倾向一线、兼顾公平"的原则建立一套科学合理的薪酬管理体系。⑤以绩效工资二次分配为核心，全面完善和推行综合考核管理体系，体现责权利对等的管理原则，充分调动和激励员工工作热情和积极性。⑥全面推行绩效考评，按照业绩第一、目标导向、权责统一、刚性考核、精简实用的原则，以排名论工作，以绩效论"英雄"，以贡献论奖惩，最大限度地激发干部员工的进取精神和创业激情。

财务方面的标准化管理一直是横山煤电的管理重点。横山煤电启动全面预算管理，加强税务管理，努力实现降本增收。横山煤电致力于创建创新资产管理模式，在2021年建立了智能化资产管理系统。该系统通过对资产进行标识，实现了固定资产全程实物跟踪管理，使企业摆脱以往资产管理的无序状态，轻松实现固定资产账物相符的良好管理效果，为企业发挥资产效益、维护资产安全提供了有力的保障。2021年11月上旬已完成该系统的现场调试工作，依据智能化资产管理系统的使用状况，2022年之后继续优化完善资产管理模式，并积极推动系统二期建设。

横山煤电使用办公自动化系统（OA）处理公务文书，提高工作人员的工作效率。在生产或工作岗位上从事各种劳动的员工，围绕企业的经营战略、方针目标和现场存在的问题，以改进质量、降低消耗、提高人的素质和经济效益为目组织起来，再运用质量管理的理论和方法组成活动QC（Quality Control，质量控制）小组。横山煤电使用OA系统和QC小组的目的都是提高企业管理效率，并且分别设立了独立的部门，对OA系统与QC小组的运行进行管理与监督。

另外，横山煤电将企业各个环节都单独划分，给每个环节都制定了相应的管理流程标准，比如有关安全方面的管理文件，有关财务报销管理、审批管理等的管理文件，有关生产设备的电缆、燃料、锅炉管理等的管理文件。每个文件都将该管理项目的职责明确划分，依据国家标准化文件进行管理。如此一来，大型煤电企业庞杂的管理系统便可理清，企业管理效率提升。

3. 岗位标准

岗位标准又称工作标准，岗位标准专业委员会挂靠的部门为人力资源部。人力资源部根据国家法律法规及其他要求、上级规范性文件，以及国家、行业标准，结合本企业岗位设置情况，编制岗位标准体系结构图和岗位标准明细表。负责按照标准编写要求组织岗位标准编制、修订、送审和报批工作。负责按照持续改进要求落实标准化工作规划和年度计划，逐步健全企业岗位标准体系。监督岗位标准的实施并拟订整改措施。负责岗位标准档案的建立工作。负责各部门报送的岗位标准信息的汇总，提交标准化管理办公室，以保持企业岗位标准体系的标准有效性。负责岗位标准体系建设和运行过程中存在的特定问题的研究和解决。负责按照标准化管理办法，对各处室岗位的标准工作提出评价和奖惩建议。组织认定岗位标准相关法律法规的有效性，并组织有关部门对法律法规、强制性标准的合规性进行评估。

以财务部门为例，横山煤电针对工作标准建设的要求，依据定岗定编全方位梳理岗位职责，合理分配岗位工作，完成九项财务岗位标准的制定工作。其中包括制订标准的人员培养方案、实施合理的以师带徒措施、设置合理的 AB 岗位互补、实施定期的人员岗位轮换和财务业务培训、安排适当的外出对标学习等，鼓励财务部门人员报考各类专业技术资格考试，利用业余时间学习提高自己。

另外，横山煤电实施财务部门内部考评机制，完善、优化《陕西榆林能源集团横山煤电有限公司财务工作标准化操作手册》，内部进行定期考评，从财务基础工作规范、工作态度、职业操守、工作业绩等多维度进行评价，将评价结果作为岗位调整、绩效分配的依据。2022 年又增加了绩效二次分配，将评价结果作为部门绩效二次分配的直接依据，有效地推动了财务部门工作的高质量完成。

除此之外，横山煤电还设置了专业人才管理，其中专业人才有内训师、后备人才等序列。专业人才管理由主管领导负责指导、监督评审工作，协调处理评聘过程中出现的问题，审定拟聘人选；由人力资源部负责评聘工作的实施，做好评审资格的审核工作，及时协调处理好各项评审事务。另外每个序列人才都有相对应的选拔标准与培养方式。

综上可知，横山煤电的工作标准建设践行以人为本理念，科学合理地进行岗位分配与工作安排，完善绩效考核与激励政策，充分激发员工积极性，明确员工职责，保证了工作高效运行。

### 4.3.3 实施效果

企业标准化建设中的技术标准、管理标准与岗位标准是相辅相成的。完备的管理标准能够提升企业运行效率，使员工工作有条不紊。健全的岗位标准有利于激发员工积极性，同样促进企业的管理效率的提高。在此基础上，与时俱进的技术标准越发完善，促进企业技术创新，促进生产效率的提高。

横山煤电实施煤电一体化工程的整个流程清晰地展现了企业标准化建设的显著效果。首先，由于实施部门内部考评机制，完善、优化工作标准，极大地调动了员工的积极性，端正了其工作态度，明确了其工作职责，这为煤电一体化工程的建设准备了高素质工作人员，保证该工程的有序推进。其次，企业内部各部门、各环节之间，职责分配精细明确，管理系统庞大而不混乱，极大地提高了企业的管理效率，为煤电一体化工程的实施打下了坚实的管理基础。横山煤电重点进行的财务管理标准化也取得了显著成果，为企业发挥资产效益、维护资产安全提供了有力的保障。目前系统已完成审批、资产入库、资产领用、管理员变更、资产维修、资产盘点、清理报废、系统管理八个功能模块。横山煤电在很大程度上实现了财务管理标准化。最后，煤电一体化工程采用了"三塔合一"、中高硫煤燃烧、双层等离子无油点火、间接空冷等先进技术，同时完善新的技术标准文件，用于对新技术的指导使用。项目建成投运后，预计年利用小时约5000小时，年耗煤量约370万吨，年发电量约100亿千瓦·时，实现年产值约29亿元。届时源源不断的清洁能源将会通过1000kV特高压输电线路送往华北地区。横山煤电的煤电一体化工程荣获"国家优质工程金奖"，并同时获得其他多个奖项，就是对企业技术标准化管理的最好验证。

横山煤电进行企业标准化建设成果显著，除了煤电一体化工程外，还修订了多项标准化文件用于标准化建设指导，实现了全体员工参与企业标准化建设，提高员工工作效率的同时也提高了企业的管理效率。横山煤电进行企业标准化建设不仅提高了企业实力，增加了企业竞争力，加强了企业风险承受力，而且对企业内部与外部的经营风险有了更充分的准备，做到提高企业效益的同时实现可持续发展。

# 第 5 章 全面预算体系

近年来，全球市场经济环境日趋复杂，这为我国企业的发展提供了机遇，也带来了挑战。作为整合与优化资源的有效手段，全面预算管理的重要性越发被认可，并被用于协助企业有效配置资源、加强成本控制、提高利润等方面。通过开展全面预算管理可以帮助企业更好地防范风险，同时可以帮助企业抓住机遇实现进一步发展。因此，企业应积极构建全面预算管理体系，并对该项工作实施过程中存在的不足进行实时改进，促使企业获得更大的发展活力。

## 5.1 全面预算概述

全面预算是企业根据发展战略的需要，通过对未来的运营情况的预测，将预算期内的经营管理目标逐层分解、下达到企业的各个部门，并以价值的形态体现企业的生产、运营和财务活动的规划。全面预算管理通过预算来分配、核查和控制各个部门的资源配置情况，使企业的生产和运营更加有序，更高效地实现企业预定经营目标。

### 5.1.1 全面预算的产生与发展

预算兼有计划、分配、控制、评价等功能，历来被认为是企业经营管理的中心环节。预算是把企业的战略目标量化为各种实操指标，引导企业对资源合理分配，从而为企业战略目标的实现绘制出一条明确的路径。美国杜邦、通用汽车等公司在 20 世纪初期引进了预算管理方法，并证明了其在成本控制上的显著成效。但是，随着人类社会步入数字经济时代，市场环境越来越复杂，环境变化也越来越难以预料，预算目标经常与实际状况出现较大偏离，很难对企业的发展起到引导作用。同时，由于信息量过大，企业在处理多源异构的数据时显得捉襟见肘，也导致了预算管理的低效。

在数字经济背景下，传统的预算管理方法在一定程度上制约了预算管理的发展，不能很好地协调预算管理工作中的各项活动，导致了预算执行的偏离，从而影响到整个企业的发展，主要体现在以下几个方面。

（1）缺乏健全的考评机制。传统的预算管理工作主要关注编制环节，对预算执行效果的评估不到位，对预算机构和员工个人都没有相应的奖励与惩罚，使得预算管理仅停留在表面，不能真正发挥其应有的作用。在传统的预算管理中，由于信息来源的限制，数据存在着一定的滞后和失真，传统的监督评估机制也仅仅是对部分人员和组织有一定的制约作用，所以导致了其他人员对预算管理工作的不重视，无法及时、有效地完成各项预算管理工作。而预算管理的整个流程都非常关键，缺少任一环节、任何相关人员的参加，都会影响到整个预算管理的效果。因此，充分发挥员工的主观能动性是很有必要的，这需要加大对预算全员执行结果的激励力度，而传统的预算管理模式无法满足这种要求，必须通过先进的数字化技术和健全的信息化体系来支撑。

（2）缺乏海量的数据支撑。在传统的预算管理模式中，预算编制工作基本上都是依靠手工填写 Excel 表格，而在整个预算过程中所产生的大量数据和信息也都是手工操作，不仅耗费大量的人力和时间，而且每个人的预算意识和专业知识都不一样，这也造成了预算编制和数据处理中的偏误，从而导致预算数据的准确性和时效性不高，影响了数据质量。因此，企业需要一个数据共享中心将各个系统连接起来，整合各种数据，利用数字化技术与信息技术处理加工，实现数据共享、业务协同，保证业务数据的统一，为企业提供大量数据支持。

（3）缺乏有效的监控手段。在传统的预算管理体系下，预算信息往往是通过财务部门来整理、反馈的，各个业务部门和经营机构不仅难以及时地了解自身预算的执行状况，还不能及时进行纠偏和战略调整，这极大地削弱了预算管理的监控作用。此外，由于不同的业务部门和经营机构对数据的口径认识存在着与财务部门不相符的问题，造成了预算数据的偏离，从而影响了预算执行的效果。传统的预算管理中存在着监控措施和预警机制不完善的问题,也导致了参与预算管理的各个业务部门和经营机构都不能及时地跟踪预算的实施,无法充分发挥预算作用。在这样的管理模式下,预算编制和执行效果往往会有一些偏差,所以要运用信息化的方法来强化对预算的监督。

(4)缺乏畅通的传输渠道。在实际操作中,各种管理手段的运用应该是密切相关、相辅相成、相互促进的,这样才能获得较好的结果,从而实现目标。在实际的预算管理中,由于传统的预算管理方式没有很好地与其他管理手段相结合,缺少有效的衔接,许多数据和信息都是分散、杂乱无章的。各部门要保证数据的高质量传输,相关预算人员往往要反复地确认与核实,不仅耗费了大量的人力和物力,而且还存在着数据不精确的风险,从而影响到预算执行的成效。为此,要建立畅通的传输渠道,在预算管理中引入大数据挖掘技术,为预算管理部门提供高效快捷的数据服务。

综上所述,传统的预算管理体系明显已不能适应现代企业的需要,而数字经济的兴起与发展正好可以弥补传统的预算管理体系的不足;数字技术的应用通过对大量数据的分析,提取其中隐含的信息,为预算管理提供技术支撑,为管理层提供决策依据。所以,将数字经济和预算管理有机地结合起来,既是可行的,又是必要的。

为此,要适应数字经济时代的复杂环境,就需要对预算管理方式进行改革(图5.1)。相较于传统的预算管理体系,数字化的预算管理体系存在的优势主要有以下几点。

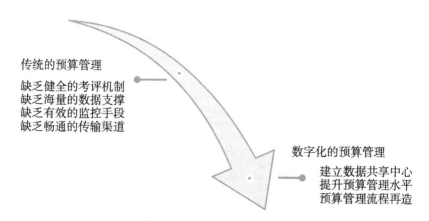

图 5.1 预算管理的发展历程

（1）有利于推动企业建立数据共享中心。传统的以预算编制为主的预算管理模式，已不能适应企业全体员工参与的需求，应有一种全新的体系来支撑预算管理。在数字经济时代和互联网技术飞速发展的背景下，运用大数据技术对企业进行预算管理，提高了企业的信息化水平。在基础数据方面，数据共享中心对数据进行了全面的梳理与整合；在数据分析方面，构建了多维的实时数据分析体系，形成以数据库为基础的动态管理，最大化地发挥了预算管理的作用。所以，建立以数据为中心的预算管理体系是非常有价值的。

（2）有利于提升企业预算管理水平。传统的预算管理工具采用 Excel 表，具有周期性长、准确性低、时效性差等缺陷，而数据共享中心可以及时、统一地上传数据，同时为用户提供个性化的服务，从而大大缩短了预算时间，提高了预算工作的效率。数据共享通过对预算、财务、业务的一体化管理，能够及时传递预算执行的有关信息，使财务人员能够对预算的实施进行全程监督和有效的分析，还可以及时地对外部市场变化和内部企业变化进行评价、反馈和调整，从而提高企业的预算管理水平。

（3）有利于促进企业预算管理流程再造。信息化的预算管理运用数字技术与云计算概念，促进了企业的组织机构框架重构与流程再造，推动了企业经营模式的创新与管理观念的变革，强调集中、共享、服务的核心理念，使预算过程统一化、标准化。传统预算流程各系统之间未能有效地衔接，造成预算执行不规范、预算编制不高效、预算流程不畅通、预算调整不及时。同时，通过建立数据共享中心，可以使企业实现预算管理流程的优化，使预算控制嵌入业务操作过程中，从人工控制向先进自动化控制过渡，实现各个部门的数据统一，使预算和评估的可靠性得到进一步的改善。[22]

### 5.1.2 全面预算管理的理论基础

全面预算管理是一种有效的管理手段，它能把公司的战略目标从管理层向作业层传达，从而使公司管理层制定的战略得到有效实施。下面从委托代理理论、利益相关者理论、价值管理理论、激励理论四个方面（图 5.2）对全面预算管理进行论述。

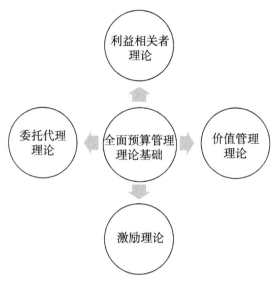

图 5.2　全面预算管理的理论基础

1. 委托代理理论

在公司两权（所有权和控制权）分离的背景下，公司的委托代理理论应需而生。这一理论是伯利和米恩斯在1932年首先提出来的，后来在公司治理中逐渐占据主导地位。其核心是构建一种内部和外部互补的治理结构，从而有效地减少代理人的道德风险和逆向选择，减少代理问题，降低代理成本。

由于现代公司治理结构中的所有权和管理权并不完全一致，所以公司中的股东和经理人之间形成了委托代理关系。因为信息的不对称，以及委托方和代理方的目标、利益、效用函数的差异，如果没有相应的制度约束，代理人为了获得短期利益，可能会损害委托人的利益，对公司的发展产生不利影响。要解决委托代理问题，可以通过构建监督与制衡机制，降低高管或大股东的自利行为，让不同利益相关者的目标和利益在更大范围内达到一致。

随着数字化水平的不断提升，委托代理问题得到了有效的改善。通过引入数字技术，企业可以更好地利用现有的信息资源。运用物联网和大数据这类新兴技术和手段，一方面可以促进企业内部控制的标准化，降低企业的信息不对称性，提高企业的全面预算管理水平；另一方面，可以对企业的监督和制衡机制进行完善，降低公司高层或大股东的自利行为，使不同利益相关者之间的目标和利益在更大程度上达到一致。最后，通过加强企业的内部控制，减少企业代理问题的发生，降低企业的代理成本，从而改善企业的绩效。

2. 利益相关者理论

利益相关者指的是与企业的生产经营活动和后果有直接或间接利害关系的群体或个人。在企业进行战略决策和执行过程中，各个利益相关者都期望公司能把自己的利益放在第一位，以达到自己的目的。企业在进行数字化转型时，往往会涉及企业内部与外部两类利益相关者。

作为企业的内部利益相关者，在进行数字化转型的过程中，企业的领导者和管理者要对企业的发展情况进行深入的研究，深入研究数字化转型的痛点、堵点、难点，学习企业数字化转型的优秀案例，遵循企业数字化转型的五个步骤，制定出自己的数字化转型方案，并逐步实施。同时，通过工业App，实现工业数据深度挖掘、工业知识可视化、工业智能云计算、过程经验程序化等。基层员工要主动与企业发展相适应，不断提升自身的数字化水平，以应对数字时代的变革。加强基层党组织的领导作用，促进工会组织和企业科协协同合作，在企业数字化的大背景下加强对数字技术的宣传，营造一个良好的社会环境。

作为企业的外部利益相关者，首先，要强化政府对企业数字化转型的顶层设计，并对其进行针对性的扶持。加强工业App的开发与应用，加大政府的扶持力度，推动企业设备往云上和商业系统转移，以此来支持工业企业的云计算。在数字化转型过程中，要做好信息安全管理工作，构建并健全企业安全保障体系。落实《中华人民共和国数据安全法》《中华人民共和国个人信息保护法》等相关法规，健全有关政策、法规、行业管理体系，建设大数据安全保护系统，强化工业数据的安全性。其次，要大力发展工业互联网，加强企业的信息化建设，建立起一套适合于企业的数字供应链平台。在自动化、标准化、智能化生产的过程中，通过软件即服务（SaaS）、平台即服务（PaaS）等信息化系统实现生产的数字化管理，并通过数字供应链平台与供应商、客户等开展业务，形成线上线下联动体系。最后，应加大学校与企业的产学研合作力度，完善科技创新制度。建立与企业、高校、科研机构之间的对接,并通过共建实验室、研发中心等形式,为企业科技创新、解决企业技术难题提供帮助。该公司的股东及主要资金提供者也应该持续地向公司提供资金和资源,以支持公司的数字化转型。[23]

3. 价值管理理论

大数据、物联网、云计算、人工智能等新技术的应用,使企业在经营策略、组织结构、经营模式等方面不断地发生着变化。价值管理是企业经营管理活动中的一个关键步骤,也是企业的最终目的。价值管理相对于其他的管理活动更加抽象,并且随着现代公司的经营模式变得更加复杂,业务活动的领域愈加广泛,价值管理的抽象程度也不断提高。信息技术能够提高人们对抽象问题进行处理的能力,从而让信息界面的立体化和实时化得以实现,改变传统的平面静态信息。通过对企业价值活动的内部机制和价值信息系统的组成逻辑的再认识,利用数字化技术,建立与企业价值活动本质相一致的信息系统和管理模式,可以有效地解决目前的价值管理难题,从根本上克服传统价值管理的局限性,提出适应时代变革的价值管理理论,为新时期的企业提供更好的价值指引。

创值单元(VCU)是企业价值活动的基本作用单位,是企业价值创造中最小的价值要素调配单位。在数字经济时代,新的商业模式具有一个明显的特点,那就是顾客更多地参与公司的价值创造。而当前的创值单元理论中,人作为价值要素仅仅是公司的员工,但这仅适用于传统的经营模式,即企业通过降低员工成本来实现价值。数字经济看重顾客的个性化需求,利用好信息化、数字化和智能化技术手段,深入挖掘顾客的潜在需求。由此可知在分析人这一价值要素时,应统筹兼顾企业员工与客户这两个价值要素,使创值单元理论体系更加科学合理。

在大数据时代,对信息和数据的识别能力变强,数据画像和感应器能够捕捉过去无法获取的信息,特别是能较好地刻画与反映人类的行为数据。人的行为是企业价值活动的核心要素,也将是企业价值管理的主要内容,对人类行为数据的收集与分析能力应给予重视,以提高企业的管理水平。同时,若把这些数据纳入道德评估,则必须把握好企业管理与员工隐私之间的度,比如使用监控设备,会影响他们的工作积极性,并造成一些消极影响。而作为创造企业价值的一方，顾客信息的收集和利用是许多网络公司的日常工作，在此过程中，如果不重视数据资料的安全性，导致顾客的资料泄露，不仅会损害顾客的合法权益，还会对公司造成严重伤害。在今后创值单元的研究中，还应将系统论与数据安全理论相结合，进一步探索企业价值信息的边界与安全问题，从而在价值管理与社会伦理、信息安全之间取得平衡。[24]

4.激励理论

建立一种行之有效的激励机制是全面预算管理的目标，全面预算的诊断控制系统为激励的实施提供了依据。预算可以作为衡量员工绩效的指标，这是企业在全面预算管理流程中的一个重要环节，也是企业需要重点关注的一个环节。数字化技术的发展，为人们的日常生活提供了极大的方便。在企业的人力资源管理中，可以利用数字技术对员工的绩效进行有效的整合：将每个月的业绩与薪资数据汇总，对每个人的工作内容评估，并运用大数据技术对其进行分析与整理，将结果上传至公司网站，让所有员工都能清晰地看到自己的工作表现。对工作内容进行评估，充分体现了公平、公正、公开的原则，让员工不再质疑绩效制度，而是通过评估的结果，进行思想上的调整和工作能力的提升，从而使员工能够针对自己的实际状况制定下一阶段的业绩目标。这样员工不但可以激励自己，而且可以全面地了解自己以前的工作状态，从而更好地提高自己。[25]

激励理论要求建立一套适用于企业实际的管理系统，以使企业员工实现对企业及工作的承诺。激励理论可以将员工的主观能动性发挥到最大，将员工的行为引导到正确的方向上，将员工的创造性完全激发出来，做出更大的成绩。在数字化转型的过程中，企业必然会对一些工作岗位进行调整，从小的方面，比如增加或减少某些岗位，从大的方面，比如对一些核心职能部门进行合并或分拆，对与信息技术有关的人才储备容量进行扩大，积极引进复合型人才等。这些措施都需要一个健全的激励制度来进行保证，通过激励让更多员工向高端人才的方向发展，吸引数字技术研究和应用型人才加盟，从而为促进全产业数字化流程的发展作出贡献，加快数字化转型的进程，提高企业的长期绩效水平，增强持续发展的后劲。[26]

### 5.1.3 全面预算管理的理论体系

全面预算管理是企业不可或缺的，是最基本的管理体系，也是企业家进行企业管理和运营的根本途径和手段，能把企业的各个层级、各个单位和成员的特定目标与集团整体目标联系在一起，使各个层级、单位和成员都能以集团的整体目标为中心。随着数字化、网络化和智能化的快速发展，在国际和国内市场的激烈竞争下，公司的利润率越来越低，所有的公司都在做着数字化的工作，而公司财务部门进行数字化转型就需要数字化全面预算管理的指导。数字化全面预算管理是实现企业战略目标、提高企业经营质量、推动企业高质量发展的必经之路。

下面通过理论与实际相结合的方法，阐述一套完善健全的数字化全面预算管理理论体系，其应具备内容体系、责任体系、制度体系、流程体系四大要素体系（图 5.3）。

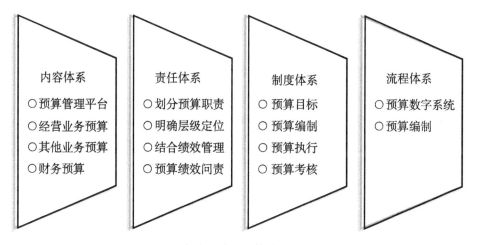

**图 5.3　数字化全面预算管理理论体系**

1. 数字化全面预算管理的内容体系

数字化全面预算包括："业财合一"的全面预算管理平台、经营业务预算、其他业务预算及财务预算。

经营业务预算通常包含新签合同预算、合同存量预算、营业收入预算、成本预算、期间费用预算、设备物资采购预算等，这些预算涵盖了企业生产、经营和建设的所有环节。

其他业务预算通常包含投资预算、筹资预算、担保预算、人工成本预算、固定资产购置预算、信息化支出预算、资本金预算、其他专项预算等，覆盖了企业生产、经营和建设的所有环节。

财务预算是以各专项业务预算为基础，以各业务预测数据为依据，以企业的战略目标为中心，对企业资金取得和投放、各项收入和支出、企业经营成果及其分配等资金运用做出的具体安排，是预算期内以货币计量、反映资源配置结果的总体预算，包括利润预算、现金预算、资产预算、负债预算。

数字化全面预算管理是现代企业必不可少的一种管理方式，需要挖掘其成本控制潜能，提升其经营管理效率。但要提高企业的经营管理效率，还需要进一步完善业财相融的预算控制系统，强化业务预算与财务预算之间的联系，实现全方面、全系统、全过程的数字预算控制。与此同时，还必须进一步强化对预算绩效的评价，并针对不同的行业特征，加大绩效指标的权重，将考核作为一种激励方式，推动成本的降低和公司效益的提高。[27]

2. 数字化全面预算管理的责任体系

在实际预算执行过程中，为引导和约束全体员工日常工作行为，预算管理的责任体系要完善、规范、具体，具有一定的权威性。明确划分各部门、各员工预算执行职责，使得各岗位人员牢牢守住预算执行红线，提升预算执行力度，这样在任何业务环节出现问题都可以及时找到责任人，对其进行相应惩罚的同时尽快提出并落实改善措施。明确各层级的责任定位，通过新一代预算数字化系统，实现内部结算和分摊，实现对各责任单位"投入产出"的精确评价。

推动预算管理与绩效管理主体、对象、数据一体化。主体一体化指的是"放权"和"问责"的统一，明确每个部门、单位和项目负责人都是预算管理和绩效管理的第一责任人，在明确每个人职责的前提下，赋予每个人权利。对象一体化意味着把部门和单位预算、政策和项目预算以及"四本预算"（一般公共预算、政府性资金预算、国有资本经营预算、社会保险基金预算）都纳入绩效管理中，建立一个全面的预算绩效管理系统。数据一体化是指打破信息共享壁垒，实现预算、绩效、财务、会计、审计等信息的共享，在预算审批、执行监督、决算评估等全流程中使用绩效信息，实现预算信息与绩效信息的实时共享。

在预算绩效管理信息化方面，要在现有工作成果的基础上，借鉴陕西、云南等地方的先进经验，进一步推进建立统一的预算绩效问责数据共享平台，积极引入云计算、大数据、无纸化等先进数字技术，加快预算项目全生命周期数据管理，从绩效管理流程、业务衔接、数据标准、数据资源等方面，尽快实现各个层级、各个部门的整合，并与全国预算管理数据汇总系统进行对接。与此同时，要强化人大预算联网监督系统与审计、纪检等部门系统以及媒体等部门之间的信息交换，为各个主体获得精准的预算绩效问责的依据提供一个良好的信息基础，并利用"制度 + 技术"来增加绩效信息的全面性和充分性，降低人为因素的影响，为问责的科学性奠定坚实的基础。

3. 全面预算管理的制度体系

企业全面预算的实施，既要全体员工共同努力，又要建立一整套的预算管理制度，从制度、程序等方面对其进行规范。在企业预算管理制度中，对预算目标、编制、执行、分析、评估等方面作了较为详尽的规定，明确了各部门预算内费用调整流程和预算外费用审批流程。一旦通过，就必须严格地执行预算报表。只有在企业内外环境发生重大变化，偏离最初的预算目标后，才能进行相应的调整。只有严格规范企业的整体预算管理体系，才能让各个部门更加重视预算的编制工作。

传统的预算管理制度中，会有预算编制不严密、执行过程不流畅、评价体系不完善等问题，从而使其无法与企业的战略目标相结合，无法达到预期的效果。大数据环境下的全面预算管理制度可以从实时性和数据多样性等角度，实现全面预算管理和数字化技术的有机统一。

（1）数字化对预算目标的影响。如何确定企业的预算目标，是确保企业预算编制质量的重要环节。全面预算管理是为了达到公司的战略目的，使企业的资源得到最大程度的利用。准确完整的预算目标是保证企业在预算中能够达到具体的战略目标和高效的预算管理的根本。在大数据的背景下，能够依据公司的发展战略目标，运用数字信息技术对公司的内外环境进行全方位的分析，使预算目标更为准确、全面，从而通过对预算目标的编制和执行来规范企业的预算管理过程。

（2）数字化对预算编制的影响。基于数字环境下的全面预算管理模式能够及时地利用互联网技术来调整预算组织结构，并能够适应企业内部的不同需要重新界定预算的编制方法和预算管理系统。传统的预算编制是由上至下或由下至上的方式进行的，而在大数据时代，可以通过数字化信息技术平台整合和改进各种预算方案和项目，通过对预算数据的反馈，对下一阶段的预算目标进行修正，使得整个过程更加完美，从而提高预算的工作效率。在保证企业经济效益的同时，还能形成严密的预算编制程序。

（3）数字化对预算执行的影响。在预算执行时，要强化对预算的事中控制，结合企业各部门的具体情况，加强对预算的管理。生产部可以把每个月的生产指标细化到每周或每日，将其与预算数据进行比较，从而实现对项目的实时分析和总结，并对其进行适时的调整，保证项目预算目标的实现。销售部可以对特定的商品、商店和销售人员细化销售指标，并根据实际数据和市场环境变化进行定期（每周或每日）的分析，适时地调整销售战略。总之，加强过程控制，可以提高预算执行的效果，促进企业的经营和生产。[28]

（4）数字化对预算考核的影响。全面预算管理的最大优势在于，它可以把企业的日常运营和预算管理有机地结合起来，形成战略目标、全面预算和绩效管理的统一管理体系。预算考核制度是保证预算编制和实施的重要依据，一个好的绩效考核制度能有效地激发各部门的工作热情，并且能够对预算过程进行有效的控制，从而更好地实现整体的战略目标。

企业预算绩效评估系统的核心是建立一个绩效评估系统，以财务、客户、内部流程、学习和成长为评估指标。此外，考核制度中，还有一项重要的工作，就是对所有部门的人员进行考核。采用大数据平台进行实时更新与实时监控，将平衡计分卡的多个维度有机地融合在一起，使得企业的绩效考核更加客观、全面，而且还能根据不同的部门的需要，有针对性地调整指标的权重和数量，使得预算评价体系更加地科学，更好地激励员工的工作热情。[29]

4. 数字化全面预算的流程体系

（1）应当实现预算管理的数字化。通过数字化系统，将分散在企业的财务系统、管理系统与业务系统连接起来，按照预算管理体系的要素进行专业的分工以及流程改造，构建起覆盖企业内部价值链的预算数字系统。

（2）通过对先进技术的应用，实现预算编制的自动化与智能化，帮助管理人员从事务性的预算编制工作中解脱出来，投向更高价值的活动。如果要实现预算编制的自动化与智能化，先进技术的应用只是其中一个方面，其间还需要企业预算管理人员进行大量的准备与设计工作，主要包括以下两个方面。

①底层基础体系的梳理，主要是规则、维度体系的梳理。规则主要是指预算模型的计算规则，包括业务计划向财务预算转换的规则，以及分析指标的计算规则。在"二八原则"的前提下，重点梳理业务财务勾稽关系确定规则，首先植入系统中，以减少重复性工作。预算维度体系的梳理有利于从预算管理的角度输出一套维度（包括指标、组织等）的主数据体系，建立业务、财务之间转换逻辑关系，实现一套维度体系，多种语言（业务语言、财务语言）表达的效果。在梳理规则和维度体系的前提下，实现预算的动态编制与共享，并按层级自动计算、汇总、分析，财务人员根据以往数据的分析结果进行综合平衡、审核、修正，以改善各层级的预算管理。

②预算控制机制的智能化。利用费控、商务平台等智能共享平台的优势，加强预算费用控制，实现预算管理的全过程向事前转移，简化了传统的控制流程，提高了控制的效率。同时，通过建立自动预警系统，对预算执行情况进行实时追踪，实现刚柔并重的预算控制。在改善预算编制与控制这两个人工投入最多的环节之后，才有可能将原本投入在事务性工作上的人力、物力资源解放出来，让他们投入到了解业务和管理需求、设计多维度预算分析模型的工作中。同时，还可以考虑利用数据中台，将规则、维度开放给业务及管理部门，让其可以个性化地生成所需预算分析报表，从不同的角度了解预算执行情况，科学制定决策。

作为一种重要的管理会计工具，预算管理已在各个企业中得到广泛应用，企业具有良好的预算管理基础。预算数字化转型牵涉企业的各个方面，单一的财务是无法完成数字化转型的。因此，必须有一个数字化战略，在企业推行数字化问卷，并在实施过程中通过建立数字化的制度流程，将管理需求固化，以促进数字预算管理。

### 5.1.4　全面预算的组织体系

组织结构确定了工作的分工与协作方式，是一个企业能否有效运作的根本。数字化技术的运用，使得数据流通变得更快、更方便，也使得管理者能够更好地掌握、利用数据。全面预算管理的数字化组织结构将会呈现出扁平化、网络化、互联化的特点（图5.4）。

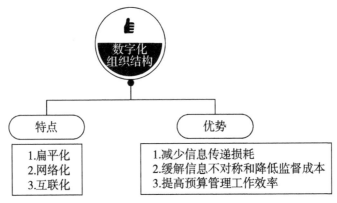

图 5.4　全面预算管理的数字化组织结构

经过数字技术优化后的预算管理组织结构在预算执行部门层面，取消了项目上管理人员的项目运营岗和项目财务岗等岗位。在集团总部层面，集中资源，设立了运营质控中心、财务管理中心等职能中心。在项目中设立项目经理职位，对项目进行全面的管理，并与各个部门的工作人员进行沟通，组成项目团队。在预算日常管理机构的层次上，进一步强调了区域总经理与区域首席财务官之间的相互独立的关系，区域总经理与区域首席财务官之间在经营管理上既互相合作，又互相监督。在预算决策委员会这个层次上，常务副总经理已经不仅仅监督各地区的绩效、审查预算外的开支，他们已经变成了一个专业的智囊团，密切关注着全局的预算数字，并在适当的时候对公司的发展进行引导。与以往相比，新的预算组织结构有以下三个方面的优点。

（1）管理层次的缩减减少了信息传递的损耗，提高了信息传递的时效性与精准性，从而提高了预算管理的有效性与精确性。一方面，在经过数字技术优化后的预算管理组织结构中，可以更加方便快捷地通过预算管理平台在线查看区域预算信息，使用在线会议和即时通信软件与区域的负责人直接进行交流，相较于间接沟通，直接沟通获得到的预算信息更加及时和富有针对性，可减少交流的时间，提高交流的效率。总经理通过预算平台所收集到的大数据，可以更加全面、准确、及时地对区域预算执行情况进行了解，这有助于总经理了解经营环境的变化以及战略目标的执行效果，进而做出更加合理的战略决策。另一方面，因为减少了层级，所以下级员工也拥有了更加畅通的信息交流渠道，与管理层进行交流的机会也更多，在预算目标和实际情况之间存在较大偏差的时候，执行层级的员工可以利用预算管理平台，在线发出预警信息，并利用内嵌的审批流程，直接向预算管理层级的管理者进行汇报。这样信息只需要经过两个层级就可以到达最高决策者，从而提高了对特殊情况的反应速度。下属员工不仅可以向项目负责人进行汇报，还可以向上级主管预算的财务部门负责人进行汇报。这两种渠道都可以获取专业的建议，使预算管理得到更科学的引导。

（2）通过优化组织结构，缓解了信息不对称情况，减少了监管费用，降低了监督成本。随着数字化技术的应用，企业实现了跨区域的集中管理，原本分散在各个项目上的职能岗位被撤销，将重复的、标准化的工作逐步集中起来，组成了一个智能型的共享中心。在地区项目上，所有的预算管理功能都是由共享中心直接执行的，预算信息也是由共享中心来收集并规范的，各个职能共享中心的数据也是互相联系的，并将其纳入预算管理平台的基本数据平台中，这样就使得项目人员很难再通过信息不对称来获取自己的私利。同时，因为信息已经被共享，所以能够实时、完整地获得项目的预算信息，因此，对工作人员的监督也就变得更加简单，人员监督的成本也就降低了。

（3）通过组织架构的优化实现了人员、信息等多方面的资源的有效整合，从而提高了预算管理工作的效率。经过优化后的组织机构呈现出了网络化和互联化的特征，在项目与职能岗位之间，各部门都可以进行相互的交流与沟通，实现数据的共享与交换，从而打破了部门之间的边界，降低了由于部门壁垒而导致的信息孤岛，从而推动了业财融合。在新的组织架构下，项目经理与各职能部门组成了一个团队，共同承担着整个项目的预算管理。运营、人力、财务等部门处于一条价值链上，各部门、各岗位各司其职，为实现共同的预算目标而努力。同时，不同项目之间的交流通道也被打开，不同项目之间的工作人员能够在预算管理方面分享成功经验，并在此基础上共享行业信息。此外，不同项目之间还能够互相学习，开展绩效比拼，从而极大地提高了预算管理的效率。[30]

## 5.2 全面预算的框架体系

在运用大数据技术分析市场供需环境之后，企业应该根据自己的战略规划，尤其是营销策略，建立以销定产、以产定购、以购定费的全面预算管理方法。运用大数据对市场信息进行汇总，确定市场供应与需求，保证销售预算、生产预算、费用预算、资金需求量预算（图5.5）等的准确性，同时也避免企业出现库存过多或过少导致产品积压或短缺的情况，还为销售费用预算提供数据。

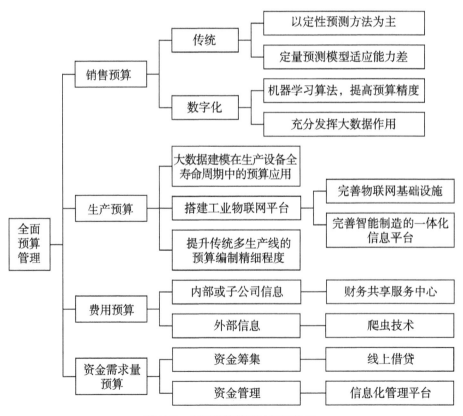

图 5.5 全面预算管理的框架体系

### 5.2.1 销售预算

企业销售预算编制的重点在于对销售的预测，它的准确与否决定了后续其他预算数据的客观性和可靠性。销售预算的结果会对企业的生产预算、成本预算、资金需求量预算产生直接的影响。因此，运用大数据进行市场分析，可以有效地改善企业销售预算的准确度。此外，采购费用预算是企业营业预算中的一个重要内容，同时也是一个易产生舞弊行为的环节。在招标与决标过程中应适当进行权责分离，而多数中小企业由于员工数量有限或存货需求量少，往往采取同一人或同一组人进行招标、决标工作，从而给采购员的舞弊行为留出了机会。所以，利用市场数据分析技术来确认供应商的行业平均价格和供应商的信用评级，以及评价中标厂商的市场关联方名单中是否存在本公司相关人员，是企业采购过程中的必备环节，而这些背景调查环节均需要大数据技术的支持。

传统的预算编制经常以基本假设为前提，很多企业在编制预算时倾向于以经验和直觉为主的定性预测方法，缺少定量的分析，并且很容易受管理者的工作经验和分析判断能力的影响，所以通常难以做出精确、可靠的预测，预算编制基本前提假设不可靠、预算目标制定不合理、预算时效性不强等问题十分突出。也有一些企业在预算编制时采用定量预测法，将历史数据作为基础，运用现代数理统计方法，构建出一个模型，在历史数据基础上对预算指标进行预测，但由于预测对象所处的内外部环境在不断变化，传统定量预测模型无法根据环境的变化做出改变，该系统的柔性、自适应能力很弱，很难支持企业的动态、实时性要求。因此，如何使预算的预测更准确、更科学，成了企业亟须解决的问题。

随着机器学习算法等新技术的迅速发展，以及这些新技术在企业管理中的持续应用，为企业提高预算预测精度提供了可能的解决方案。机器学习算法是人工智能的模拟、延伸，甚至是超越人类智能的主要途径，可以帮助管理人员深度挖掘海量数据，提高发现数据内在规律的分析能力。它能够有效地识别与预算目标相关的驱动因素，弥补传统管理和预测工具的不足，充分挖掘和发挥大数据的信息价值，提高预算管理的水平。

随着机器学习算法的发展和普及，越来越多开源软件和成熟的算法平台为非计算机专业的会计人员提供了学习智能技术的平台。当前面向预算预测所需的数据、算力、算法等条件基本成熟，引入人工智能技术为预算管理提供科学的预测工具变得必要且越来越可行。

熊婷、陈亚盛、许欣在 2022 年发表的《人工智能在预算预测中的应用》一文中，展示了企业如何利用人工智能技术进行预算预测。该文章以厦门市某服装品牌的一个直营门店销售数据为样本，构建了一个基于长短期记忆模型的智能预算预测模型。该文章结合外部环境分析和营销 4P 理论（The Marketing Theory of 4Ps）的框架，识别了影响日销售量的 12 个具体影响因子，并根据识别出的影响因子预测直营门店短袖女 T 恤一个产品季的日销售数量。结果表明，模型预测值与实际值在数量和趋势上均基本吻合，且准确率明显优于多元线性回归等传统模型。此案例表明将人工智能技术应用于预算预测中，不仅是可行的，而且是可靠的，能够显著增强预算管理系统的决策支持价值。由此可以看出，促进机器学习算法等人工智能技术在企业中的应用，有利于预算管理更加科学化。

### 5.2.2 生产预算

在当前市场环境下，为了准确地做出生产预算，也需要在企业的生产预算管理中应用大数据技术和人工智能技术。首先，探索大数据建模在生产设备全寿命周期中的预算应用。依据设备的全寿命使用成本，科学地估算出生产周期的费用，并对多个设备的工业信息数据进行大数据计算，从而对各个阶段的维护费用进行分析，使维护费用清楚明了，改善企业的预算管理。其次，提升传统多条生产线的预算编制细化程度。不管是多条生产线交叉使用，还是多条生产线同时运行，精益化的预算设计必须与实际生产活动中的具体成本相结合，特别是可有可无的生产费用，值得预算管理人员多次考虑、研讨其预算编制指标。最后，利用人工智能技术，使间接费用摊销更加科学。在制定预算支出时，必须综合考虑预算收入的各方面影响因素，将市场供求、供应链、偏好、替代品等因素纳入人工智能的数学算法模型中，使用大量数据训练模型，使之符合企业的预算管理决策需要。

除了上述企业在大数据时代背景下对生产预算的改进措施，企业还可以构建工业物联网平台,以期实现对数据更加深度的挖掘。无论是对生产信息采集控制的需要,还是对企业财务业务综合控制的需要,甚至是对企业预算信息进行精确实时的反馈需要,企业要想实现自身预算管理体系的不断优化,都有必要构建工业物联网平台,以期实现灵活预算、定制化生产、构建智能制造模式和建立信息化基础设施。第一,要加强物联网的基础设施建设。需要公司对物联网基础设备、工业信息化芯片及组件模块、物联网数据模块、物联网自动化模块等进一步追加投资,确保企业能够灵活组建生产线、及时调整以及自动化控制,并进行集成化信息的收集,以便企业及时掌握自身生产耗材信息、生产产出效率、生产采购需求和供给信息,继而进一步推动企业智能制造体系的科学建设。比如,在构建物联网数据模块时,需要根据业务部门的信息需求、采购部门的信息需求和财务部门的成本核算需求,并利用可视化智能制造平台程序的自主设计全面反映企业的成本分析报告、需求分析报告和产能分析报告,以推动企业信息化智能制造模式的持续建立。第二,要建立一个以 SaaS、PaaS 为基础的财务信息化系统来完善智能制造的一体化信息平台。企业通过上述工具对自己的数据进行深度的分析和挖掘,以改进预测、产品设计和投资回报等业务决策。[31]

### 5.2.3 费用预算

企业在进行费用预算管理时,预算管理委员常常会围绕上一年度的支出情况、预算评估等,结合本年度的经营状况,制定有针对性的预算。在企业的运作过程中,不管是在母公司的内部,还是在子公司的内部,都要借助财务共享服务中心对其财务与业务数据进行整合,从而为制定预算指标提供准确的依据。企业在收集外部信息时需要积极主动地寻找,采用爬虫技术可以有效地提高收集的效率。与此同时,利用大数据技术全面融合企业内部和外部的数据,这样不仅可以在设定预算目标的时候,将前一年的成本合理利用起来,精确地预测出行业内厂商的报价,还能对外部的数据,如对标数据等,做出客观的分析。在完成了信息收集工作之后,要继续使用大数据技术,通过财务共享云平台,按照企业的发展战略目标,制定下一年度的预算目标。在制定预算目标时,必须从直接人工成本、间接材料成本等多个方面进行全面分析，才能做出合理的预算。与此同时，在产品的包装、广告等方面，也要有一个科学的预算目标，以及一个完善的预算体系，保证费用预算管理工作的平稳运行。

在大数据时代，基于财务共享服务模式，应采用滚动预算的方式进行预算管理。在预算编制过程中，根据相关的企业预算编制政策，在可以确定费用预算目标的情况下，依托财务共享服务中心，对企业上一年的费用展开深入的分析。在全面掌握企业费用状况后，采用大数据爬虫技术，迅速收集企业外部市场信息，并围绕以销定产的政策，根据企业的实际生产目标进行有针对性的预算编制，以保证符合企业发展战略目标，从根本上提高预算编制的质量。

总之，以大数据为基础，在组织和执行费用预算时，必须强化管理方式和观念的创新，才能保证对企业成本的有效控制。同时，以财务共享服务模式为基础，在全面把握目前费用预算管理问题原因的基础上，利用科学的手段，制定有针对性的管理措施，对传统的管理方式和流程进行优化，以规避管理中的问题，实现最大限度地提高经济效益。[32]

### 5.2.4　资金需求量预算

在当前竞争激烈的市场环境中，企业想要获得良好的发展，就必须加强对资金的合理掌控。从资金的筹集到使用管理，全程关乎企业能否稳定长期发展，因此制定完善的资金管理体系势在必行。对于企业来说强化资金管理，有利于提高资金使用效率，改善对财务风险的管理，以最小投入获取最大利益，与生产经营状况、未来发展潜力等息息相关。

在集团企业融资的过程中，要考虑到项目投资运营所能获得的经济效益、经济利润，只有投入到生产运营中的资本增值，企业才能获得与之相对应的收益。当前，集团企业的融资渠道很多，但是要确保投资的收益，就需要选择合适的融资方式。

在管理上要使所有的员工都认识到资金管理的重要性，在生产活动中要有资金的管理意识，这样就可以对企业的生产经营活动进行全面的成本控制，才能更好地使用资金，减少财务上的风险。企业可以建立一个信息化的管理平台，对资金进行有效的控制，并在此平台上实时掌握公司的资金流动情况，同时也可以在项目的建设中，及时地发现和解决资金的问题，避免在进行项目的时候出现资金浪费的情况，降低企业财务风险，实现对资金的高效利用。[33]

资金管理对集团企业的发展产生了重大的影响，其中包括企业发展运营中的决策等。但是，在过去，集团企业在资金管理方面存在着许多弊端。例如，资金管理过程中的信息数据时效性差，这些弊端将会给企业的资金管理工作带来不利的影响。当前对集团企业来说，加强资金管理信息化建设是一项重要工作，利用高科技手段对资金管理工作进行辅助，进而提升资金管理的效率和质量，促进集团企业与时代发展趋势相适应。例如，目前很多企业都在应用的云之家信息化资金管理系统，可以将数据上报和公告公布相结合，打造出一体化管理模式。财务人员使用计算机进行操作，包括审批工作等都可以借助网络平台进行，极大地提升了企业资金管理效率，有助于改善资金管理中存在的问题。在当今的社会环境下，大数据技术毫无疑问是提升公司资本运作效率的一项重要措施，所有的信息都可以转化成数据来传输。在信息管理平台的帮助下，可以进行各种管理工作，具体包括收入支出、税务管理以及生产经营分析等内容，与以往的资金管理模式相比，信息管理平台的效率更高，可以满足集团企业对于资金的使用需求。所以，集团企业应该对信息管理平台进行强化，以大数据、云计算等技术为依托，构建出一个真实的信息化财务管理平台，让企业内部的财务信息流通更加流畅，为资金流动过程提供保障，从而达到可视化管理的目的。[34]

## 5.3　全面预算在横山煤电的实践

全面预算管理从20世纪20年代的美国通用汽车、杜邦等公司开始兴起，一经成功便被大量的工业企业所采纳，对现代企业起着不可忽视的推动作用。其不仅可以帮助企业明确工作目标、合理配置相关资源、借助绩效考核提高员工的工作积极性，还可以通过加强企业内部精细化管理来防范与控制风险。

### 5.3.1 实施背景

对于横山煤电来说，推行建设期全面预算管理可以使横山煤电项目技术环保、资源成本低等优势得以充分发挥，同时，强化内部控制、优化基建投资、确保项目建成后成本费用科学合理。此外，全面预算管理也是一项综合性的管理工作，需要相关部门密切配合共同完成，这有利于调动员工的工作积极性与团结协作能力，提升企业的凝聚力。

1. 响应国家相关政策的需要

从宏观层面来看，2001年财政部颁布的《企业国有资本与财务管理暂行办法》规定，企业对年度内的资本营运与各项财务活动，应当实行财务预算管理制度。2010年财政部等五部委发布的《企业内部控制应用指引第15号——全面预算》，目的在于指导和规范企业在实施全面预算管理过程的各个环节中，强化对风险的控制，促进全面预算管理在推动企业发展战略中发挥重要作用。2017年财政部发布的《管理会计应用指引第200号——预算管理》是为了在企业的规划、决策、控制、评价等方面更好地发挥企业预算管理的作用。随着我国有关政策的不断完善，企业的预算管理越来越受到人们的重视。实行全面预算管理，既是企业完善内部控制制度、加强内部管理的必由之路，又是国家在国有资产管理过程中不可或缺的重要手段，是国有资本预算体系中的重要一环。

2. 应对电力行业改革的需要

2015年3月，中共中央、国务院下发了《关于进一步深化电力体制改革的若干意见》（中发〔2015〕9号）等文件，正式启动了新一轮的电力体制改革。随后《关于推进输配电价改革的实施意见》《关于推进电力市场建设的实施意见》也相继出台，分别从电价、电力交易体制、售电侧等电力市场化建设相关领域明确和细化电力改革的政策措施。在电力体制改革背景下，电力市场竞价上网增大电力企业投资控制的压力，电价降低使得用电成本降低等变化给电力企业带来了新的挑战。企业需进行内部结构的调整，合理配置资源，尽量降低发电成本以适应改革需要，特别是在项目建设初期，着力控制项目投资成本，可为生产期降低运营成本打下扎实基础。全面预算管理涉及企业生产、经营、销售及资金管理等全部环节，能够优化企业的资源配置，有效地控制生产经营成本，这将有利于企业应对电力行业改革带来的风险与挑战。

3. 加强对子公司管控的需要

从榆能集团层面来看，2017年是集团公司的整合年，电力、煤炭等新的产业公司的设立将在企业层级划分、管控流程和权限设置、电力销售、煤源整合、资本金筹集等方面带来不确定影响。首先，集团公司管理的子公司数量大为增加，传统的管理模式不能实现对数量较多的子公司的监督控制，这就需要公司借助全面预算管理等先进管理模式来辅助管理。其次，从业务范畴上来说，煤电一体化公司既有煤炭业务，也有电力业务，甚至还有物流、煤化工等业务，这些业务范围的全面性需要全面预算管理等方法来支撑。因此，全面预算管理能够有效地促进集团整体规划，有效地解决集团管控较薄弱的问题，同时也能使集团公司及时掌握所属企业的经营情况，对复杂环境的变化做出及时、系统的反应。

4. 建设项目顺利实施的需要

横山煤电的煤电一体化发电工程项目建设处于起步阶段，公司组建晚，人员从全国各地招聘而来，项目管理经验不够成熟，制度化建设、管理方式的革新等正处于初步探索阶段，如不进行有效的预测与管控，横山煤电将面临较大的风险。项目建设是企业生存发展、转型升级的关键，而项目建设投资控制又是决定项目建成后是否具备核心竞争力的关键。据统计，全国建设项目约有80%最终投资超出预算投资，15%最终投资能与预算投资持平，只有5%最终投资少于预算投资。因此，如何控制项目投资是横山煤电必须面对的难题。全面预算管理对企业的内部经营活动进行全过程的控制与管理，从而保证企业的资金和生产运营活动能够按既定的计划进行运转，可以通过投资预算的控制与调整确保投资活动合理进行，有效规避项目建设期间的风险，从而保证项目的顺利实施与公司战略目标的实现。

### 5.3.2 主要做法

横山煤电为了让考核更加公正、合理，最大程度地激发各级企业的工作热情，强化绩效考核导向作用，实行了"一企一策"的考核方式，对每家企业的考核指标及权重"量身定制",同时在目标核算、报表编制上实行了全面预算管理,统一标准。

1. 横山煤电全面预算管理体系的构建

要将全面预算管理体系应用于实践,就一定要有清晰的战略思路,从总体上讲,要把全面预算和战略计划有机结合起来,提倡全面预算理念,充分利用信息技术的优势搭建全面预算管理平台,构建全面预算管理体系。

(1) 组织机构的建立。全面预算管理的组织机构,其主要职责就是对横山煤电全面预算管理的各项工作进行统筹,所以结构一定要规范,权力一定要明确,只有这样才能有一定的协调能力,才能应对全面预算管理过程中遇到的各种问题。横山煤电建立了一个全面预算领导小组,由企业集团高层担任组长,并把各个业务部门、分公司(子公司)的相关责任人纳入这个组织机构中,使其对全面预算管理工作有一个切实的认识,同时对全面预算管理的相关知识有更深层次的认知。

(2) 全面预算的编制。全面预算编制是全面预算管理的一个重要组成部分。①横山煤电明确预算编制的基本原则及需要考虑的几个问题,避免公司内部各责任方为了一己私利而对预算进行人为的调整。②横山煤电做好预算编制工作,在各个预算执行主体制订了预算计划之后,按照整个公司的预算计划,对各个主要计划进行相应的调整,确保预算控制的目标得以实现。在这一过程中,我们借鉴了 BPC(Business Planning and Consolidation,业务规划与整合)等各种信息系统的数据统计方法,降低了企业的预算编制工作量。③及时将预算成果反馈给各实施部门,并按照最后的预算计划,制定出相应的实施措施。

(3) 全面预算实施控制。在预算编制完成之后,横山煤电进一步推动预算的执行。①让员工积极参加预算控制,充分发挥全员积极性。横山煤电要求干部职工在各项经济活动中严格遵守预算管理规定,并鼓励他们主动参与预算实施的监督。②将信息化的方法应用到预算管理当中。例如,横山煤电在财务系统中建立预算控制体系,该体系中包含着各种预算控制指标,可以对各个预算执行部门的资金支出进行统计、汇总,一旦超出预算,就会给出预警。

(4) 全面预算分析与考核。①要做好预算管理的考核工作,就是要对预算执行情况进行统计分析，按照考核指标，对预算总量、预算额度、预算资金使用合理性等方面进行考核。②要全面地分析企业集团的总体预算执行状况，如果出现了预算执行不力，或者出现了巨额的资金剩余，那么就要对造成这些现象的原因进行分析，为下一步的预算编制和执行工作提供依据。

2. 横山煤电推行全面预算管理关键点

横山煤电实施全面预算管理，使其真正发挥作用，推行的关键点有以下两个。

（1）把全面预算管理工作放在重要位置。①领导积极主动地参与和遵循全面预算管理制度，对实施全面预算管理起到重要的促进作用。②加强对全面预算管理的宣传工作，包括全面预算管理对横山煤电发展的战略意义、全面预算管理的方式方法等。让员工对全面预算管理有更好的认识，更好地参与到全面预算管理中去。

（2）建立一个良好的预算管理氛围。①对预算的调整要有严格的把控，尤其是在部门预算和集团预算很难把握的情况下，要调整预算，流程必须按照规定严格执行，制订出一套完整的预算调整计划，并由相关部门批准后方可执行，不得任意调整。②推动预算考核结果的应用，在预算考核的基础上，对那些做得好的单位要进行奖励，比如将他们在预算中的剩余资金按照一定的比例分配给他们的部门，而对于那些做得不好的单位则要采取处罚措施，比如将他们的超支预算转移到明年，这样就可以激发他们对预算的控制热情。

### 5.3.3 实施效果

横山煤电在建设期全面预算管理的构建与实施以来，不断完善组织结构和实施方案，企业管理水平得到进一步提升。运用预算来分配、考核、控制企业内部各个部门、各单位的各种财务和非财务资源，有效地组织和协调企业管理活动，高质、高效提前完成项目建设计划。随着全面预算管理实施的深入，企业管理水平的提高，项目投资控制成效显著，二十五项重点管控费用逐年递减，节约投资4.84亿元，经济效益和社会效益凸显。

1. 管理水平取得长足进步

（1）高效使用内部资源，提升战略管理能力。建设期全面预算管理的建立实施，有效地加强了横山煤电内部组织沟通协作能力，将其有限的内部资源进行优化配置，促进"五全"投资控制体系的建立，从全员、全方位、全过程、全系统、全资源等方面有效地确定了企业每年基建目标和工作方向，促进横山煤电项目战略目标与日常经营管理活动的有机衔接。

（2）增强内部控制力度，规避项目建设风险。横山煤电启动的集决策、计划、控制、修正为一体的建设期全面预算管理系统，将项目的资金流程、业务流程、人力和信息流程等进行整合和共享，予以适度的授权、分权和监督、控制管理，并编制了招标总体策划，确保采购进度满足工程建设进展需求的同时，为相关采购准备阶段的投资控制措施落实预留充足工作时间。事中控制和监督的实行也能够及时发现执行偏差并进行改正，妥善规避与防范建设风险，不断增强企业内部管理水平。

2. 社会效益成果广泛凸显

（1）为同类项目建设期全面预算管理树立了标杆。2017年9月27日、2018年7月2日，榆林市重点建设项目观摩会两次在横山煤电举行，建设期全面预算管理作为项目管理四大亮点之一，在会上得到上级领导和专家们的一致肯定。2017年7月12日，榆林市财政局到横山煤电现场调研指导，对建设期全面预算管理高度认可。近年来系统内外几十家企业前往横山煤电学习交流建设期全面预算管理经验。

（2）横山煤电积极响应国家"精准扶贫"政策，履行社会责任，服务地方经济，近年来累计向贫困村、敬老院、孤儿院、小学等扶贫赞助支出近百万元。

3. 生态效益潜能充分展现

横山煤电的煤电一体化发电项目建设以"清洁能源"为目标，设计始终贯穿着节能和环保的思想，采用国际先进的、国内领先的高参数、大容量的空冷机组，同时采用先进的脱硫脱硝技术，实现了大气污染物的"近零排放"。同时，项目建设还采取了"三塔合一"、中高硫煤燃烧利用、大功率等离子点火等先进工艺。

经测算，该项目每年可为我国中部和东部输送约400亿千瓦·时的电力，实现煤转化 1100 万吨以上。华北每年将新增受电约 360 亿千瓦·时，从而降低当地的燃煤量 1600 万吨，减少大气中的烟尘 0.9 万吨、二氧化硫 7.9 万吨、氮氧化物 8.3 万吨、二氧化碳 2900 万吨。该项目建成后，可促进陕北煤炭的高效清洁利用，减轻煤炭运输的压力，缓解京津冀鲁地区的电力能源紧张和大气污染问题，有效地提高大气环境质量。

# 第 6 章　资产数字化体系

在企业管理中，资产管理是非常重要的一环。现在，大多数企业对资产还在采用传统的管理模式，以人工登记、盘点和申报为主，对其进行维护，也以事后维修为主。这种管理方式存在着很大的缺陷，不仅耗费了大量的人力和时间，而且如果设备突然发生故障，可能会对公司造成巨大的损失，公司的规模越大，损失就越大。传统的资产管理和维护模式已经不适合在现代企业中使用，并且由于现代企业经营分散的原因，使得资产具有应用区域分散的特点，这对资产管理模式提出了更高的要求。

针对目前大部分企业面临的问题，本章结合横山煤电的实际情况，介绍了以物联网为基础的资产管理系统，利用射频识别等物联网技术，实现对资产的自动化管理和实时管理，大大降低了人力管理的成本。这个管理系统能够在线上监控生产设备，使用者可以实时地了解设备的工作状况，并且能够根据收集到的具体数据，及时地发现设备的异常情况，避免因为突然故障造成生产活动中断，从而减少因设备突发故障造成的损失，提升管理效率和管理水平。

## 6.1　物联网概述

物联网，即"万物相连的互联网"，是在互联网的基础上向外延伸和拓展的网络。物联网把各类信息感知设备与网络相结合，组成了一个可以实现人、机、物在任何时间、任何地点互联互通的庞大网络。这种联通可以帮助人们理解事物（包括人类、动物、车辆、气流、病毒等）之间运动的意义，识别各种关联并预测人类心智无法掌握的复杂模式。例如，一座桥梁或道路的状态或者不同街区的大气物理状况。物联网还支持无人监督自动运行，并且可以通过改编基础算法来提升智能水平。

### 6.1.1　物联网的产生与发展

物联网的概念最早出现于 20 世纪后期，后于 2005 年被国际电信联盟（International Telecommunication Union，ITU）正式提出。其对物联网的特点及相关技术进行了详尽的阐述，引起了全世界对物联网的关注。

物联网起初是指利用特定的信息传感方式，诸如射频识别、红外感应器、全球定位系统、信息扫描仪等信息传感设备把各种物品与网络相连，并进行信息交换和通信的技术。物联网技术完全满足了现代企业对各种资产的管理要求，通过将所要管理的资产进行联网，实现对资产安全高效地管理、识别、简易巡检等功能。

目前，越来越多的企业开始提倡对产品的整个寿命周期进行监控，并将重点放在资产的管理上。但是在实际操作中，大多数企业还是以资产管理条形码管理系统为主。软件开发企业通过对公司在固定资产管理方面的诉求的深入分析与探究，研发出了针对固定资产管理的条形码管理体系。而此项技术的应用，在一定程度上能够有效地处理公司资产管理遇到的各种情况，但难以做到十全十美，仍有部分公司在进行资产管理的过程中遇到各种困难，将信息遗漏和分散在很多环节，因此找到一种简单有效的管理模式势在必行。

物联网技术的兴起和应用为企业的资产管理体系提供了新的思路和方法。研究以物联网为基础的资产管理系统，可以增强对资产管理信息获得的能力，而对资产信息进行管理又可以实现资产的保值增值。物联网融合了多种新型网络传输技术，突破了传统资源信息获取方法的瓶颈。物联网以其自动化、快速、实时、并行和非接触的特点，通过互联网实现信息的共享，为管理者提供了及时、准确和全面获取资产数据的方法。此外，还对传统的资产库存功能模块进行了改进，在此基础上，提出了一种以物联网为基础的资产库存功能模块的设计方法，并提供了一个实现智能库存管理的具体方法，即利用物联网的射频识别技术（RFID），在系统感知层面上增加了物联网中间件，来实现智能化库存管理。特别针对大型企业，资产的地点分布较为分散，资产管理系统通过引入物联网技术，对资产数据与资产管理系统展开有效的数据传输互动。同时，物联网技术能够在不同的使用环境下，确保数据能够快速顺畅地传递。因此，以物联网技术为基础的资产管理是未来发展的必然趋势。

基于物联网的资产管理包括资产数据管理和资产应用管理。以资产管理系统为平台，与物联网技术相结合，实现了企业的设施设备等固定资产的全生命周期管理，实现了可视化的资产管理，使物账信息相符，方便数据共享和数据管理，消除资产信息孤岛，支持随后的资产统计分析。

通常，物联网资产管理的业务流程如下：根据责任部门提交的资产需求预测报告，规划部门编制本年度资产投入计划。采购机构应根据企业的具体情况及发展策略，按照技术计划组织的设计方案，实施材料的采购工作。供应商按照收到的订单，将产品进行分类，并进行配送，将工程材料移交给工程建设机构，预备好的设施或资产设备送到资产管理机构完成仓储。资产管理机构以实际应用单位的申请和审批为基础，将资产发放出去，在资产运营环节中实施资产维护、清点、管理等工作。在资产必须报废的情况下，资产管理部门应出面，并由维修部门与财务部门共同实施资产报废工作。如果资产信息变更，可以利用物联网 RFID 来更新资产的信息，将资产上的非接触式标签信息与资产管理系统中的信息进行交互和传输，达到资产信息的全生命周期的管理。

### 6.1.2 物联网理论

物联网技术的本质与功能就是完成信息的收集与传输，而获得信息可以通过激光扫码机、RFID 读取器、NFC（Near Field Communication，近场通信）读取器、磁卡读取器等基本设备，通过互联网将信息传输到处理与显示的终端。在此过程中，所采用的各种基础设施具有各自的特性和不同的应用场景，所以，要根据使用情况，选择合适的数据采集设备。在对固定资产进行管理的过程中，组成固定资产的种类繁多，尺寸也各不相同，并且在储存过程中往往采用堆叠的形式，要对其进行识别和信息收集，就必须在固定资产上贴标签，与此同时，还必须满足标签体积小、非接触式识别、识别距离远、多标签并行识别、标签唯一编码、设备便宜、维护费用低廉等方面要求，较佳的方案是选用 RFID 标签和 RFID 读取设备作为物品信息采集的工具。

在物联网技术的基础上,设计开发资产数字管理系统(图6.1),该系统还具备 RFID 采集数据的功能,可以适应多种不同的网络模式,拥有较强的计算和分析能力,并能够满足实际的业务需求。该系统的软件系统采用 B/S(Browser/Server,浏览器/服务器)架构方式,使用 JAVA 语言开发,后台应用 SQL Server2008 数据库,通过 PC(Personal Computer,个人计算机)机和 Android 手持机(简称手持机)来实现终端操作。PC 机负责数据的管理和查询,而手持机则负责数据的收集和业务的处理。

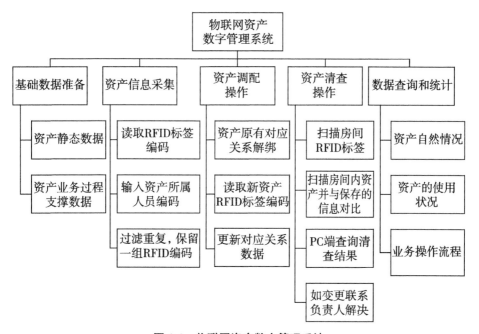

图 6.1　物联网资产数字管理系统

1. 基础数据准备

资产管理指的是对资产基本信息和业务过程数据进行的管理,以资产的静态数据和业务过程的支撑数据为基础。资产静态数据中,包括了各种属性信息:资产的唯一标识号码、资产名称、规格型号、数量、用途、计量单位、使用周期、分类码、资产金额、RFID 编码等。资产业务过程支撑数据包括基本业务数据和关联数据。基本数据有使用部门标识号码、部门名称、部门组织结构、人员标识号码、人员名称等。关联数据有人员与部门绑定关系、资产分类码联动关系、资产标识号码与 RFID 编码绑定关系、部门标识号码与RFID编码绑定关系等。在基本数据准备好之后,用Excel表格将其输入并进行校对,再通过软件系统进行批量导入,数据输入后,需要对数据进行定期的维护。通过资产标识号码与RFID编码绑定关系数据,将对应的RFID标签贴到资产上,通过部门标识号码与RFID编码绑定关系数据,将对应的RFID标签贴到资产所在房间的指定位置处。

2. 资产信息采集

在将基本数据输入到系统中之后,就需要展开资产信息采集的相关操作,一共有三个步骤。①使用一台安装有RFID读取装置的手持机,对房间中的RFID标签进行扫描,并对其进行读取。为了防止出现错误,房间中的RFID标签选择了125kHz的工作频率,并且在10cm以内进行读取。②在工程设备中输入资产所属人员编号,然后对室内资产的RFID标签编码进行批量读出,选择900MHz的工作频率,实现对资产的远程非接触式识别。③对多个重复RFID编码在工程设备中进行筛选,最终得到一组完整的RFID编码,从而实现房间、人员、资产三方面的关联。

3. 资产调配操作

资产调配操作是指改变资产物理位置或者用途时,首先,在PC操作软件中对资产原使用人员和所在房间对应关系进行解绑;其次,使用手持机,在资产所处的新房间中,对新资产的RFID标签进行识别;最后,对室内资产的RFID标签进行批量识别,把新资产的RFID标签编码数据加入到这个房间里的资产数据中,并对相应的数据进行更新。在管理软件中,既要保存资产原有的绑定关系,也要保存新的绑定关系,如果资产多次更换,则每一步都要保存相应的过程数据。

4. 资产清查操作

在实际的资产管理过程中,可能会出现一些资产被随意地移动或者信息不能及时更新的现象,这就要求对资产进行定期的清查。资产清查是以资产所在的房间作为一个单元展开清查操作,进入待清查的房间后,在手持机上选择资产清查功能,对房间资产RFID标签进行扫描,手持机屏幕上就可以显示所扫描资产信息,之后再对房间里的资产进行批量扫描,并将其与系统中保存的资产信息进行比对,对于新增或缺少的资产进行标记处理。以此类推，在所有房间中的资产都进行同样的操作，当这些操作完成之后就代表资产清查工作已经结束。清查的结果可以在 PC 端软件中查询，其中的主体可以分成两种类型，一种是没有发生变化的资产信息，另一种是与原先相比出现了新的或缺少的资产信息。因为资产和人员之间已经有了绑定关系，所以可以从系统中查询出有变更信息的资产负责人，并与其联系，这样就可以迅速地解决与资产变更有关的问题。与传统人工清查自查方式相比，使用物联网技术进行资产清查，可以避免人工清查、登记、核对、汇总等环节。对企事业单位而言，只需要一名员工就可以将全部资产的清查工作完成，不仅效率高，而且还省时省力。

5. 数据查询和统计

该系统的数据查询与统计功能，是以实际业务需要为基础，以资产自然情况、资产使用情况以及业务操作流程为核心展开的。在资产的自然情况下，可以通过输入资产名称或使用手持机采集 RFID 标签的方式，对资产的各类属性进行查询，也就是资产静态数据的查询。在资产的使用情况中，可以将使用部门作为一个单元进行数据的统计，即统计已分配到各应用部门中的资产种类和数量，以及以时间区间为单位进行资产采购、分配、转移的数据统计。在业务操作流程中，需要对每次资产信息数据变化的来源和依据进行记录，对资产的来源和去向进行监管，可以实现对资产的使用、归属、移动等进行清晰的查询。[35]

## 6.2 物联网的关键技术

物联网的关键技术主要包括二维码/条形码及 RFID、传感器技术、无线传感器网络、认知无线电、嵌入式技术等（图 6.2）。

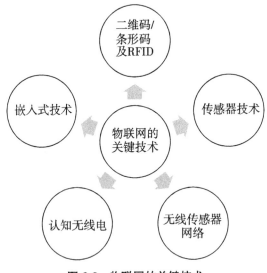

图 6.2 物联网的关键技术

## 6.2.1 二维码/条形码及 RFID

随着信息化进程的加快，很多企业和单位逐渐从传统的手工表格管理资产中脱离出来，用专业的资产管理软件代替。目前市场上的专用软件的使用形式主要有两种：一种是通过手机 App 或扫描终端扫描二维码/条形码，另一种是通过 RFID 标签配合一台 RFID 手持终端去扫码管理和盘点。

二维码/条形码的使用范围比较广，许多资产系统都可以通过在系统中生成二维码和条形码，实现一物一码的管理，这是一种广泛应用的传统资产赋码方法。企业物联网资产管理的二维码/条形码管理设计使用了一个二维码/条形码对应一个设备的方式进行构建，在二维码/条形码管理设计上，物联网企业的资产管理系统可以根据不同的设备，自动生成相应的二维码/条形码，在以后的资产管理工作中如果发现了什么问题，还可以在企业的物联网资产管理系统里面进行二维码/条形码的更改。如果设备已经淘汰或废弃，可利用物联网资产管理系统将其删除。使用二维码/条形码的最大优势在于成本相对低廉，适合所有企业和单位进行资产管理。用户只需购买标签打印机和标签纸（有防水的哑银纸，也有其他的规格和材料），将资产的二维码/条形码标签打印出来后，就可以进行申购、采购、入库、领用、退库、借用、归还、维修、维保、转移、报废等操作。用户只需在手机上扫描二维码/条形码，便可一键操作，使资产的管理更为明了。当然，二维码/条形码也有一个缺点，那就是在盘点资产时，要逐一扫描资产的二维码/条形码，这就对拥有大量资产的公司来说，盘点效率还有待提高。不过，RFID 技术在这一领域具有明显的优势，只要将 RFID 标签安装在资产上，相关人员只要在办公室内通过读写器读取数据即可，既节省时间又节省人力。

RFID 是一种利用电磁场识别和跟踪带有 RFID 标签的物体的无线技术。RFID 在跟踪和优化资产的应用领域，尤其是要求效率和可靠性更高的情况下，显示出了很好的发展前景。在使用 RFID 资产管理系统进行标签式办理时，需要在资产上安装 RFID 电子标签，在办理地点（如出入口、仓库等）安装 RFID 识别设备，并与局域网、互联网、安全警报体系和云端数据中心相结合，实时监测资产的使用和流动情况，实现信息实时更新、实时查询。RFID 资产管理系统，是通过网络、定位、数据库等技术实现对资产入库、盘点、出库、报废、安全等全生命周期的办理。RFID 资产管理系统具有非接触式、批量快速盘点的特点。无须逐个扫描标签，大大提高了识别的效率，RFID 手持机在一定范围内就能感知和读取资产数据。比如，在仓库或办公室里，只需要拿着 RFID 手持机走一圈就能完成批量清点，不需要爬上爬下对准物品二维码/条形码进行逐一扫描，灯光、存放高度对其都没有影响。在完成清点后，RFID 资产管理系统可以自动生成资产盘点报告。RFID 资产管理系统的缺点是成本高。一般所需的设备有 RFID 打印机、RFID 标签、RFID 手持机。如果有大量的资产，RFID 标签的费用将会很高。有源 RFID 也可以和 RFID 防盗门一起配合用于资产的防盗，特别适合单价高的资产。

### 6.2.2 传感器技术

传感器技术是物联网的一项重要技术，物联网的发展离不开传感器技术。作为物联网技术应用的关键设备，传感器直接关系到物联网技术在实际中的应用效果。传感器作为信息技术发展进步的三大支柱之一，是由微传感器、执行器以及信号处理器等零部件共同组成的新系统。传感器能够识别出规定的测量信息,并按照某种规则转化为可用的输出信号。例如,传感器可以实时地跟进环境和物品的温度、湿度等物理变化信息,实现物体感知、辨识、获得信息的功能。其工作原理是通过物理效应、化学效应、生物效应,把被测的物理量、化学量、生物量等非电量转换成电量。根据有关规定,传感器可以将检测提取到的内容转化为电信号或其他需要的信息方式,并且能够达到信息传递、处理、储存、展示、记录与控制的要求,提高了整体系统智能化监控管理的效率及质量水平。传感器可以识别物体是处于动态状态,还是处于静态状态。当物体处于静态状态时,传感器可以直接将检测内容存储在标签内,并借助 RFID 对其进行识别。当物体处于动态状态时则需要传感器对其进行实时的检测。

### 6.2.3 无线传感器网络

无线传感器网络是一种分布式网络,是由大量部署在作用区域内的,具有无线通信与计算能力的微小传感器节点通过自组织方式构成的,能根据环境自主完成指定任务的分布式智能化网络系统,是物联网的关键支撑技术。其广泛应用于环境监测、结构监测、医疗保健、智能交通、作战环境侦察、战场监测与指挥、海洋监测等领域。无线传感器网络实质上是由传感器节点组成的一种网络,它可以实时地感应、收集和监控在该节点所设位置内的所有信息,对这些信息进行处理和编码之后,再通过物联网无线网络将其传送到网络终端,并对其进行汇聚处理。

资产管理系统中与资产或设备绑定的 RFID 标签中存放着与资产或设备有关的数据,当资产或设备投入使用时,这些数据就会被 RFID 读写器读取。RFID 读写器是根据无线传感器网络系统数据采集节点来运作的。首先是无线传感器网络系统节点收到管理服务器发来的数据采集指令,随后 RFID 读写器读取 RFID 标签中的数据,然后将数据存储在其存储器中。数据经 RFID 读写器与无线传感器网络系统节点之间的数据接口进行格式转换,又传输给无线传感器网络系统数据采集节点,再经过无线传感器网络系统数据采集节点的处理之后,以无线方式通过无线网络中的路由节点传送到与资产管理服务器相连的网络主节点。在其与计算机系统的接口电路进行格式转换后，再通过相关软件传输到服务器的资产管理数据库中，这样就实现了对资产或设备信息数据的实时采集与监控。[36]

### 6.2.4　认知无线电

目前，以物联网、移动互联网、云计算、大数据等为代表的新型信息通信技术，正在引发新一轮的科技与产业变革。物联网与宽带移动通信、制造业、新能源、新材料等结合，已经从最初的概念，逐步发展成为一个具有一定规模的行业。在物联网行业飞速发展的今天，无线通信技术已经成为物联网实现网络接入和信息传输的最重要手段，与此相适应的是，物联网对于无线频谱资源的要求也在不断地增加。在物联网时代，大量的无线设备在同一地域同时被使用，使得电磁环境更加复杂。

近年来，随着电力物联网建设的持续推进，对电力通信系统的需求也越来越高，不仅要满足海量数据信息流的接入，实现实时采集、分析和管控，而且要适应未来各种设备、应用、数据的不断增加。随着数据规模的不断扩大，对无线频谱资源提出了更高的需求，有限的无线频谱资源已经开始制约电力物联网的发展。认知无线电（cognitive radio，CR）这一术语由 Mitola 在 1999 年提出的，又被称为智能无线电。认知无线电是对软件无线电的扩展，主要强调了认知无线电的学习能力，即通过与所处的环境进行交互，进而根据结果改变自身参数的无线电。认知无线电可以通过动态利用频谱资源达到提高通信系统容量的目的，且通过环境感知可提高频谱资源管理效率，以及增强系统连通能力和良好的电子对抗能力。作为提升无线通信系统频谱利用率的关键技术，其在提升电力系统信息传输的可靠性、灵活性和稳定性上具有显著的优越性，在智能电网中得到了广泛的应用。[37]

### 6.2.5　嵌入式技术

物联网与嵌入式技术是密不可分的。虽然物联网拥有传感器、无线网络、射频识别等技术，但物联网系统的控制操作、数据处理操作，都是通过嵌入式技术去实现的。简而言之，物联网就是嵌入式产品（物）的网络化（联网）。

资产管理需要建立一个完整规范的硬件系统，实现对资产的高效、实时、准确管理。为了实现规范管理，已经出现相关的资产管理系统，而不管是基于无线传感器网络（ZigBee）还是 RFID 的资产管理系统，都通过 RFID 将资产的电子信息写入电子标签，并将其粘贴到资产对应的位置，之后在各栋楼的楼道中设置一定数量的读写器，以读取电子标签中的资产信息，或将新的资产信息写入电子标签。然而，现有的资产管理系统中的读写器在数据采集过程中，自动化程度低、数据采集速度慢、识别率低，因此亟须一种自动化程度高、数据采集速度快和识别率高的新型读写器——基于嵌入式柔性架构的智能传感器终端。通过特定传感器（红外温度传感器、可燃气体传感器、烟雾传感器、流量传感器）和基于嵌入式 ARM（Advanced RISC Machine）柔性架构的变送器，信号传输和输出使用统一的信号接口，并经由现场总线或网络传输至上级智能网关设备。

总体而言，嵌入式系统是一项非常成熟的技术，随着新的、功能更强大的处理器的不断发展，该技术的应用场景更加广泛。嵌入式系统是一个关键的实现智能互联产品、机械设备和系统的技术，这些技术支持整个行业的数字化改造。

嵌入式领域的主要趋势之一是智能边缘设备的出现，这将有助于工业生产系统和加工厂成为数字企业的一部分。传感器和其他国家计量设备中的嵌入式智能将允许访问、汇总和分析相关数据，以支持高级管理分析，使生产信息系统和设备发展成为中国工业物联网生态环境系统和数字双胞胎的一部分。这些问题正在发展成为一个关键的智能技术，以帮助企业优化资产生命周期，尤其是运营和维护阶段。

由于对智能技术的巨大需求，整个嵌入式系统市场将实现显著增长。物联网生态系统的不断发展和基于对网络物理系统的预测和规范分析的工业自动化的稳步发展，最终将导致自主和自我修复系统的出现，这将为嵌入式系统的推广带来契机。

## 6.3 物联网在横山煤电的实践

横山煤电自从开始建设后,资产规模不断扩大,发电业务的管理也越来越困难,而现在信息技术飞速发展,物联网、人工智能、云计算、大数据、移动互联网等技术已经和能源行业技术深度结合,横山煤电作为一个新建的电厂,希望能够利用新技术,建立一个资产数字化管理系统,从而开启智慧电厂的建设之路,达到一个跨越的发展。

### 6.3.1 实施背景

资产管理在企业管理中占有举足轻重的地位,因为有些资产的价值高、使用周期长、使用地点分散、管理难度大,所以很多公司在进行资产管理时,可能会碰到以下问题。

(1)在企业的资产管理中,账卡物不一致。

(2)不了解资产的具体位置,也不知道某个位置有多少资产。

(3)资产管理缺少基本的资料数据,也缺少相应的管理方法。

(4)不能对资产的报废进行及时的处置,财务上不能及时销账,形成不了报废清单,拆解了实物之后,也没办法与资产上的实物卡片进行核对。

(5)折旧计算复杂,精确度低,造成了资产的流失。

(6)缺少对资产的中期追踪管理,如安装、移动、调拨、报废、维修等,无对应的设备编号。

(7)无法管理资产的保修。

横山煤电的生产物资由于已经在生产线上安装投产,存在盘点困难、管理难度大等问题,如果不采用 RFID 辅助资产管理,将很难对账目和实物进行一一对应,也无法对某些重要生产设备资产进行有效的安全管理。在此背景下,横山煤电利用 RFID,结合 3D 可视化呈现技术对资产管理系统进行了改良,一方面能够让生产相关的各类设备得到有效的管控,另一方面也能够为建设智慧电厂打下基础,还可以形成自己的数据应用中心,为后续的系统集成和智能化升级做好铺垫。

### 6.3.2 主要做法

横山煤电以 RFID、软件及互联网技术为基础，开发建设了一套具有资产管理、贵重设备使用管理和利用率管理等功能的资产管理系统。通过对资产的实时监测、追踪，实现对各种资产的可视化、透明化、信息化管理，对资产的利用和流通情况进行监测，以最大限度地提高资产利用率，并对各单位的资产管理进行规范化和优化。

基于 RFID 和二维码/条形码等方式，横山煤电建成了资产数字化管理系统。利用 RFID、二维码/条形码技术，在资产与射频电子标签之间建立一一对应关系，既实现了资产定位、跟踪等日常管理，又实现了资产的外带申请、审批的正规化、网络化，达到了有效监管的目的，还实现了企业资产全面可视和信息实时更新，实时监测资产的使用和流动情况。

横山煤电通过资产数字化管理系统，确保了有形资产的充分使用和安全的流动，帮助建立起一套先进的、规范的和最优的管理制度，把资产管理应用到公司运作的各个环节，使企业的运作成本与风险降至最低。以下是资产数字化管理系统的主要内容（图 6.3）。

1. 资产数字档案管理

资产基础数据化模块支持自定义资产类型，并根据自定义的资产类型定义该类型资产的基础数据字段表。定义完成后，可以通过新建资产方式将所有需要记录的资产数据信息记录在系统中，形成资产的完备数字档案。

资产基础数据可以包括资产的品牌信息、型号信息等各类信息，也可以包括资产的购置合同、使用说明书、维修保修手册等相关文档资料，或是资产设备附带的各类培训资料或使用教学资料等。

2. 资产关联数据

资产关联数据是指与资产使用及管理相关的数据信息，例如，资产的维修、资产的实施调试、资产的销售商等各类相关资料的信息，以及资产的折旧规则、资产的使用年限等与资产相关的管理规则、制度等信息。

通过资产基础数据及关联数据，基本上可以覆盖资产相关的所有信息，这些信息都可以通过资产类型进行自定义编辑、自定义属性字段和表单字段。

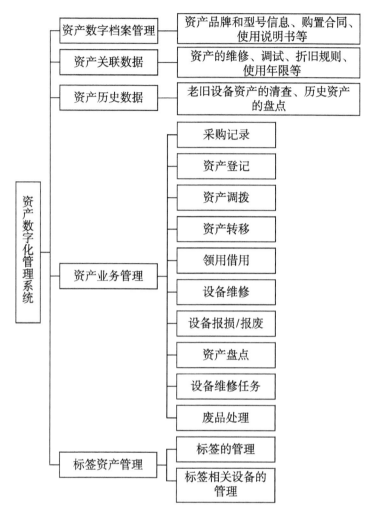

图6.3 资产数字化管理系统的主要内容

3. 资产历史数据

资产历史数据是指针对已经淘汰的老旧设备资产进行归档处理,归档处理后的资产数据不允许调整。保留资产历史数据主要用于老旧设备资产的清查和历史资产的盘点。

4. 资产业务管理

资产业务管理即资产生命周期管理,主要是指资产从采购入库到报废过程中的所有流转处理过程的记录和管理。

（1）采购记录。采购人员可以在资产管理系统中进行采购流程的审批，审批完成后系统自动生成采购记录；也可以通过 OA 或 SaaS、PaaS 系统完成审批，然后在资产管理系统中录入采购记录。资产采购记录标志着资产已经购置，已经纳入管理范围。采购记录的表单模板可以完全自定义，不同类型资产制定的采购记录表单也可以不同。

（2）资产登记。资产登记分为两类：一类为出入库申请，需要先填写自定义出入库表单，记录出入库的相关信息，提交仓库管理员审核，对接仓库管理系统，申领物资出库入库；另一类是对现有已投入使用的资产进行登记，资产登记后即为纳管资产，在资产盘点和资产管理过程中都算作被管理的资产内容。对于纳管资产和对接仓库出入库的资产，都需要进行标签制卡、发卡操作、标签绑定、标签制作、标签粘贴等都是资产登记的重要步骤。

（3）资产调拨。资产调拨是资产管理中的一个常规流程，资产管理系统支持自定义调拨申请单和调拨审批流程，申请审批通过后，物资设备将会从原库转移至调拨接受方。

（4）资产转移。资产转移和调拨一样，只是资产管理中的一个常规流程，资产管理系统可以自定义资产转移申请的表单及审批流程，申请审批通过后，资产将从移出方转移至移入方。

（5）领用借用。资产领用和借用也是资产管理中的常规流程，员工可以提交资产的领用申请，这里的资产主要分为低值易耗品、一般固定资产和特殊设备资产等，类目可以自定义。低值易耗品申请领用后无须归还，系统自动调整库存量，而非低值易耗品领用后需要设置归还日期，领用出库后资产状态为占用。上述两类申请都可以自定义申请表，自定义审批流程。

（6）设备维修。设备维修也是资产生命周期管理中的常规流程。对于非低值易耗品，设备损坏是常见现象，需要由设备归属方（设备负责人）提交维修申请，申请维修后设备不能被领用，状态变更为维修。在系统任务管理中，可以对维修人员下达设备维修任务，任务完成后设备状态自动变更为空闲，整个流程不涉及库存变动。维修申请的表单字段可自定义。

（7）设备报损 / 报废。当设备因已无法维修或维修成本过高而决定放弃维修后，设备资产的负责人需要提交报损 / 报废申请，一旦提交申请审核通过，设备资产状态将变为报废，系统自动将设备从仓库中移至虚拟的废品库，并相应调整库存。报损/报废的申请流程可以自定义，申请表字段也可以自定义。

（8）资产盘点。盘点任务是系统针对资产盘点可以自定义设置的一类自动任务，其可以设置任务规则、自动发起任务或是手动发布任务。盘点任务是改变过去盘点时间长、盘点效率低的重要手段，资产负责人根据不同的设备下发盘点任务，把盘点任务分散到个人，不但可以把盘点工作化整为零，而且通过系统可以很好地统筹盘点进展和统计盘点结果。盘点任务设置下发后，收到盘点任务的人员需要通过 App 对归属自己的纳管资产进行盘点识别，识别完毕后需要提交任务，所有任务提交后，就代表此次盘点活动结束，系统自动生成统计数据及盘盈盘亏记录，同时也可以快速追溯定位盘盈盘亏的相关人员和资产的种类和数量。

（9）设备维修任务。日常中对设备进行维修、调试、设置等运维处理是常见的工作之一，任何用户都可以通过系统提交维修申请，一旦维修任务申请审批通过，则需要由专人将维修任务指派给特定维修人员，特定维修人员需要根据预设的流程在 App 提交任务执行及完成情况，完成整个工单处理流程。这样在设备的使用过程中，可以很好地响应设备使用人员的需求，从而调整采购比例或是优化设备物资的管理方式。

（10）废品处理。废品处理通常是资产管理的薄弱环节，系统中可以轻量化地对报废、报损物资设备进行记录和备案，同时也可以直接根据企业管理方式派发废品/报废处理任务，例如拆解、销毁、填埋等。这些任务都会通过 App 派发给对应人员，接收任务的人员需要通过 App 填写任务完成情况。

流程审批是资产管理中不可缺少的重要环节，与 OA 中的待办处理相类似。这部分功能主要是针对资产生命周期管理过程中的各类申请的统一处理，例如领用申请、报废申请、调拨申请、维修申请等。所有申请都会按照预先设置好的流程进行流转，流转过程中对应环节负责人都可以在审批任务中找到对应的任务进行处理。这一功能核心在于汇总所有资产管理系统中的审批业务，方便进行管理和操作。这部分申请全部由企业自定义生成，但必须包含资产生命周期的各个环节。

### 5. 标签资产管理

标签资产管理的主要功能在于对标签自身的管理管控，对于新标签登记、标签写入发行、标签重复写入及写入修改、标签识别、标签绑定等进行统一管理。标签的管理会在资产进行数字建档时就关联绑定，绑定的标签信息会伴随资产的整个生命周期直到报废处理。RFID 标签是可以重复使用的，因此当 RFID 标签绑定的资产结束生命周期后，可以重新写入其他资产的 RFID 标签绑定信息，继续使用。

标签是本次项目的一项重要内容，如何管理和使用标签也是系统必须具备的能力。标签入库系统后，还未绑定任何设备，需要经过固定的写码过程完成标签的发行和绑定。绑定后的标签与设备关联，所有盘点及申请等操作都将关联标签进行处理。同时，对于有源标签，还将为核心设备提供电子围栏及区域定位等技术服务，通过有源芯片上发送的信息，实时监控设备的状态情况，包括是否移动、是否为当前位置等。还会监控设备在出入口的进出记录，并根据预设规则警告或是通报。

标签资产管理除了包括对标签的管理外（有源、无源芯片的管理），还包括对标签相关设备的管理，例如标签的全向读写设备、手持读写设备。这些设备本身也是资产管理的一部分，但其运行状态、工作数据接入等则是标签管理模块的主要功能之一。

### 6.3.3 实施效果

2021 年横山煤电行政管理部与生产技术部共同建设了资产数字化管理系统。该系统通过对资产全过程的实物追踪，使横山煤电摆脱了以前的资产管理混乱状态，轻松实现资产账物相符的良好管理效果，为企业发挥资产效益，维护资产安全提供了有力的保障。

以下系统说明资产数字化管理系统在横山煤电的实施效果。

### 1. 满足了公司的管理目标

资产数字化管理系统提供了对电厂与生产有关的全部资产的管理工具（RFID），有效地实现了生产环境下重要设备和重要资产的标签化管理，涉及的主要资产类型有仪器、仪表、电子设备、器材设备等，管理区域主要是仓库以外的所有厂区范围。通过放置在资产上的标签，使用先进的

RFID装置进行数据的自动收集，并由后台应用软件进行智能决策，从而使企业的资产管理及时有效。通过查询该系统，可以清楚地了解到每个资产的状况和流向，并对资产的去向实时记录，从而在进行资产盘点的时候能够有效地减少员工的劳动强度，提高工作效率和准确率，实现了资产的高效管理。该系统还便于查询各部门的人员和资产的对应关系，增强对资产的针对性管理。

2.满足了用户的需求

从管理者角度，用户势必希望企业内的所有资产都能够有效地纳入管控范围，无论是生产线上的生产设备还是厂房内的各类重要工具，都是生产必不可少的重要资产，同时对于办公用的贵重物资如电脑、打印设备、网络设备等也同样需要精细化管理。对于这些重要资产和贵重物资，通过资产数字化管理系统可以得到有效的管理，减轻资产管理人员的劳动强度，减少工作人员使用物资的复杂度，提升管理的精细化程度。

3.满足系统建设的需求

通过合理利用RFID及其有源、无源芯片对生产和办公环境的资产进行标签化管理，实现快速的资产盘点，以及重要资产、核心资产的实时定位和监控。

定制研发的企业系统App应用平台企业，充分展示了移动化便利，方便资产的申领和审批管理，同时资产管理部门也能够清晰掌握所管理的资产数量和情况。该系统还支持自动计算资产折旧及资产减值，方便财务报表制作和资产价值管理。

本次资产数字化管理系统的建设，以资产管理为核心，实现开放式数据管理平台架构，可快速接入各类不同系统的数据内容，并将数据重新梳理管理，方便其他系统延伸使用，实现企业所有信息化沉淀数据的汇总贯通，真正发挥数据价值，体现智慧化电厂的优势。

基于数据服务中心提供的各类数据信息，借助可视化呈现能力，实现一张图全息呈现数字化工厂，方便对厂区情况进行实时监控管理，同时结合智能化服务应用，通过预设的各类判断规则甚至是自学习的研判服务，自动化执行相应指令，实现数字调度、智能管控，减少事件响应时间，提升企业管理效率。

# 第7章 财务管理标准化体系

在数字经济时代,数字技术已经成为重塑各行各业的重要力量,财务管理作为企业管理的重要内容,也受到了巨大的影响和冲击,企业的财务管理正在从电算化、信息化,逐渐走向数字化、智能化。财务标准化作为企业财务数字化转型的基点,其构建对于企业尤为重要。构建财务管理标准化体系对于提高企业效益有重要意义,财务管理标准化体系可以更加清晰地体现岗位职责和管理标准,使企业财务工作更完善、更自如地应对多变的市场。本章主要介绍财务管理标准化的相关内容,以及财务管理标准化在横山煤电的实践,以期为相关企业构建财务管理标准化体系提供参考。

## 7.1 财务管理标准化概述

2022年3月2日,国务院国有资产监督管理委员会发布的《关于中央企业加快建设世界一流财务管理体系的指导意见》指出:财务管理是企业管理的中心环节,是企业实现基业长青的重要基础和保障。推动财务管理理念变革,主动运用大数据、人工智能、移动互联网、云计算、区块链等新技术,充分发挥财务作为天然数据中心的优势,推动财务管理从信息化向数字化、智能化转型,实现以核算场景为基础向业务场景为核心转换,努力成为企业数字化转型的先行者、引领者、推动者,为加快产业数字化、数字产业化注智赋能。完善智能前瞻的财务数智体系,统筹制定全集团财务数字化转型规划,完善制度体系、组织体系和管控体系,加强跨部门、跨板块协同合作,建立智慧、敏捷、系统、深入、前瞻的数字化、智能化财务,统一底层架构、流程体系、数据规范,横向整合各财务系统、连接各业务系统,纵向贯通各级子企业,推进系统高度集成,避免数据孤岛，实现全集团"一张网、一个库、一朵云"。现阶段，我国经济保持持续高速发展，然而制造业企业发展明显滞缓，核心技术缺乏、产品附加值低、劳动力成本高、资源浪费严重、利润低下。这样的发展背景对企业提效降本的要求尤为强烈，财务管理标准化应运而生。数字技术的应用催生了一个全新的数字时代，财务管理标准化作为企业财务数字化转型的基石，已在越来越多的企业中展开。在业务和财务融合的背景下，企业的财务管理水平得到提升、核心竞争力得到提高、各项数据有机整合，各部门体系高效协作的同时企业得以健康持续发展。

### 7.1.1 财务管理标准化定义

现代社会是一个数字化的时代，对于财务的数字化需要靠信息化、智能化的手段来实现，而这一切离不开财务的标准化。关于财务标准化，不同学者给出了不同定义。

葛家澍（1993）认为：财务管理标准化是指围绕企业管理的总体目标和方针，按照协调、优选、统一的原则，制定财务管理及工作的程序和标准，建立财务管理标准化体系，通过其实施，统一组织财务管理的基础工作。财务管理标准化的内容包括管理标准和工作标准。管理标准，是指财务管理的程序、制度、定额等，具体又分为基标准、程序标准、定额标准。工作标准是指财务工作的具体要求和考核办法等，具体又分为职责标准、质量标准、考核奖惩标准。[38]

甄波（2017）认为：标准化，就是为了实现效益最大化目标，确保经营秩序和发展环境的稳定性，企业上下必须遵守的，可被反复使用的行为规则或技术标准。顾名思义，所谓的财务管理标准化，就是为了实现财务管理效益最佳化目标，对财务管理所涉及的相关环节制定具体的准则规范，以增强财务管理的规范性和有效性。企业财务管理标准化体系的构建，要以会计准则和会计制度为基础，具体要涵盖岗位设定、职权划分、业务流程、行为标准等方面。企业财务管理标准化体系的构建，能够对财务管理人员形成有效的约束、指导和规范，进而达到优化业务流程，提高工作效率的目的。可以说，财务管理标准体系的构建，是实现企业财务管理高效性，确保企业可持续性的重要途径，因此企业管理者必须对其有明确的认知，结合自身实际，采取有效的措施加快构建和完善步伐。[39]

综合来看，财务管理标准化是对财务工作流程、操作进行明确统一的过程。通过标准化的流程、统一的财务核算与管理规则来实现财务管理标准化。财务管理标准化不仅是会计核算标准化，还是站在企业整体战略角度，在遵循企业会计准则的同时，结合实际发生的业务，完善财务架构、规范财务管理制度和流程，形成符合企业发展道路的财务管理标准化体系。企业通过实施财务管理标准化，降低了企业内部风险，业务和财务板块得到高效管理，各部门的经营活动也和财务管理有机结合。在财务管理标准化的基础上实现财务信息化、财务自动化、财务智能化，最终完成财务数字化，为企业最终实现共享、共赢做出财务管理应有的决策支持。

### 7.1.2 财务管理标准化的意义

在数字经济的大背景下，财务管理工作想要更好地适应企业的发展需求，就要充分结合数字经济的特点，即更新迅速、合作共享以及产业数字化与数字产业化的深度融合，并结合企业的实际情况，进行有针对性的转型，充分借助数字经济快速发展。

财务管理标准化即在财务管理活动中融入标准化思想，从业务和财务两个角度出发，构建一套规范化、数据化和信息化的全流程标准体系，从而实现流程优化、职责明晰、沟通顺畅的精细化管理。实务中财务管理标准化的应用情景按照其适用对象的差异可以分为三个方面：财务基础管理标准化、关键财务流程标准化和财务职能事项标准化。

财务基础管理标准化，是对企业财务管理的基础架构进行标准化管理。基础架构包括财务建账、组织设置、制度流程、信息系统等，这些都是企业财务管理赖以建立和发展、不可缺少的部分。以制度流程标准化为例，根据分类标准的差异，可以将其进一步分为两种类型：横向标准化和纵向标准化。横向标准化主要指不同制度类型的标准化，包括会计核算管理、资源和资产管理、内控管理等，同时还需处理好不同制度间的关系。纵向标准化则是指不同制度层级的标准化，一项制度不同层级间应层次分明、详略得当，如管理办法和实施细则中对相同业务的描述应保持一致，确保制度的规范性。

关键财务流程标准化,是以与业务和财务有较多联系的涉财事项为中心展开的一种规范化管理,需要将财务和业务联系起来,才能取得理想的管理效果,主要包括费用报销标准化、资源管理标准化和项目转资标准化等内容。以费用报销标准化为例,费用报销是财务数据信息生成的基础环节,联通业务部门和财务部门,对费用报销全流程进行标准化管理。在业务端需统一合同签订、履行、结算等管理流程,以规范前端涉财数据的产生,并制定详细的操作指引和管理模板。在财务端需统一财务内部审核标准、审核时限等要求。同时,建立集中报账机制,要求业务部门设置报账员,实施集中化管理,确保业财口径一致,提高效率。

财务职能事项标准化,是对具体财务事项的规范化管理,主要包括往来账款管理标准化、库存管理标准化和档案管理标准化。以档案管理标准化为例,会计档案是企业经济业务的载体,井然有序的会计档案管理是财务工作良好开展的基础保障。企业应建立会计档案资料收集管理的全流程规范,对档案立卷、档案归档、档案保管、档案移交、档案调阅和销毁等档案管理的全流程进行标准化,明确每一环节的操作标准和管理规范,提高档案管理的效率,满足财务工作的需要。

面临企业财务转型升级的需要,组建财务共享中心或者将财务基础工作外包是将财务人员从传统的核算工作中解放出来,转型从事更高附加值的财务分析、风险管理等工作的较好解决办法,但并非所有企业都适合这些解决方式,在引入外部管理经验的同时,也不能忽视内部管理的挖掘。企业应充分认识到在提高财务管理效率、改善财务管理效果方面,财务标准化建设具有重要作用,具体包括以下六个方面的作用。[40,41]

(1)实施财务管理标准化,可以规范财务管理活动,提高会计信息质量。标准化工作要求将不兼容的岗位分离,明确各岗位的权力和责任,建立明确的岗位责任制度。实施财务管理标准化,就是不仅需要明确财务管理关键环节,还需要理顺财务活动流程,规范财务活动程序。这既是规范财务人员具体行为的详细标准,又是企业加强内部控制、优化财务环境、降低财务风险的保障。财务人员在进行日常财务工作时,需要严格按照既定的标准进行操作,从而保证会计信息的准确性和可靠性,提高会计信息质量,促进企业可持续良好发展。

（2）实施财务管理标准化，是企业进行风险控制的重要途径。实施财务管理标准化，各项业务按照审批程序进行严格审批。在标准化管理下，可以保证各项财务活动在国家法律法规和单位制度允许的范围内展开，对企业内部风险控制进行了补充。比如，财务管理标准化的实施使业务单据标准得到统一，审批力度加大，财务监督效果更好，在萌芽阶段降低可能出现的财务风险，加大经济业务合规保障，形成完整的监管链条体系。此外，实施财务管理标准化可以使企业各级人员业务分离，相互监督。例如，设立采购业务的机构和岗位，建立健全与采购相关的财务程序，加强生产、决策、采购和结算等部门之间的联系，降低采购风险。对于资金业务，可以制定规范的资金授权、审批等制度。加强资金活动集中化管理，明确投融资以及运营等环节的职责和权限，及时评估资金活动情况，确保资金有效运行。值得注意的是，企业建立财务管理标准化体系的前提，是充分了解自身制度当前的状况并发现财务管理领域的薄弱环节，有利于企业针对自身问题做出相应的改进。

（3）实施财务管理标准化，有利于企业更好地进行预算管理。良好的预算管理有助于管理者从整体对企业活动进行协调从而实施计划。企业各个部门、环节之间虽然存在复杂的关系，但是它们之间又存在着内在联系，标准化管理为企业的各项活动提供了通用的准则。实行财务管理标准化要求企业的一切经营管理活动都以财务为中心，强调各部门、人员的岗位职责和财务流程的设计，通过财务管理标准化，各部门乃至整个企业的经营管理活动与财务活动可以有机地结合，各级管理者能够清晰地知道本部门各项活动的状况以及具体的财务流程，从而准确把握本部门的关键环节。

（4）实施财务管理标准化，可以促进企业财务信息化建设，提高会计信息管理效率。在"互联网+"时代背景下，数据用户部门和监管部门之间的信息互联越来越有必要。企业在规范整个财务管理业务流程后，应形成适应企业自身发展的财务信息系统。明确操作人员的合法使用权限和流程，形成不同岗位相互监督、牵制的控制形式，依托财务信息化手段，建立规范的财务管理体系，避免出现"数出多门、口径不一"的现象。只有在标准化信息系统的前提下，产生的信息才能被更快速地统一，避免由于会计人员的职业判断能力不同所带来的财务处理差异，使信息得到有效利用，管理者可以更加迅速高效地了解企业经营活动状况，从而做出合理决策。建设财务管理标准化体系除了有利于企业管理者进行决策、优化企业资源配置，还有助于财务信息资源社会化共享。财务信息使用者可以在短时间内得到更多的财务信息，进而获取财务信息增值，提高财务信息资源的使用效率。此外，标准化的财务信息管理系统还有利于政府部门对不同的业务单位数据进行横向比较，增强财务数据的信息可比性和可稽核性，同时也降低企事业单位的财务管理工作负担，提高工作效率。

（5）实施财务管理标准化，能推动会计工作职能转变：从财务会计向管理会计转型。现如今，为了使财务管理活动更加具有科学性，越来越多的企事业单位响应国家宏观政策号召进行管理会计改革与创新，将先进的管理会计理念融入财务管理，比如将经济增加值与传统的预算管理相结合，将作业成本、标准成本等典型管理会计方法与成本核算相结合。财务管理是企业管理的重要一环，企业实施财务管理标准化使传统的非程序核算转变为程序核算，使财务人员从烦琐的核算工作中脱离出来，将更多的精力投入管理中，不仅简化了工作程序，而且有利于财务人员提升专业素质。实施财务管理标准化，使财务部门与业务部门间的衔接流程更加清晰透明，财务岗位和业务岗位可以更加有效地结合。同时，由于信息流动性和有效性得到提高，企事业单位的各级管理者能准确把握各类业务的关键环节，对单位的经营情况了解得更加透彻。财务管理标准化体系的建立打破财务管理职能的壁垒，使经营活动和财务活动有效衔接，有利于业财融合。

（6）实施财务管理标准化，能推动企业财务文化建设。企业能够持续稳定地发展离不开企业文化，财务管理作为企业管理的核心，财务文化最能体现企业的核心价值，是财务管理活动的灵魂。在建设财务标准化的过程中，通过让财务人员加强学习相关知识、更新标准化理念，带动企业员工形成标准化思维，在保持原有优良财务管理工作模式的同时学习新的财务管理行为。财务管理标准化工作不断推进，财务人员的专业素质得到更新和提高，企业财务文化建设得到进一步推动。

实施财务管理标准化是企业财务管理模式转型的先行条件，由大数据延伸拓展出来的数字经济促使企业改变传统的财务管理模式。互联网时代，对企业来说既是机遇，也是挑战。大数据与企业财务管理相结合，能够为企业的内部提供更好的数据信息服务，从而提高公司的业绩，进而更加有利于企业未来的发展，企业如果能够及时把握住机会，会为企业带来无限可能和财富。顺应时代潮流，抓住时代机遇，财务管理作为企业管理核心，其转型具有很大的现实意义，同时也是大势所趋。

财务管理职能正在逐步从以核算为主的传统会计向以决策为导向的管理会计转型。随着财务管理工作模式的不断发展，财务人员也在逐渐转变为引领者和决策者：借助数字技术发现经营业务中存在的问题以及潜在的企业发展机会，更多地参与经营决策，进行资金管理、预算管理等管理性工作，积极投入企业的价值创造活动。数字化时代，一切业务数据化，一切数据业务化，财务工作与业务工作高度融合。业务信息系统和财务信息系统在输入、处理、存储和输出等各个环节共享，业务和财务人员之间的组织和职能划分逐渐消失。在数字技术、智能技术的加持下，会计人员的部分职责会转移到业务人员身上，"人人财务"的趋势逐渐凸显，解决了传统财务时代会计和业务"两张皮"的现象。

### 7.1.3 实施财务管理标准化过程中存在的问题及对策建议

在公司管理中财务管理作用突出，它始终贯穿于企业生产经营的各个环节。财务管理标准化能规范公司财务管理，提升财务工作效率，还能够全面提升公司财务管理水平，为公司的长远发展奠定良好基础。部分企业通过财务管理标准化成功实现了财务数字化转型，使企业发展上了一个新台阶，但有些企业并没有从整体战略角度综合考虑，导致在财务管理标准化实施过程中仍存在一定问题，本节对这些问题进行归纳总结并提出可能的对策建议（图7.1）。

1. 存在的问题[42, 43]

未成功实施财务管理标准化的企业往往是因为在实施过程中存在一些问题，而这些问题往往具有普遍性，可以总结为以下几种类型。

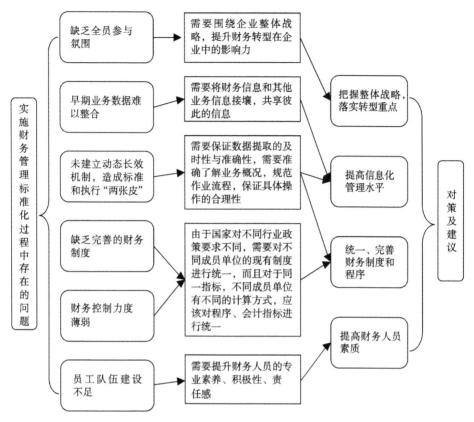

图 7.1　实施财务管理标准化过程中存在的问题及对策建议

（1）缺乏全员参与氛围。全员参与氛围不浓厚，缺乏财务部门以外部门的配合，业财融合流程不连贯。尽管财务管理标准化核心为财务管理活动，但企业财务活动与业务活动息息相关，落实财务管理活动、遵守财务制度等工作需要所有企业员工积极配合。在建立财务管理标准化的过程中，基层岗位人员应发挥主观能动性，结合自身工作经验，将具体工作以标准的形式留存，经过集体讨论完善后形成具体的行为准则。在制定过程中，为使准则切合岗位实际，同时有别于财务会计制度，要求财务人员全员参与。此外，企事业单位其他职能部门需要积极配合财务部门进行财务管理标准化体系建设。在资金流转、资产运营方面，财务部门作为管理的主要部门，由此产生的财务关系涉及实体业务，所以财务管理流程标准化的前提是业务流程的有效整合。若仅依靠财务部门标准化，而不重视采购、销售等部门的标准化，会导致不同部门间的数据和业务不能很好地有效衔接，企业无法实现全面资源共享以及高效数据分析，从而使管理层无法做出有效决策。提高财务管理标准化建设全员参与度，优化业务流程，确保财务和业务数据无缝衔接是推进财务管理标准化建设需要重点考虑的问题。

（2）早期业务数据难以整合。在进行财务数字化转型前，企业针对不同的部门、不同的业务使用了多种信息系统，不同业务数据根据流程和应用种类储存在不同数据库中，这些系统相互分离、不兼容，不同系统间的数据无法交换、无法有效衔接和共享。若企业不及时整理更新各信息系统，将文件数据进行整理，无法避免地会使数据衔接存在困难，给企业财务管理标准化建设形成阻碍。

（3）未建立动态长效机制，造成标准和执行"两张皮"。企业财务管理标准化建设要结合行业与企业实际情况，建立科学的标准化长效工作机制，而不是使标准成为和实际情况脱节的静态文件。财务管理标准化是结合实际不断动态循环的过程，包括制定标准、具体实施、评估检验、修改完善、再次实施等步骤，随着外界会计思想、社会环境的发展不断调整，每按照新的环境标准更新一次都会使企业财务管理标准化建设上一个新高度。

（4）缺乏完善的财务制度。由于企业在不同时期的财务制度与国家政策变更以及企业发展需求有关，导致各类财务制度内容之间存在矛盾或分歧，财务人员在进行财务处理的过程中，可能会选择不同的财务处理方式。由于财务制度体系不完善，不同企业对同一事项采取的处理方式不完全相同，随之产生会计信息滞后、存在政策差异等问题，信息可比性下降，数据对比分析难度增加。在企业内部，由于缺少统一的会计政策、统一的核算口径，企业不同层级间无法纵向比较指标，企业实际经营状况难以真实反映。

（5）财务控制力度薄弱。对于具有成员单位的企业来说，企业对成员单位的管理常常鞭长莫及，大多采用业绩考核的方式了解成员单位的经营状况，而忽略了成员单位内部的管理。在处理一般经营业务时，相比于事前预测和事中控制，公司更重视事后处理，财务控制作用无法真实有效地发挥。在指导、督促达成财务计划目标时，为保证资金流动合法合规，财务人员多依据法律法规对财务活动加以控制，但财务团队的组建及人员任命受成员单位管理层影响较大，迫于绩效考核的压力，企业的财务数据和财务指标与真实情况会产生差异。此外，在财务控制力度薄弱的情况下，由于财务人员的专业素质和财务管理能力存在差异，对同一业务事项，不同成员单位财务处理方式不同，甚至成员单位内部不同会计时期采取的财务处理方式不同，导致不同成员单位间会计信息不可比、同一成员单位不同时期会计信息不可比。

（6）员工队伍建设不足。企业进行财务数字化转型需要数字化人才，但是目前兼具业务和技术能力的数字化人才短缺。对外，由于工资、考核条件等原因，企业难以吸引多功能数字化人才。对内，企业传统的财务人员财务数字化转型意识不强，对财务管理的认知仍在传统经营业务核算层面，对运用信息技术解决财务管理问题积极性不高。此外，企业还存在培养机制不完善的问题。由于员工培训机会少、培训内容没有针对性等原因，员工在财务标准化以及数字化转型方面的相关理论、工作方法和专业技能无法得到及时更新。[44]

2.对策建议

针对以上财务管理标准化过程中存在的问题，企业可从以下方面进行完善。

（1）把握整体战略，落实转型重点。财务管理标准化需要根据企业整体战略展开，提升企业相关部门管理者对数字化转型技术的学习，针对企业现状，评估企业实力，依据企业自身特点，分析组织结构与职能，尽快建立并掌握核心财务信息平台，明确转型目的，设计出最适合企业自身的财务转型方案。企业应该扩大宣传，提升其在企业的影响力，提高全员对实施财务管理标准化的重视程度。在日常运营中，应该时刻关注战略的落实程度，紧紧围绕战略目标分阶段展开工作。

（2）提高信息化管理水平。企业的各项经济业务最终体现为资金和实物的流动，而有效地控制资金和实物需要财务部门和业务部门共同管理，因此仅仅依靠财务信息化软件是不够的，需要将企业各个部门特别是业务部门信息化建设纳入软件管理范畴，信息化管理才能延伸到企业经营和管理的各部分，使财务信息和业务信息有效衔接，实现信息共享互联，从而达到财务信息和业务信息一体化。在数字化时代的背景下，互联网、大数据等数字技术成为主要信息交流途径，企业应顺应时代潮流，将业务、财务与管理有机结合，建立业务驱动的业财一体化管理体系，从而及时、准确、全面地掌握企业数据信息并做出决策。企业通过信息化管理，将所有经济业务程序化，减少了相关人员判断和选择的机会，直接让业务信息生成所需的财务信息，降低人工判断产生的偏差。整合公司的信息化管理平台，能够减少员工重复性的工作，提高工作效率，同时确保数据的准确性和及时性。

（3）统一、完善财务制度和程序。完善的财务制度是财务管理标准化建设的基础，各级单位依据的财务制度统一，处理不同事项时才具有一致性。随着市场环境不断变化、经济体制不断改革，企业的业务流程也不断发生变化，不同行业适应的经济政策也不尽相同。企业不同成员单位因为业务不同所以核算重点不同，可能导致公司内部存在多种财务制度。为了进行财务管理标准化建设，企业需仔细梳理已有的核算规则和财务流程，充分了解财务管理相关业务处理流程以及各个过程间的关系，分析存在的问题，对现有财务制度进行取舍，并及时制定监督预防机制。财务管理标准化建设应明确各岗位责任，将流程规范要求具体到各级部门，使其能够准确了解业务内容，降低内部控制风险，确保业务操作的合理性。

（4）提高财务人员素质。拥有一个技术精湛、专业过硬的财务团队是财务管理标准化建设稳健推进的关键。企业的战略明确、财务制度统一、流程完善、信息化水平高对财务管理标准化建设固然重要，但是若缺少财务人员遵照执行，并积极探索创新，实施财务管理标准化仍存在困难。提高财务人员素质需要从以下方面入手。首先，要提高每个财务人员的积极性，例如实施绩效管理，企业应定时或不定时评估检查财务人员完成任务的质量和效率，根据财务数字化转型的效果更新绩效管理制度，提高财务人员对于企业转型建设的积极性。其次，要提高财务人员的专业能力，补充企业转型相关知识，将关于财务管理标准化、数字化转型知识的学习纳入绩效管理，同时重视员工的建议与反馈，并及时回复与调整，重视复合型人才的引入。再次，要培养财务人员的责任感，促进财务人员形成财务数字化转型的工作理念，推动员工积极主动学习，了解并接纳数字化转型的企业文化，使财务人员从根本上响应企业发展战略。最后，应健全对财务人员的激励和监管机制，让每位财务人员都能严格依照程序文件参与工作。

财务管理标准化建设不是一蹴而就的，它具有长期性、系统性和规范性的特点。企业应明确工作制度和程序，规范财务标准，并根据市场环境变化和企业发展的实际需求不断优化财务管理标准化建设，形成具有企业自身特点的管理方式。细化流程，不断调整企业经营方式，稳步推进各项工作，满足财务数字化转型的需要。[45]

## 7.2 财务管理标准化的流程体系

数字经济的发展对财务管理工作提出了新的要求，充分结合数字技术的特征构建财务管理标准化流程体系，进一步实现财务管理数字化转型，可以使财务管理工作的突出价值得到较为完整的体现。本节以数字经济时代作为背景，结合实际案例介绍数字经济的产生对财务管理工作的影响及其影响机制，并说明构建财务管理标准化流程体系的具体实施内容。

### 7.2.1 数字经济对财务管理工作的影响[46]

数字经济时代，大数据、人工智能、移动互联网等数字技术已经成为重塑各行各业的重要力量。财务管理作为企业管理的重要内容，也受到了巨大的影响和冲击。下面从资金管理、财务职能、财务报告、财务决策四个方面展开阐述，并结合具体案例详细说明。

1. 资金管理

传统的财务管理体系具有独立性，主要是对企业内部资金的管理，其重点更多是放在交易性处理流程上，无法与企业的各项业务有效融合。为了满足数字经济时代对企业提出的战略管理要求，企业的财务管理模式不应局限于对内部资金的管理，应从内走向外，向供应链金融模式转变。供应链金融模式即利用大数据、互联网、云计算等数字技术，对供应链上下游资金情况进行监测，并结合企业财务管理实际活动情况，构建符合发展趋势的财务共享中心，集中对资金进行标准化管理。

例如，蒙牛集团在企业内部搭建了资金共享平台，实现对资金的集中管控，由集团总部统一调度、管理和运用所有的资金。大量实时汇总的资金数据使现金流预测模型更加精确，让集团对内部资金的管理更精细、更高效、更主动。除了内部资金管理，在企业外部，蒙牛还建立了服务于上下游的供应链融资平台。通过"互联网+大数据"，从蒙牛上下游、奶源等第一层直联的合作伙伴群，逐步延伸到第二层的蒙牛生态圈伙伴，通过标准化作业，发挥规模效应。共享中心服务的范围以前需要323个标准工作人，现在仅需241个标准工作人即可全部承接，效率提升了25%。目前，蒙牛已与多家金融机构合作开展供应链金融业务。通过电子商品防窃系统和银行在数据渠道上打通，上下游企业可以直接登录蒙牛供应链融资平台，高效融资，使得以蒙牛为核心企业的生态圈更加健康。

2. 财务职能

数字经济时代背景下，企业的组织架构不再局限于线下，逐渐转变为线下和线上结合的新组织形式，企业应同时做好实体经营和线上经营的管理工作，才能全面掌握企业的生产经营状况。同时，随着经营业务平台的转变，价值链从自身企业逐渐扩大到整个上下游供应链，这给财务管理部门和财务人员提出了更高的要求，不仅需要做好企业内部的财务管理工作，还需要做好整个产业链生态圈的财务管理工作。在数字经济背景下，传统财务会计工作逐渐被自动化和智能化，很多重复性、规则性的财务工作会被财务机器人替代，更多财务人员被释放出来，新的财务管理模式将实现"无人会计"。但是数字化一定不是用软件代替人，而是要通过数字化这个平台更好地发挥人的价值。

例如，美的集团在财务数字化转型中，构建了财务共享平台，重新架构了管理体系，真正实现了业财融合。转型后财务人员从重复投入和效率低的状况中解放出来，将更多资源和精力投入到辅助经营中，财务共享模式的构建使得企业的平均回报率高达27%，能够降低26%的人工成本。美的集团的财务职能由办公室型财务转变成业务型和经营管理型财务，通过深入了解业务，具体分析各业务领域的经营数据，为业务部门提供有力的数据支撑，支持企业经营管理决策，提升经营价值。另外，美的集团重新设置了财务岗位，例如财经管理部的预算管理专员、成本管理专员、会计管理专员、研发成本管理专员、资金管理专员等岗位，所有财务工作侧重于参与企业经营管理，而不是会计核算。财务人员从传统的日常记账中解脱出来，参与到业务中，为业务提供决策支持。

3. 财务报告

传统的财务报告具有定期提供、滞后编制的特点，很难全面展现企业的财务状况、经营业绩和发展前景，随着大数据、云计算、人工智能等各种技术的出现，借助于算法已然可以实现凭证的智能编制和报表的智能生成，而且可以做到实时化、可视化，并且根据不同用户的需求实现多样化，极大地克服了传统财务报告的诸多局限性。

例如，德邦快递的客户量大、流转数据大，对报表的时效要求非常高。通过构建业财一体化系统平台，梳理业务单据与财务凭证之间的数据关联，德邦快递实现了90%凭证的自动生成、审核，每月自动处理约200万份业务单据。通过设置各项报表架构和业务规则，自动归集、计算、输出报表，每次报表编制时间由4小时缩短至60秒，实现报表智能编制、实时查询，满足管理者对报表时效性高的要求。

4. 财务决策

管理者通常凭借经验、直觉、判断力来进行决策，受限于技术，数据获取不全面，财务决策仅仅建立在企业内部常规的财务数据基础上，难以做出合理的决策。数字经济时代，大数据不仅能收集到财务信息，还能收集到非财务信息，不仅能收集到结构化数据，还能收集到非结构化、半结构化数据。除了企业内部业务数据，还可以延伸到企业外部，包括所属行业、供应链、竞争对手、监管机构、政府部门等利益相关者的数据。数据和算法通过机器学习的方式不断自我优化，进而用数据决策替代凭直觉经验和拍脑袋式决策。要充分利用大数据、AI等具有强大算法的数字技术，在财务决策逐渐向数字化转变的过程中，系统全面地分析海量数据，为企业的战略决策提供全面的数据支持。

例如，谷歌借助"The Machine"算法通过或否决投资方案，通过收集特定公司的市场数据、融资金额、联合投资合作伙伴、以前的投资者和行业领域，以及以前估值与目前估值的差额等方面的数据进行分析，用红绿灯系统来考核某项投资指标体系，绿灯表示投资机会良好，红灯表示不投资，黄灯表示需谨慎行事。

数字经济时代，在大数据、云计算、区块链等数字技术的冲击下，传统的财务管理模式发生了深刻变革：资金管理从内部管理向企业外部、上下游延伸。财务职能由单一的核算向管理服务转变。财务报告可以实现实时编制、根据用户需求个性化输出。财务决策可以不再单纯依靠人脑的经验，还可以依据算法和数据作进一步支撑，极大提升企业决策质量。此外，还有数据挖掘技术在成本管理中的应用，自动风险识别、预警体系在风险管控中的应用等。总而言之，为了满足企业的未来发展需求，财务管理工作要充分抓住数字经济时代带来的机遇，促进财务管理工作水平不断提升，为企业各项生产经营活动的顺利开展提供可靠保障。

### 7.2.2 财务管理标准化体系建设主要内容[47,48,49]

企业财务管理标准化工作是财务数字化转型的基石，科学的标准化体系往往包含以下内容。

1. 制度标准化

制度是一切工作的准则与前提，在缺乏明确、先进的制度引导下，企业的财务标准化、信息化工作很难落到实处。

随着企业数字化的不断深化，引入大量先进技术，此时，财务管理者应及时调整财务制度，让制度更具有系统性和逻辑性，并和企业信息化平台结合固化到线上流程中。对于财务制度的关注重点，不应再局限于基础数据和基本规则，而应更多地考虑员工信用、核算精度和效率等问题。依托信息化、数字化平台，利用财务共享系统，厘清各项经营业务对应的财务制度，查找财务制度缺口，适应业务流程的改变，完善财务会计制度，将制度细化到具体的财务流程中，保证制度有效推行。此时，财务制度的关注重点，应转为对于共享服务质量的绩效考核、共享服务中心的工作效率等方面。因此，适时调整财务制度关注重点，动态实施制度标准化，一方面体现了决策层对于时代变化的敏感性，另一方面也引导和推动了基层财务工作者管理职能的转型,同时也为企业打造自身数字化系统做好了充分的管理需求的铺垫。此时的制度,在非常完善的系统支撑下,不仅能关注到准则的要求,还能对工作进行精益求精的引导规范。

2. 数据标准化

如果说制度标准化是数字化建设的纲领性文件,那么数据标准化就是数字化建设的基石。在数字化建设的初期,企业只具备一个个的孤岛系统,各业务系统间的数据没有任何集成关系。此时,最需要明确的就是实现会计科目及核算维度主数据统一,形成企业统一的财务科目核算体系。

在数字化建设的成熟期,企业已经有能力将财务主数据与业务主数据进行深度对接,双方共同构成了完整的业财一体化主数据库。此时,整个主数据库不再只是简单地积累和沉淀数据,而是具有完成企业独立数据中台服务能力的数据仓库,后续所有接入的应用系统,都必须先进行主数据层面的对接。已经沉淀下来的企业主数据,同样可以进行深度的数据价值挖掘与完善,如对客户、供应商信用评级,对银行、账户统一准入申请管理等。

3. 流程标准化

流程标准化需要各成员单位以及单位部门配合,形成科学系统的业务流程图,注明关键的控制环节,明确岗位责任人,严格管控审批程序。财务流程确定之后,各企业需要依据财务制度标准化固化流程,在明确标准化财务制度之后,重点对公司总部的标准流程进行细分,制定符合公司发展趋势和公司特点的操作流程细则,将流程标准化落地。例如,引入OCR(optical character recognition,光学字符识别)技术,将采购信息转换为标准化的财务核算信息,实现材料入库的标准化作业,将非结构化数据转换为结构化数据,自动生成记账凭证,实现非财务人员参与会计核算,推动业务和财务的标准化进程。

4. 预算标准化

企业预算是考虑企业未来发展状况的一项综合性财务计划,在现代管理中,实行财务预算管理是企业管理中重要的一环。实行预算管理标准化可以让成本支出更加透明、更加规范,资金控制力和经营执行力得到有效增强,填补财务漏洞。财务预算标准化建设需要同时把握财务预算和业务预算，统一两者的管理流程和数据口径，确保财务预算和业务预算有效衔接，统一预算科目与定额标准，确保预算数据有据可查。在预算标准化建设中，预算管理系统具有重要作用，信息系统使预算编制过程更加科学、精细，预算标准化逐渐转化为预算管理系统标准化。在进行财务预算编制的过程中，具体到各部门要做好业务预算，如销售、生产预算，最后由财务部门汇总。公司的各成员单位做好财务预算，由上级单位审核批准，同时向集团总部上报，由集团总部财务部门汇总并编制预算报告。由此公司从横向和纵向形成全面的预算管理体系，使财务预算更加具有针对性和有效性，且可实施性强。公司在编制财务预算的同时，要注意预算的可行性和连续性，同时兼顾不同单位的预算差异，确保预算可以顺利实施。

5. 人员标准化

人员标准化并不是指所有财务人员行为保持一致，而是指不同岗位财务人员可以实现差异化匹配，使核算财务、业务财务、共享财务等相关财务人员可以在各自岗位得到发展和提升，从而实现价值。企业应提出明确的培养要求和职业发展定位，明晰不同岗位的职责，组织员工参加各类专业理论知识培训和技能培训，充实专业知识。积极组织财务部门人员和其他业务部门人员进行交流，例如参与业务部门组织的业务分析会、成本分析会，将财务专业知识和业务知识有机结合，提高对业务知识的认识。提倡财务人员走出去，组织财务人员进行轮岗培训，组织不同成员单位间开展财务工作交流会，推动财务人员学习了解财务数字化转型相关的思想和理念，打造既懂业务，又懂管理，还懂财务的全能型人才。

标准化是数字化的基石，只有建立在统一标准上的数据才能被分析和利用，否则只能被储存而无其他利用价值，因此提升财务管理标准化水平成为财务数字化转型的核心内容。

## 7.3 财务管理标准化在横山煤电的实践

在互联网、大数据、物联网、云计算等数字技术高速发展的今天，数字经济对传统市场经济模式也产生了冲击，数字技术的诞生对许多行业都带来了影响，数字技术和传统技术紧密结合，对财务管理工作也提出了更高的要求。传统财务管理工作重核算，效率低、成本高，而且数据及时性不高，管理层难以根据已有财务数据做出科学的战略决策。随着数字技术的运用，数字经济正在进入高速发展阶段，传统财务管理工作模式面临巨大的挑战，企业为了顺应时代发展潮流，在商业市场占据一席之地，企业财务变革与转型势在必行。横山煤电紧紧抓住这个财务变革时机，统筹实施全面预算管控，构建标准财务管理体系，在生产建设管理方面亮点突出。企业管理层从全局了解企业经营状况，熟悉经营流程，积极发挥财务对业务的指导作用，将业务和财务有机衔接，在财务运营模式方面积极改革创新，积极推动企业业财一体化进程。业财一体化模式的建设是一项长期持续的过程，对财务系统进行统一化、标准化是第一步。下面具体介绍横山煤电如何构建财务管理标准化体系，如何将财务管理标准化融入现场各项工作中，从而提升企业管理水平，驶入高质量发展的"快车道"。

### 7.3.1 财务管理标准化背景

横山煤电从2016年煤电一体化发电工程项目建设之初，就开始实施财务管理标准化，实施背景可以总结为以下方面。

1. 控制项目投资成本的需要

电力体制改革背景下，电力市场竞价上网将增大发电企业投资控制的压力，电价降低使得用电成本降低等变化给电力企业带来新的挑战，企业需进行内部结构调整，合理配置资源，尽量降低发电成本以适应改革需要，特别是在项目建设初期，着力控制项目投资成本，可为生产期降低运营成本打下扎实基础。横山煤电的员工从全国各地招聘而来，项目管理经验不够成熟，制度化建设、管理方式的革新等正处于初步探索阶段，如不进行有效管控，将面临较大的风险。基本建设财务管理标准化涉及项目建设全部环节，能够优化企业的资源配置，有效控制项目投资成本，保证项目顺利实施与公司战略目标实现。此外，成本管理一直是企业管理的重要组成部分，对于促进增产节支、加强经济核算、改进企业管理、提高企业整体管理水平具有重要意义。显然，横山煤电于建设期就有成本管控意识，有利于运营期的成本管控,也为企业财务管理标准化的成功实施做了铺垫。

2. 保证工程建设质量的需要

项目建设的质量关乎项目整个生命周期,关乎项目后续安全稳定运行和运行成本,必须在项目建设初期着手全过程质量控制。项目建设的进度,是影响项目建设周期、投资成本的关键因素。因此,横山煤电在项目建设之初引入基本建设财务管理标准化的理念,结合资金集中结合的模式,对各个成员部门的资金进行统一调配。在此基础上,辅以严格的资金预算管控,达到提高资金管理的目的。资金作为企业的命脉,把握资金的管理改革是企业整体改革及战略性转型的必然内在要求。

3. 提高财务管理效率的需要

作为企业管理的重要手段,基本建设财务管理标准化逐渐引起管理人员的高度重视。在财务管理中,同样需要有特定的管理模式来进行管理控制,保证其顺利运转,在财务系统中形成一个完善的财务资源有利循环。企业在基本建设财务管理标准化工作中做到具有科学性、合理性、协调性,并且把制度标准的研究成果融入到实际工作当中,建立对各子公司财务工作人员行为的严格约束,有助于集团公司及时了解所属企业的财务信息,对复杂环境的变化做出及时系统的反应,规范基本建设财务基础管理工作,巩固基本建设财务工作质量,提高基本建设财务工作效率,提升企业整体财务管理水平,促进企业财务数字化转型升级,为集团后续项目建设提供财务管理经验和建立财务管理模型。

### 7.3.2 财务管理标准化构建思路

在数据就是资产的今天,财务业务规范化、标准化是数字化的基础,如果不建立统一的财务数据标准、财务业务管理规范,以及围绕这套标准和规范建设数字化平台,业务规范和效率就不能提高,企业财务数字化转型就是纸上空谈。横山煤电进行标准化财务构建的思路可以概括为:以标准体系为组织形式,以流程管理为实施载体,以闭环管理为优化机制,形成"上下统一、协同高效、操作规范、持续优化"的企业标准化财务体系。[50]

(1)形成以标准体系为依据的标准手册。从专业管理标准和财务岗位标准两个方面出发,统一财务有关政策、各岗位职责与内容等。从专业管理标准角度，是对财务与业务活动在流程、程序和制度等方面进行标准化；从财务岗位标准角度，是需要明确财务部门以及不同岗位财务人员的责任，明晰他们具有的权力。同时，专业管理标准和财务岗位标准要能够有机融合，比如专业管理标准中每一具体责任节点都能在财务岗位标准中找到对应岗位，财务岗位标准中每一岗位的责任都能在专业管理标准中找到依据。

（2）依据科学有效的流程管理模式，形成适应企业发展的流程结构。纵向层面，保障不同层级单位业务贯通；横向层面，借助标准化流程管理，明确企业不同部门之间，尤其是业务部门与财务部门之间的工作关系。

（3）实行闭环管理模式，结合市场环境和企业发展不断优化、持续改进。按照PDCA闭环管理模式，从计划、实施、检查、改进四个阶段对财务标准化工作进行优化和改善。在计划阶段，管理层以及各部门领导通过财务标准化建设，从整体角度考虑具体工作实施方向和实施内容。在实施阶段，标准化建设使财务、业务等部门员工在进行具体操作时有标准可依，减少重复性工作，提高工作效率。在检查阶段，利用标准化建设数据接口，高效对标具体业务，全面考察工作情况，查漏补缺。在改进阶段，结合前期计划、实施、检查阶段的建设成果，运用标准化建设手段进行优化，监督标准化建设向更科学、更系统的方向发展。

### 7.3.3 财务管理标准化的内涵与主要做法

企业实施财务管理标准化是财务管理方面做出改变的第一步，其目的是为企业成功实现财务数字化转型打下坚实的基础。横山煤电基本建设财务管理标准化以工程建设为核心，以控制投资成本、质量和进度为目标，以财务共享上线为契机，以标准化管理为主要手段，通过确立基本建设财务管理标准化指导思想和基本原则，搭建基本建设财务管理标准化管控体系，实行基本建设财务管理标准化预算管理，实施基本建设财务管理标准化资金管理，狠抓基本建设财务管理标准化成本管理，加强财务管理标准化团队建设。在保证项目建设质量和工程进度的同时，实现投资预算缩减4.84亿元的巨大成果，扩大了企业的知名度和美誉度，给同类项目基本建设财务管理标准化提供了参考。其主要做法如下。

**1. 确立基本建设财务管理标准化指导思想和基本原则**

数字经济为经济社会发展提供了新的动力，同时也给企业提出了新的挑战。横山煤电为了应对数字经济时代的挑战，不仅需要在生产、经营等环节做出改变，还需要在财务管理方面做出改变，这样才能真正顺应数字经济时代企业发展的需求。财务管理标准化应时刻把握战略全局，处理好财务和业务的关系，从企业或项目整体出发，将指导思想和基本原则落到实处。

（1）应确立基本建设财务管理标准化指导思想。围绕项目建设目标，依据基本建设特点和行业发展要求，遵循会计等相关法律法规，以财务管理标准化为抓手，将财务组织体系、核算体系、制度、流程、定额、预算、资金、成本以及团队建设等作为主要突破口，规范公司运作、提升管理效率、防范化解风险、优化资源配置、控制投资成本、高质高效完成项目建设任务。

（2）应明确基本建设财务管理标准化基本原则。①合法性原则。基本建设财务标准化管理应遵守国家有关法规，依照法规要求开展财务活动，处理各方面的财务关系，维护和保持正常的社会经济秩序。②全面性原则。基本建设财务管理标准化涉及各项经济业务及相关岗位，把提高财务保障和服务能力作为财务管理标准化的出发点，把全员参与作为实现财务管理标准化的重要途径，针对业务处理过程中的关键控制点，落实到决策、执行、监督、反馈等各个环节。③防控风险原则。以风险可控为准绳，在遵循企业会计准则和相关会计制度前提下，把规范作为财务管理标准化的基本要求，把防控财务风险摆在财务管理标准化的首要位置，合理控制成本以达到最佳的控制效果。④控制投资原则。以提高财务管理工作水平，查错防弊、理顺流程、规范工作、服务业务，控制投资成本、质量和进度为目标，对企业财务管理涉及的岗位、职责及权限、工作流程等进行深入研究，建立一套符合实际工作需要的财务管理标准化体系。

**2. 搭建基本建设财务管理标准化管控体系**

财务管理标准化是在企业战略发展层面，运用业财一体化体系及财务共享思想，对企业的财务管理过程进行规范，如与基础会计处理相关的财务核算、业务流程、执行程序、财务制度等。通过建立财务管理标准化体系，企业的财务管理工作得到统一，日常的业务工作流程更加规范，企业制度体系更加完善，财务部门与其他业务部门之间衔接更为紧密，数据更加科学有效，有利于企业管理层依据数据信息做出可靠的决策，推动企业管理水平，加快企业的财务数字化转型。横山煤电构建财务管理标准化管控体系，在组织体系、核算体系、管理制度、消耗定额、业务程序等方面进行了规范。

（1）建立完善的组织体系。横山煤电根据国家有关法律法规以及公司战略规划对财务管理工作的要求，设置公司财务部，组织开展公司财务核算、资本融通、资金管理、全面预算、成本管理、财务分析、税务管理等工作，为实现公司战略目标提供有效的财务保障。财务部根据不同财务业务设置具体的岗位，通过建立SWOT分析模型分析个人的优劣势，把合适的人配置到合适的岗位，真正实现权责分明、责任到人、人尽其才（图7.2）。

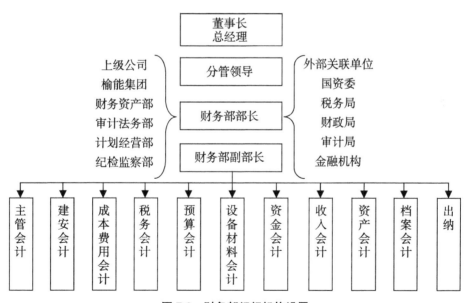

图7.2 财务部组织机构设置

（2）设置规范的核算体系。

①设置统一的核算科目体系。为规范账务处理，真实、准确、客观地反映业务活动给企业带来的影响，横山煤电结合《企业会计准则》及国家

有关法规的要求，满足集团公司合并报表和内部管理的需要，统一规定 10 级明细核算、315 项辅助核算，科目体系全面规范细致。

②建立高效的财务核算平台。横山煤电结合实际业务，明确统一使用用友 NC 管理软件，由用友公司制定软件实施和人员培训方案，所有管理软件操作人员必须持证上岗，所有业务数据均由一线人员直接录入，由软件管理和维护人员对软件的使用进行监控。2018 年 4 月公司财务共享服务系统正式上线，该系统整合现有财务资源，充分利用现代信息科学技术，融合现代科学管理理念，打造符合集团公司发展需求的现代化管理平台，实现财务会计业务共享服务和资金的统一管理。

③实施严格的财务监督审核。为了确保输出的财务信息真实、可靠，保障会计信息质量，最大程度提高财务工作的效率，横山煤电制定了财务稽核工作规范。财务稽核主要包括日常稽核和专项稽核。日常稽核是对基础会计资料、基础财务工作进行审核，是确保财务工作合法、真实的重要步骤。专项稽核是指在日常稽核合规的基础上，对重点单位的财务工作进行检查和复核。

④制定全面的管理报表体系。为规范公司财务报告编制过程，确保财务信息的真实性、准确性和完整性，根据国家和集团有关规定，制定《公司财务报告管理办法》。规定各单位的财务会计报告应当包括的内容、披露的事项，各单位对外提供的财务会计报告的内容、会计报表种类和格式、会计报表附注的主要内容以及对内提供的管理会计报表种类和格式。

⑤实施规范的财务档案管理。横山煤电规定，会计资料统一采用 A4 纸打印，会计档案统一胶装，按月装订成册，编号造册装盒后妥善保管。各种会计档案的保管期限，严格按会计制度规定执行。会计档案不得携带外出，凡查阅、复制、摘录档案，按照《会计档案管理办法》办理申请手续。会计档案按时移交公司档案室进行管理，移交时办理会计档案移交清册，注明移交内容和移交数量，经会计档案管理人员、公司档案管理人员、监管人员三方签字后方可移交。保存期满销毁时，应按公司审批流程审批后按档案销毁有关规定执行。

（3）制定规范的管理制度。

①制定规范的公司授权手册。为规范授权管理工作，提高工作效率，

防范管理风险，横山煤电制定了《公司授权手册》。该授权手册包括综合管理、计划管理、物资管理、前期工作、工程管理、财务管理等 13 个模块、104 个大项，设置 313 个授权事项，并针对业务计划和财务报销设置审核、审批、批准 3 种权限。

②制定全面的财务管理制度。为使企业各级单位能够口径一致地执行核算标准，横山煤电根据《公司章程》以及相关法律法规，制定覆盖主要财务业务的《资产管理办法》《税务管理办法》《财务审批管理办法》等 17 项财务管理制度，真正实现主要业务活动有据可依。

③设置统一的财务核算制度。为规范财务核算，真实、准确、完整地反映公司财务信息，确保会计核算质量，横山煤电根据《中华人民共和国会计法》《企业会计准则》等规定，结合公司实际，制定《公司会计核算办法》，为各级公司会计核算提供准则和依据。

④制定统一的考核评价标准。按照财务管理标准化有关要求，对各项财务基础工作制定具体标准，对每项标准规定相应的分值，并根据标准的执行情况对各项考核内容进行打分评级。总分设置为 1000 分，其中：组织机构与人员管理 50 分，会计核算 200 分，资产管理 100 分，资金管理 150 分，预算管理 100 分，成本费用控制 110 分，税务管理 60 分，档案管理 70 分，信息化建设 60 分，内部控制 100 分。财务基础工作标准化等级分为优秀、良好和合格三个等级。一级为优秀：总分在 900 分以上，且各单项均得到 85% 以上分值。二级为良好：总分在 800 分以上，且各单项均得到 75% 以上分值。三级为合格：总分在 700 分以上，且各单项均得到 70% 以上分值。

（4）制定完整的消耗定额。

①制定完整的定额管理体系。根据项目投资的管理过程进一步细分业务流程与节点，按各个业务节点查找、分析各项直接或间接发生的工程投资项目，根据项目特性及关键控制点，制定各类项目物耗、配置、能耗、效率等定额指标，在项目建设过程中逐步修订完善并装订成册，发放各责任部门严格对照执行。积极推进"构建定额管理模型"科技创新项目，采用多元线性回归模型提升预算定额标准体系的科学性和合理性，进一步强化工程投资管控。利用近三年的数据对物价上涨指数等自变量因素进行动

态分析，测算出各影响因素对定额管理的影响程度及线性相关性大小。根据该模型的模拟运算结果，从宏观角度对费用合理性进行有效评估，并实现对项目投资的趋势预测，将模型测算运用到定额编制和执行中，使得定额指标更切合实际、更具有参照性，定额标准与市场更好接轨。

②制定统一的成本费用标准。横山煤电制定了《成本费用管理办法》《差旅费管理办法》《接待工作管理办法》《会议工作管理办法》《通讯费用管理办法》《办公用品管理办法》等，实行全面、全过程成本管理。

（5）规定高效的业务程序。

①实施高效的财务业务流程。为使财务工作真正做到"流程管事"，横山煤电根据主要业务特点，发布和实行《税务缴纳流程》《差旅费报销流程》《会议费报销流程》《招待费报销流程》《社会赞助及捐款审批流程》《违约金、罚款、滞纳金报销流程》《其他费用报销流程》《资金计划流程》等业务流程，针对每一个具体的操作步骤和环节，提出具体、明确要求，具有较强的可操作性。

②实施统一的财务业务表单。为规范财务报销、款项支付等，根据授权手册和管理需要，组织设计出差申请单、物资采购付款审批单、物资采购报销审批单、建安工程付款审批单、建安工程结算审批单等9大类90多种财务表单，对财务表单中出现的固定字段进行整理，并在财务信息系统中进行标注，强化表单的集中化管理，提高与凭证相关的工作效率，同时减少出现差错的风险。

3. 实行基本建设财务管理标准化预算管理

企业数字化管理需要落地在实际管理需求上，预算管理是方向之一，预算管理又可细分为预算编制与调整、预算控制、预算分析。横山煤电通过实施基本建设财务标准化预算管理，在预算编制与调整方面实现了从业务计划到财务预算的全面融合。在预算控制方面支持多种预算控制内容，合理测算年度预算。在预算分析方面，支持预算和实际数据对比分析，严格考核预算执行情况，实现预算管理良性循环。横山煤电在预算管理层面的做法大致可以归纳为以下方面。

（1）明确指导思想奠定管理基础。从企业战略目标出发，以控制项目投资成本、增加企业效益为目的，科学合理地编制全面预算，严格执行，根据出现的问题，适时进行调整，最终根据考核体系查看全面预算情况。

（2）完善机构体系提供组织保障。横山煤电审议通过的《公司全面预算管理实施细则》，推行包括预算管理委员会，各归口管理部门，各业务部门以及各专业、班组、岗位形成的责任中心的四级管理体系，形成相对完整的预算组织机构，为全面预算的顺利进行奠定良好的组织基础。

（3）合理设定目标支撑战略规划。横山煤电全面预算目标是结合集团公司全面预算规划，从整个企业战略的角度出发，充分协调各部门以及各项目之间的利益关系，提高经营管理的控制力，增强业务管理的预见性，高效配置资源，确保长期规划目标的落实和当期预算目标的实现，充分体现公司项目建设期实际情况和集团总体要求。

（4）科学编制预算有效配置资源。为加强项目预算编制的科学性，横山煤电按照"谁执行、谁编制"的原则和"指标先进合理、运用零基预算、合理贡献、实事求是、刚弹并重"的要求，以预算目标为核心，通过业务计划和财务预算两者相互协调，合理做出当年项目建设投资计划，科学测算年度基建财务预算。

（5）强化执行刚性确保实施效果。按照公司统一要求，基于预算软件系统，从不同角度采取大量的投资控制措施，做到任务到岗、责任到人，进而通过预算强化经济运行监测，有效地组织和协调公司人员配备、资金使用、物资供应等资源的分配、考核、控制。

（6）严格调整程序保证预算权威。预算调整，由各级责任中心提出调整申请，详细说明调整原因逐级审核上报至预算管理办公室。经预算管理办公室审核汇总后，提出预算目标分析报告，上报预算委员会审批。单项重要指标的预算费用在执行中超支且原因合理时，由相关预算责任中心填写申请，详细说明预算超支原因，同时与相应主管部门沟通后，经预算管理办公室审核，以文件形式上报公司履行审批程序。

（7）健全考评机制促进良性循环。按季度（月度）、年度对预算执行情况进行考核，考核范围包括费用归口管理部门和相关业务部门，考核内容包括对各部门预算指标考核和预算管理工作质量考核。公司实行项目关闭、决算审核、考评分析三结合，实现预算管理末端闭环。

4. 实施基本建设财务管理标准化资金管理

中国经济正在进入高质量发展的新阶段，其数字化转型是大势所趋。数字经济时代，企业的经营管理迈上了新的台阶，同时对企业的资金管理提出了新的要求。强化资金管理是建成全国一流现代化企业的必经之路。企业需要通过标准化革新传统财务流程，建设企业资金管理系统，通过信息化技术手段助力企业资金安全管控，做到降本增效，推动业务创新发展，实现利润增长。横山煤电通过建立标准化的融资系统，仔细把握贷款来源及金额，执行严格资金管控，真正做到"收有规划，支有标准"，具体做法总结为以下方面。

（1）制订标准化的融资方案。横山煤电系统制订《公司项目融资方案》，就项目融资的规模、原则、方式、进度及具体细节进行安排。为适应国家金融政策和产业政策，除与各银行充分对接外，采取多渠道多形式融资，先后与华夏证券、中信证券、银河证券等证券公司，交银金融租赁有限责任公司等融资租赁公司以及相关基金公司多次接洽，就项目采用证券、基金、融资租赁等融资方式的相关情况进行对接，拓宽项目融资多元化渠道。

（2）采取强有力的融资措施。融资成本受融资方式、时机、结构安排等多方面影响，在融资过程中应注意控制融资成本，降低企业前期投入、提高投资价值。融资是通过展示企业项目方案从外部获得资金，而不是在企业内部消耗过多。因此横山煤电，首先，及时催收股东资金到位，为后续项目融资奠定了坚实基础。其次，超前筹划银行授信批复，先后取得9家银行授信批复资金67.05亿元。最后，合理谋划项目贷款提取。

（3）执行严格的资金管控。横山煤电规定年度资金计划期为每年的1月1日至12月31日，报送时间为每年12月15日。月度资金计划期为每月1日至每月最后1日，滚动计划为次月起后三个月，报送时间为每月25日。每月5日报送上月度资金计划执行情况表。资金计划经公司严格审核、综合平衡后下达执行，对列入资金计划的项目必须按照时间要求及时足额安排支付。对未列入资金计划的项目，一般不予安排支付。对于超计划支付、未按计划支付以及计划与实际支付偏差超过 10% 的项目，一律列入公司考核。

5. 狠抓基本建设财务管理标准化成本管理

企业数字化转型的核心目的之一就是降本，而标准化成本管理可以达到节约资源、降低成本、提高质量和信息化管理水平、加强各项工作有效性的目的，是控制企业成本的有效手段，可见企业对成本进行标准化管理顺应企业进行财务数字化转型的趋势。横山煤电坚持成本效益优先、安全第一的原则，实行全员、全方位、全过程、全系统、全资源的"五全"成本控制理念。全员指公司全体员工。全方位指质量管理、进度管理、成本管理、关键环节管理。全过程指决策阶段、设计阶段、采购阶段、建设阶段、结算阶段。全系统指项目相关方从整体价值最大化角度进行决策。全资源指设计院、设备厂家、施工单位及监理服务单位等，并建立相应的成本管理的绩效考核和监督评价制度。具体做法大致可以总结为以下方面。

（1）利用价值工程控制工程投资成本。在工程方面，首先，收集与电力工程相关的情况，并选择合适的研究对象。电力工程的工程量一般比较浩大，各个功能性指标分析比较繁杂，应对重点工程的价值进行深入分析，确保电力工程控制管理主次分明。基本建设期间的投资控制重点，一是在技术方案上防止浪费；二是在采购过程中控制价格；三是严控建设单位管理费用。对重大技术方案进行技术经济比较，确保设计方案的经济性。按照永临结合的原则建设临时工程，提高投资使用效率，最大限度发挥临时工程的作用，减少生产行政办公楼建设面积 $3000m^2$ 和生产库房建设项目，节约项目投资 1000 多万元。其次，将电力工程中设计的功能进行定义和分类，并明确工程各个功能之间的关系。分析阶段的主要工作分为三个部分：功能定义、功能整理以及功能评价。其中，功能评价发挥着极为重要的作用。各方要严格执行合同，超改项目和重大变更项目须履行严格的审批后才能正式实施。参建各方应密切配合，认真盘点制约工程进度的相关因素，促进工程顺利进展，力争提前投产，节省借贷利息开支。加强安全教育培训和现场施工安全管理等工作，杜绝因安全事故发生增加工程投资的现象。最后，合理的资金控制可以减少资金成本和资源浪费，最大限度提高经济效益。在这个阶段需要进行定性分析，在确保寿命周期费用合理的前提下，分析工程的可行性和经济性，然后再进行定量分析，通过对功能指标的对比分析，使功能指标合理。

在财务管理方面，严格控制借贷利息支出。选定多家融资机构争取最大的利率优惠，采用不同渠道、不同方式、不同品种、不同期限等组合融资手段筹集建设资金，采用分次分批、询价比选等方法合理提取银行贷款，争取合理的贷款利率，控制适当的贷款规模，控制资金的使用时间差。制订准确的资金计划，避免资金沉淀。合理安排设备到货时间，推迟设备货款的支付时间等，最大限度节省借贷利息的开支。

在人工成本控制方面，按照"满足工程建设及运营管理需要"的原则，分期分批引进管理人员，以"现场培训为主，外出培训为辅。自主培训为主，外请培训为辅"的形式开展提前进厂人员培训工作，减少建管费和提前进厂费的开支。

（2）加强工程预算管理。第一，对预算的执行情况应进行监控，实时把握工程预算管理实施情况，并及时向项目管理部门反馈，及时沟通执行情况与预算的差异来源，督促项目部门及时入账，监督考核各工程单位完成的进度和质量，确保工程预算实际执行情况和计划保持一致，保障预算指标顺利完成。第二，应根据实际工程情况对工程预算进行动态调整，正常情况下，工程预算管理一经发布不得调整，若有确需调整的情况，应严格履行审批手续，结合实际情况对超预算项目进行动态调整。

（3）加强费用预算管理。首先，严格实行事前审批制度。在费用发生前，员工需要在办公系统上提交业务审批单，或者线下填写相关资料，经领导审批后方可安排。未经审批，公司不予报销相关费用。其次，严格审批超标费用。因特殊原因出现费用超出标准的，应立即征询领导意见，并且在办公系统上提交超标费用审批单，或者线下填写相关资料，方可开展业务活动，否则超标部分，不予报销。最后，严格规范报销期限。如差旅费应在员工返程后的7个工作日内报销，上月发生的差旅费应该在次月底报销结算完毕。

（4）应用精细化管理。精细化管理就是对项目目标实行精细化的控制工作、表单化的管理方法,具有操作性强、实用性高等特点。精细化管理首先体现在工程设计上,设计作为工程实施的首要步骤,设计工作的执行情况直接影响最终工程项目的质量,相关负责人在进行设计工作时,应综合考虑项目所在地点的气候、地质特点,合理确定项目的建设方针,确保设计可以更好地实行。设计方和施工方应不断针对设计图纸和方案进行讨论、审核、校对,确保项目施工进程能够良好地推行。完成设计工作之后,和施工人员保持良好的沟通,确保施工人员能领会设计意图,在精细化的设计基础上打造精细化工程。其次,精细化管理体现在施工材料的质量上,施工材料的优劣直接关系到最终工程项目的安全性能。应根据相关政策及行业标准,结合项目对材料的需求对施工材料进行选购,确保相关质量参数达标,在保证质量的同时,也要考虑材料的经济实用性。规范采购各项工作,通过招标手段降低投资,如利用评标澄清手段,修正不平衡报价和已发现招标文件或投标报价中存在的问题。做好采购结果的对比分析工作,确保采购价格不高于市场价格等。最后,是施工全程质量管理,项目管理人员深入施工现场,对每一道施工环节应持有严谨负责的态度,对未达到质量要求的工序要求立即返工,特别是对重点施工项目的监管,应尽早将质量安全隐患消灭在萌芽状态。

6.加强基本建设财务管理标准化团队建设

在企业的数字化转型过程中,人力资源发挥着重大作用。数字化转型是企业的深刻变革,涉及企业整体战略发展。企业需要打造一个具有创新能力、执行力强的数字化团队,同时也需要企业全体员工更新理念,共同参与。财务管理标准化作为企业财务数字化转型的基础,团队建设的标准化尤为重要。为了保障基本建设财务管理标准化的顺利实施,横山煤电对财务团队建设高度重视,具体实施情况介绍如下。

(1)建立人员管理"5P"模式[识人(Perception)、选人(Pick)、用人(Placement)、育人(Professional)、留人(Preservation)]。根据发展战略要求,有计划地对财务人员进行合理配置,通过人员招聘、培训、使用、考核、评价、激励、调整等一系列过程,调动员工的积极性,发挥员工的潜能,为企业创造价值,确保企业战略目标的实现。借鉴人力资源管理理论，提出"5P"模式，构建以识人为基础的"素质测评与岗位分析系统"、以选人为先导的"招聘与选拔系统"、以用人为核心的"配置与使用系统"、以育人为动力的"培训与开发系统"、以留人为目的的"考核与薪酬系统"。有针对性地制定人员培养和使用策略，从人力资源管理和组织行为学入手，引导人员内修心态、外修情商，提升领导风格、加强团队建设、激励下属员工，强化财务人员领导力、凝聚力、影响力、竞争力。

（2）制订人员培养方案。财务人员年度培训计划根据队伍建设和公司业务拓展计划在每年年初制订，并按相关程序审批后组织具体实施。

（3）实施以师带徒措施。在财务系统开展"导师带徒"活动，以加强财务系统团队建设，培养出一支品德优良、技术精湛、贡献突出的优秀财务人员队伍，指导财务人员在学习和实践中成长，促进公司财务管理水平的提高。

（4）设置AB岗位互补。为切实提高工作效率和工作质量，在合理设置工作岗位、完善工作职责的基础上，推行了AB岗工作制度。当A岗责任人因各种事由不在岗，B岗代办人应自动兼职上岗，及时办理一般性或紧急性事务。

（5）实施人员岗位轮换。为完善内部控制制度，加强对各财务工作岗位人员的培养，提高工作能力和办事效率，横山煤电制定财务人员轮岗制度，规定财务人员在同一岗位工作满一年，一般应进行轮岗。

（6）实施财务业务培训。组织财务人员参加国家会计学院、大成方略、中税网等举办的有关会计、财政、金融、税务、法律等方面的最新政策解读讲座和成功企业的管理实践案例学习，通过课堂学习、分组讨论、名家讲坛、精英讲座、座谈讨论、课题研究等多种形式，提升人员专业知识和综合素质。

（7）安排财务对标学习。先后组织财务人员到神华神东电力重庆万州港电有限责任公司、华润电力控股有限公司、浙江国华浙能发电有限公司、广东国华粤电台山发电有限公司等企业就电力企业基建财务管理、基本建设竣工决算等方面进行对标学习，与陕西北元化工集团股份有限公司就公司供应链系统、NC系统的运行情况及运行过程中存在的问题进行对标学习，研究、探讨公司财务管理工作中存在问题的解决方案。

### 7.3.4　财务管理标准化效果

经过多年的试点、培训、推广和全面应用，横山煤电基本建设财务管理标准化取得了较为显著的成效，可以归纳为以下三点。

1. 项目投资成本控制成效显著

横山煤电公司建设单位管理费中的各项可控费用逐年递减，实际平均资金使用成本为5.01%，比同时期同类建设项目平均资金成本节约11.17%，年可节约贷款利息支出2838万元。建设期发生贷款利息2.4亿元，较概算的3.85亿元降低1.45亿元。项目可研估算投资总额741670万元，初设概算投资总额717721万元，经工程结算审计中介单位确认，项目竣工决算总投资控制在669301万元以内，工程项目投资预算缩减约4.84亿元。

2. 项目建设质量进度得到保障

2016年6月#2机组开始浇筑第一罐混凝土项目，2018年12月#2机组顺利通过168小时满负荷试运行并正式投运，#1机组所有调试工作已完成，现场已具备整套启动条件，国家能源局同意2019年10月投入生产运营，比同时期开工的同类同等规模建设项目提前至少1个月完成了项目建设任务。自开工以来，建设项目累计取得国家级、省部级奖项若干。

3. 初步形成了基本建设财务管理标准化模式

基本建设财务管理标准化的实施，提高了资源利用率，规范了财务业务活动，有效地防范了公司管理风险，增强了财务内控强度，延展了财务管理广度，提升了财务人员的素质和能力，实现了核算会计向管理会计转变，初步形成了基本建设财务管理标准化模式，为同类企业基本建设财务管理树立了标杆。作为当地具有影响力的企业，中国能源投资集团、中国华电集团、中煤集团等相关单位多次到横山煤电对标学习基本建设财务管理标准化。

一定程度来说，横山煤电各部门实现统一核算标准及核算流程，提高基础会计核算的质量和效率，而且通过信息系统建设标准化提高系统的运行效率及加强系统间数据传递，通过组织建设财务管理标准化实现资源的有效配置。成功实施财务管理标准化,是横山煤电开启财务共享时代的标志。在当前的经济转型期,发展数字经济,推动供给侧结构性改革成为必然,企业要达到降本增效的目的,就要推动财务管理转型。面对数字化技术加持,数据共享和互联成为可能:一方面,财务转型建立起协同、共享的工作模式;另一方面,业务转型实现了即时生成报告、报表,极大地提升了业务效率,风险把控也更加精准。在财务转型过程中,财务共享服务升级是必要举措,如何发挥数字经济时代的优势,推动财务共享服务升级,是当前企业必须关注的问题。

# 第8章　横山煤电数字化体系案例分析

随着时代的变化，企业的竞争对手已经从传统的同行延伸到跨界竞争、生态圈的竞争和共生，面临市场、资源、人才等的不确定性竞争和组合方式，传统的管理方式难以应对，需要更加快速地决策和调整。在信息化时代背景下，企业需要处理的数据越来越多，企业数字化转型就是将数字技术手段应用在企业管理、运营等方面，实现企业的数字化、网络化、信息化。本章将围绕数字化体系在企业财务业务板块发挥的作用展开，详细介绍数字化在业财税管体系中发挥的作用，以及形成业财税管体系的优势，并以横山煤电作为案例，分析其在成功实施财务管理标准化的基础上，将如何向财务数字化、智能化转型迈进。降本增效作为财务数字化转型的核心目标之一，本章还将介绍横山煤电在项目建设期及运营期采取的做法以及获得的积极成效，为大型煤电企业建立数字化体系提供参考。

## 8.1　数字化融合的业财税管融合体系

数字智能时代，"大智移云物区"等新一代信息技术，推动了企业从管理模式到商业模式等多个维度的变革。为在竞争日益激烈的市场环境中创造更大的商业价值，企业纷纷进行数字化转型，而财务作为企业数据天然的集散点，财务数字化转型是企业进行整体数字化转型的最佳切入点。企业每一个部门、员工都与财务系统息息相关，纵向来看，财务系统上接管理层，下接企业员工，横向来看，财务系统将采购、运营、销售等业务部门有机融合。同时，财务系统还可以有效地通过核算报表支持负责人进行分析决策。财务管理作为企业管理的核心，其系统储存了企业大量的核心数据，可以直接体现企业的管理水平以及竞争能力，是企业实施财务信息化、财务数字化的重要基础。综合来看，对财务系统进行变革，实施财务管理标准化，进行财务数字化转型，是企业实现全面数字化转型的关键突破点。[51]《国家标准化发展纲要》提出，推动标准化工作向数字化、网络化、智能化转型。为响应国家号召，企业应利用标准化流程和制度，充分利用数字技术，形成适应企业发展、具有企业自身特点的标准形态，从而促进数字经济和传统经济有机衔接，推动双循环高质量发展。[52]

### 8.1.1 "财务共享+"时代

2022年2月18日，国资委印发的《关于中央企业加快建设世界一流财务管理体系的指导意见》指出应持续完善智能前瞻的财务数智体系。统一底层架构、流程体系、数据规范，横向整合各财务系统、连接各业务系统，纵向贯通各级子企业，推进系统高度集成，避免数据孤岛，实现全集团"一张网、一个库、一朵云"。推动业财信息全面对接和整合，构建因果关系的数据结构，对生产、经营和投资活动实施主体化、全景化、全程化、实时化反映，实现业、财、技一体化管控和协同优化，推进经营决策由经验主导向数据和模型驱动转变。积极探索依托财务共享实现财务数字化转型的有效路径，推进共享模式、流程和技术创新，从核算共享向多领域共享延伸，从账务集中处理中心向企业数据中心演进。[53]

因为财务共享中心承接管理会计的管理要求，并将其落实到财务共享的流程、规则等管理中，所以财务共享中心既能通过储存的海量企业核心数据，支持管理者进行及时、有效的决策，又能为财务核算工作提供不同部门基础核算数据，因此财务共享中心被视为企业进行财务数字化的突破口。[54]同时，数据服务为财务共享中心价值创造提供了更广阔的发展空间，财务共享的边界正由财务核算转向财务核算和经营分析并重。在财务数字化转型背景下，传统财务共享中心面临建设内容局限、职能划分不合理、人员发展受限、系统功能缺陷等挑战。因此，传统财务共享中心已不能满足企业综合管理需求，越来越多的企业迫切需要打破传统财务共享的边界，建设一个新数字化财务共享中心。

为推动财务数字化转型,企业应构建融入管理会计思想的新一代财务共享中心,管理会计思想应嵌入财务共享制度、财务共享流程,运用管理会计知识和能力将共享流程与动态数据有机结合,企业可以通过不同流程节点上的数据情况实时了解市场及行业变动对企业所带来的影响,并及时做出分析、提出对策。将管理会计思想融入财务共享中心,财务共享中心将在业务和职能范围上具有更大的可能性,不再只是财务业务处理中心,还会是控制策略管理中心、多维核算报告中心和业财融合数据中心(图8.1)。

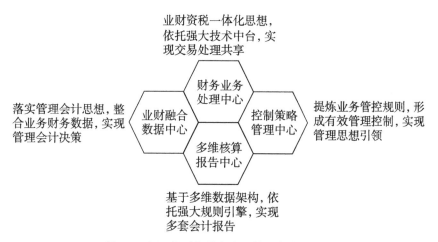

图 8.1　新一代财务共享中心的四大核心能力

回顾财务共享发展的历程,不同阶段的财务共享中心呈现的特征不同。第一代财务共享中心依靠组织流程驱动,主要在会计核算标准化和流程再造方面获取更高的工作效率。第二代财务共享中心由信息化驱动,影像和档案逐渐电子化,共享系统与 ERP(Enterprise Resource Planning,企业资源规划)集成,出现大量的二次定制化开发,是从会计电算化向 ERP 过渡的时代。第三代财务共享中心由互联网驱动,打造业财税共享一体化平台,业财端到端打通,实现产业互联网信息协同。随着 AI、大数据等技术不断发展,第四代财务共享中心将由 AI 和数据驱动,达成管理会计与财务共享相融合,数据中心赋能业务,人工智能深度应用,业财深度融合(图 8.2)。

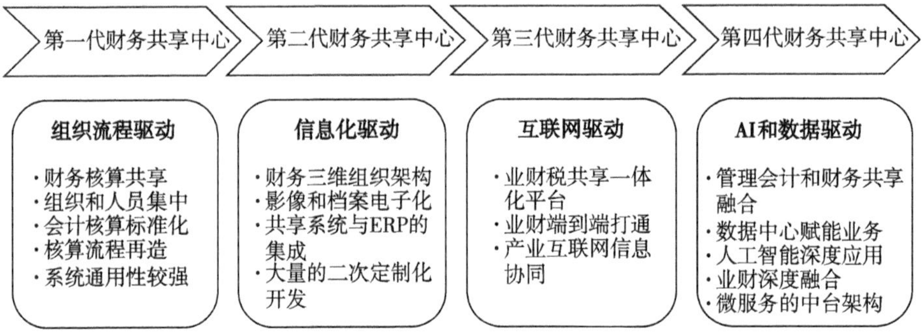

```
┌─第一代财务共享中心─┐┌─第二代财务共享中心─┐┌─第三代财务共享中心─┐┌─第四代财务共享中心─┐
```

| 组织流程驱动 | 信息化驱动 | 互联网驱动 | AI和数据驱动 |
|---|---|---|---|
| ·财务核算共享<br>·组织和人员集中<br>·会计核算标准化<br>·核算流程再造<br>·系统通用性较强 | ·财务三维组织架构<br>·影像和档案电子化<br>·共享系统与ERP的集成<br>·大量的二次定制化开发 | ·业财税共享一体化平台<br>·业财端到端打通<br>·产业互联网信息协同 | ·管理会计和财务共享融合<br>·数据中心赋能业务<br>·人工智能深度应用<br>·业财深度融合<br>·微服务的中台架构 |

图 8.2　财务共享中心的发展趋势

横山煤电经过试点、培训、推广和全面应用，基本建设财务管理标准化已取得显著成效，各项资料和档案实现线上录入、审核，满足电子化需求，基本实现标准化、信息化，达到第二代财务共享中心水平，正朝第三代和第四代财务共享中心阶段迈进。横山煤电将逐步实现从工具自动化到决策自动化、从业务流程到应用场景、从数据共享到数据驱动、从IT到DT（Data Technology，数据技术），从而达到使财务共享中心逐步向互联网驱动、AI和数据驱动转型升级的目标。

未来的财务共享平台将突破财务共享中心传统职能边界，强调从财务数字化转型出发，同时将可标准化的财务业务职能、更多的数据分析和管控等管理会计职能转移到财务共享中心。到时财务共享中心职责边界和工作流程将被重塑，企业将构建业财税管一体化的新一代财务共享中心，开启"财务共享+"时代。

### 8.1.2　业财税融合

在传统财务模式下，业务、财务、税务三者之间的信息传递存在严重的滞后性，企业需要不断发展、降低成本、减少冗余、提高执行力和效率，传统的以事后处理为核心的财务模式已经无法匹配需求。大环境下经济周期的变化越来越频繁，企业经营时刻面临巨大的不确定性，对决策信息的实时性要求增加。从企业内外需求来看，业财税一体化成为企业普遍的内生需要。业财税一体化的发展可以分为三个阶段（图 8.3）。

图 8.3 业财税一体化的发展

第一阶段：企业通过内部组织优化流程。由于模式变革刚刚起步，早期多数企业的业财税模式相互之间协作困难，经常造成企业发展内耗。这也促使部分企业着手进行组织和流程方面的优化工作，让业财税一体化概念实现了从无到有。由此可见，传统的财务共享中心基本上就是解决财务部门传统工作的流程优化，以及随着财务共享中心建设带来的组织架构的调整和优化。

第二阶段：业财税在数字化层面集成。随着企业内外部环境的变化，一方面，在业务上，从内部构建起数字化管理平台才能应对更高频更复杂的业务需求，具体的业务线上化，财务也要与它们进行匹配。在税务上，金税三期的大力推广让企业面临更高的合规性要求。另一方面，由于数字技术、互联网应用的不断深入，企业采购、商旅消费的交易环节与财务环节相对独立的系统设计不能满足业务发展的需要，必须建立一套能够将税控信息与财务、业务集成、比对的体系。于是，企业需要一个统一的数字化平台将财务、业务、税务串联起来。金蝶等企业也向这个方向努力，开发出系列产品，例如金蝶云星辰，就主要聚焦于业财税一体化的平台化建设，为企业提供财务云、税务云、进销存云、零售云、订货云等服务，实现数据和信息的打通、有效共享。

第三阶段：数据化、智能化融合。随着金税四期开始推行，以及 AI、大数据等前沿技术不断落地，越来越多的企业开始寻求对财务、业务、税务的数据与信息进行更深度的挖掘和整理，例如通过大数据处理一些更加专业性的内容，或者通过智能化技术帮助企业管理层更好地进行决策。此时，业财税一体化更加注重数据聚合、多维分析等能力，对 AI、大数据甚至物联网、区块链技术的应用需求不断增长，业财税一体化已被重新定义为业财税数字化。

构建新一代财务共享中心有利于业财税一体化体系的数字化建设。在构建过程中，企业业务和财务流程更加清晰，财务系统和业务系统高度融合，打通数据接口，实现业务端和财务端的实时共享和流转。这表明企业需要将业务流程透明化、数据化，利用新一代财务共享系统，企业将有关业务、财务的内部数据和外部交易高效衔接，基于此，数字化理念和行为融入采购、税务、销售和物流等多种业务端。企业通过实施新一代财务共享中心指导下的新型财务管理工作模式，对财务体系、业务流程、企业运营模式进行升级，进一步促进企业数字化转型。对业务梳理和信息化系统建设的具体建设要点如下。[55]

第一，从业务的全生命周期考虑，对业务进行严格梳理。企业实施业财税一体化，依赖于具有科学性、逻辑性的业务流程。业财税一体化系统建设能否满足业务需求，为财务管理工作增效，在一定程度上取决于业务梳理流程是否合理，所以业务梳理结果好坏对业财税一体化系统建设至关重要。业务前端是财务后端的基础，企业应做好业务分工，不断细分模拟具体业务场景，了解各环节的具体操作要求，明确各岗位人员的分工和职责。在风险防控方面，企业实时监控业务开展情况，识别问题点和风险点，将管控要求标准化，统一落实。通过业务梳理，实现端到端的全流程闭环管理，确保日常业务、财务和税务等工作符合管控和内控要求。

第二，应加强信息化系统建设。结合企业管理模式和实际业务需求，企业应建设包含销售、采购、税务、财务等多业务线的一体化平台，确保从业务处理到财务核算、税务处理等工作，从业务开始到结束，数据均在同一个平台流动。随着大数据、人工智能等各类新技术和工具的发展和应用，企业应建设满足业务全生命周期的数字化财务共享中心，在业务端实现满足采购、销售等工作的高效处理要求，在财务端实现核算自动化、财务分析自动化，在税务端实现集成数据、自动报税的需求。

首先，横山煤电明确指导思想和基本原则——时刻把握战略全局，从企业或项目整体出发，把全员参与作为重要途径，将业务处理过程中的关键控制点落实到决策、执行、监督、反馈等各个环节，明确财务和业务的关联性。其次，通过对标准的实施，统一企业财务管理基础工作，规范日常业务的基本流程，完善企业的制度体系，使财务、业务和税务在共享层面集成，向业财税一体化第二阶段迈进。

乘着数字经济的东风，实现财务共享服务升级是横山煤电接下来将实现的目标。横山煤电在建设财务共享中心的同时，组织架构也得到了调整和优化，在对财务部门传统工作流程优化的基础上进一步将税控信息与财务、业务集成、比对的体系升级到数字化层面，解决受制于非结构化数据转化的技术能力问题，使合同、发票等经营活动所产生的前端信息可以从电子影像文件中被财务人员获取。横山煤电将从职能、技术、数据三个方面突破传统财务职能，从产业链、供应链、生态链的角度，促进数据、信息、技术等的全方位协同融合，真正做到产业融合、业财融合，从企业管理的角度提供财务相关数据。业财税一体化升级过程中离不开信息技术的支撑，横山煤电将引入数据科学的理念，基于数字化的手段、工具和平台，促进财务转型。若要突破数据边界不仅包括结果数据的采集，还包括交易数据、过程数据、行为数据和环境数据的全面采集。通过财务转型升级，横山煤电将实现数据和信息的打通、有效共享，进一步结合AI、大数据等前沿技术，对财务、业务、税务的数据与信息进行更深度的挖掘和整理，最终实现业财税数字化融合。

实现业财税一体化的财务共享系统建设，是一项长期的工程，应综合日常业务、财务分析、内部控制等多种需求进行。在建设过程中运用大数据等数字技术对数据进行采集，利用海量数据支持管理层经营决策，对潜在经营和税务风险进行防范，可以使企业不断提升优化自身经营水平和管理水平，强化风险控制能力，提高决策效率和质量。

### 8.1.3　管财融合[56]

近年来，随着财务共享模式的不断演进与发展，管财融合逐渐成为集团企业管理会计体系建设的核心问题（图8.4）。云计算、大数据、人工智能等数字技术的兴起，让财务共享服务中心走上了数字化转型的发展道路。大数据以及人工智能等数字技术在财会领域得到广泛运用，财务共享中心标准化、规范化和流程化等经营特点恰好与数字技术的运用条件相吻合，当前企业更注重如何利用财务共享中心的数据资源整合优势来促进企业数字化转型并赋能其决策，企业数字化能力建设已成为财务共享数字化转型发展的一个重要突破点。

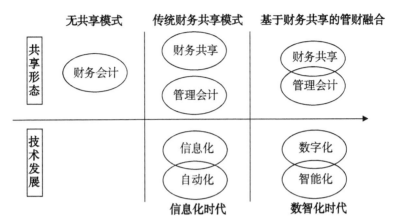

图 8.4 管财融合实现路径

  企业财务共享中心组织形态和功能是随着信息技术发展而不断变革的，目前我国大部分企业已经建立了财务共享服务中心。在互联网信息技术还没有发展起来之前，企业财务职能仍然是侧重财务会计核算。随着企业经营环境的改变，传统的财务模式已不能满足现代企业对财务信息及时性和全面性的需求。因此，需要建立一种新的财务管理模式来应对日益复杂的企业内外部环境。随着信息技术的发展，企业已经开始以信息化系统为基础构建财务共享中心、实施"管算分离"、构建"战略财务、共享财务、业务财务等"财务共享体系。在这一过程中，传统财务会计和信息技术逐步被整合到财务共享中心，实现两者的有机融合。但此时的财务共享和管理会计是分离的，财务共享不能及时全面地与管理会计相结合来支持企业决策。

  传统的财务管理模式下，报销人员需要将发票粘贴到报销单后，到公司进行逐级审批，占用报销人员大量精力和时间。财务共享中心建立后，报销人员不需要再到公司进行逐级审批，只需将附件传到信息系统，在系统中完成费用报销，提高了财务管理的效率。财务共享在当前阶段，随着大数据和人工智能等数字技术的崛起，集团企业已经逐步认识到数据驱动智能决策在财务数字化转型过程中处于核心地位。财务共享中心建设为企业数据共享奠定了坚实基础，数字化转型下的财务共享有助于企业规范数据录入标准，提高数据质量与处理效率并为管理会计持续提供数据支撑。同时，财务共享还有助于提高财务管理水平，优化组织结构，从而降低经营风险。基于此，在智能化手段的推动下，当管理会计这一概念被植入财务共享中心时,财务共享中心就能够构建出具有智能决策和洞察分析等特点的应用,从而达到管财融合的目的。

新一代财务共享中心强调数据挖掘,在一切业务数字化后,财务共享中心需要用数据反哺业务、指导业务。新一代财务共享中心四大核心能力中,多维核算业务场景主要解决管报和财报在时间上的滞后性和数据的准确性问题,实现同源分流,即基于同一个业务源头,按照企业管理需求,分别出具经营分析管理报表、法人口径报表、税务报表等,支持管财差异对账、追溯,结合数据实时计算能力,对于特定需求向决策者展示实时报表。控制策略场景主要是解决财务风险管控流程与功能未被拉通这一难题,有助于企业细化业务管控规则并把财务管控思想与能力贯彻到事前、事中与事后中去,从而形成高效的管理控制。

企业管理层能否及时有效地掌握企业业务、财务、税务等方面的情况,运筹帷幄地做出精准的管理决策从而对企业资源进行合理配置,关系到企业生存和发展方向。财务共享中心融合管理会计,在业财税数据共享共同服务于企业基层运营的基础上,利用大数据技术和人工智能算法对数据进行挖掘从而为企业提供管理决策建议,指引企业战略发展方向,有效地避免了传统模式下由于信息利用不充分导致管理人员认知偏差和由于信息滞后导致决策失效的问题。

横山煤电通过财务管理标准化所建立的财务共享中心是以"管算分离"为代表的财务共享中心模式,为了使数据查询更加具有敏捷性和灵活性,数据分析能够随业务的发展而变化,进而提高信息系统架构跨系统间的数据整合能力。横山煤电将进一步使财务共享中心与管理会计结合,实现数据直接赋能决策,对公司在战略规划、预算控制、资本性投入以及绩效评价等管理会计方面的决策起到支撑作用。为了进一步实现管财融合,横山煤电首先,将依托大数据技术,将数据边界延伸至产业链上下游,帮助企业从全产业、全行业的不同视角,评价和分析企业的经营活动,实现以数据驱动企业的经营决策,而且运用大数据技术,加强财务共享中心对数据价值挖掘与应用能力建设,推动企业由财务共享向管财融合转变,为经营决策提供更加可靠的支持。其次,横山煤电会将机器学习技术引入财务共享中心中,财务人员会将经营分析中的思想和规律,以模型和算法等方式输入系统中,并根据不同的业务来设计适合实际的应用场景,以推动财务共享中心能够在数字化基础上更进一步走向智能化。

财务共享中心是业财税一体化的表现形式,基于财务共享的管财融合是业财税管一体化的表现形式。管理会计通过对会计信息进行定量分析,综合反映企业具体经营情况,为领导层决策提供多方面的数据支持,所以业财税管中的管既可以指管理会计,也可以指管理决策。管理决策模块依靠业财税模块的数据集成,能够充分挖掘企业的各项数据,保证管理层全面了解企业各个流程的数据和情况,从而做出更加准确的分析与预测。同时,管理决策的结果也是对业务、财务、税务数据流的反向回馈,从而进行内部流程的提升和改善,于是业财税管融合形成了一个完整的闭环,动态且可持续地促进企业数字化转型。

## 8.2 建设期的降本增效

汇聚业务、财务数据的财务共享平台搭建成功后绝不只是对数据的统一汇总,对于企业来说会从管理角度起到降本、提效的关键作用。业财税一体化实现后会使数据集中化和扁平化,提高了数据的使用效率。数据的准确性得到保障的同时提高了管理者的决策效率。而且财务与业务系统实现共享后,消耗的成本都能在财务数据中得到体现,对成本的标准化管理也水到渠成,结合财务共享的分析决策平台,对企业全方位、全过程地进行预算规划,使成本支出更加合理、有计划,达到降本的目的。

对企业而言,降本增效属于长期性、系统性工作,涉及面十分广泛,同时专业性较强,体现于企业生产经营各方面,并非仅以有效管控企业成本费用为目的,还需要以确保成本结构达到最优为目标,合理策划与推广增效项目,从而使企业经济效益最大化。从某种意义上说,降本增效工作的好坏直接关系到企业能否健康稳定地发展下去,进而影响着整个国家经济的可持续发展水平。而降本增效工作能否有效展开,很大程度上要靠健全的机制建设来保障,基于此才能够全面提高广大员工参与降本增效的积极性与主动性,最大限度地发挥降本增效的作用。

横山煤电成功实施财务管理标准化，在建设期即实施全面预算管理，严格把握投资力度，从整体战略角度把握成本控制源头，下面将以横山煤电为例，介绍其在项目建设期从预算控制、投资控制两方面实现降本增效的成果以及数字经济背景下公司的发展方向。

### 8.2.1 预算控制

2022年2月18日国资委发布的《关于中央企业加快建设世界一流财务管理体系的指导意见》指出，应完善纵横贯通的全面预算管理体系，实现全面预算与企业战略、中长期发展规划紧密衔接，强化预算执行结果考核评价，增强刚性约束，实现闭环管理。现阶段数字化技术迅速发展，对企业和个人的生产生活方式有着非常深远的影响，数字化进程正在推动社会发生深刻的技术变革。在企业财务管理领域，数字化技术与财务数据的融合创新，也促使企业全面预算管理朝着智能化、数字化的方向迈进。

预算管理是企业内部最重要的经营管理活动之一，其过程通常耗费企业数月的时间，协调各部门、各业务单元，从多个维度对未来的业绩、资源进行统一的规划。面对快速变化的外部环境和爆发式增长的海量数据，强调预测数据全面性的传统预算平台越来越无法满足企业发展战略，需要对企业管理需求、技术发展趋势有更清晰的洞察，才能准确把握，寻求突破。随着企业对预算系统功能的需求越来越多，预算管理模式和系统平台也将真正走向全面：全业务、全时段、全员工、全领域。

横山煤电除了从事煤炭业务外，还从事发电业务以及物流运输等其他业务，这一经营范围的全面性要求必须要有全面预算管理及其他手段来支撑。在当前形势下，电力企业面临着巨大挑战与压力。就电力行业属性而言，国家对于火力发电中涉及环境保护等方面的要求也在不断提高，这样就必然会加大企业的运行成本，因此需要采用全面预算管理模式来促进成本节约工作。此外，企业向业财税管融合迈进，需要打造一个企业级的全面预算管理平台，将企业的财务数据、产品数据、销售数据等统一进行数据建模，并进一步分析和挖掘，实现数据驱动管理与决策，帮助企业快速走向运营正轨，稳步实现财务数字化转型。

（1）横山煤电通过加强建设期全面预算管理，在围绕实现企业建设目标的基础上引入成本效益控制，以改善企业对建设成本费用的管理和控制，降低成本费用支出。工程项目在开工实施前对各项成本费用进行全面预算，在项目实施过程中对各项成本费用支出与工程进度进行对比分析、预警和控制，从而对项目成本费用支出实施严格管控。随着全面预算管理的深入推进、企业管理水平的提高，项目投资控制成效显著，二十五项重点管控费用逐年递减，节约投资4.84亿元，实现了降本增效的目标。

（2）企业通过可研评审、初设评审、司令图评审及各专题评审环节，充分借鉴外部专业技术力量，进行设计优化工作，从设计源头控制工程投资。如初设评审阶段，专家提出了场平优化方案等三十多项投资控制优化建议，取得了良好效果。按照"简约实用、控制冗余"的原则进行设计控制，最大限度节约工程投资。横山煤电项目可研估算投资额741670万元，初设概算投资额717721万元。根据当时已招标设备、施工及服务类项目价格，预估管理费及建贷利息开支等情况，横山煤电项目竣工决算总投资控制在669301万元以内，项目投资设计实现优化，降本增效效果明显。另外，重视项目基建控制，通过建设期全面预算的实施，全员全过程高度重视项目基建投资控制，多管齐下，将投资控制贯穿于项目建设全过程。一是持续对总平面布置图等各类图纸设计进行优化，内外部专家共提出设计优化方案90项，节约基建投资7198万元。二是重视技术方案论证，地基处理专题研究减少了桩基工程量，节约投资9000万元。三是通过设备选型优化降低投资成本，推广使用国产化设备，同口径概算投资降低约3.3亿元。四是按照永临结合的原则建设临时工程，节约基建投资约1000万元，预算控制效益显著。

（3）强化执行落实管控。一是合理划分标段承包范围。首先，建筑安装工程费用在提前优化设计的基础上，进一步在实际执行过程中落实控制。其次，充分利用市场竞争化手段降低投资，抓设备优化和技术规范书审核。最后，在调整预算的基础上进一步取得降本突破。二是在全面预算管理实行的环境下，对重点费用实行管控，开展"找、抓、促"活动，精心组织，突出重点，整体推进，执行层面的各种可控与不可控费用都有效地得到了降低。

横山煤电2017年主要预算费用和其他预算费用对比分析图如图8.5、图8.6所示。

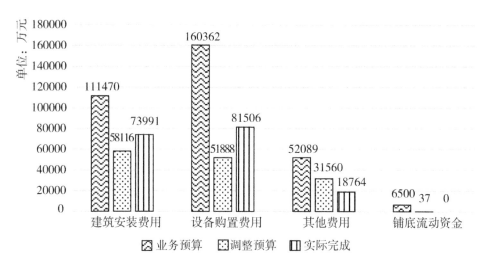

图 8.5 横山煤电 2017 年主要预算费用对比分析

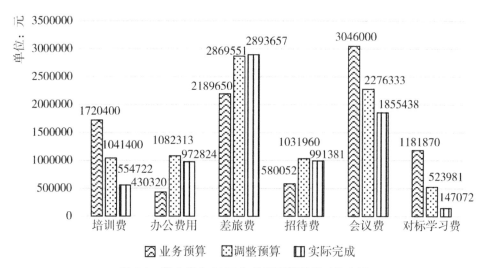

图 8.6 横山煤电 2017 年其他预算费用对比分析

综上所述,横山煤电通过建设期预算管理标准化,实现了降本增效的目标,与企业所处的经营环境和外部市场条件相对可预测、企业内部的组织架构和岗位分工相对稳定有一定关联,在这种背景下全面预算管理的作用除了降本增效,还体现在战略落地和资源配置两个方面。随着经济环境日渐复杂、竞争日益激烈,受制于市场环境等不确定因素,横山煤电企业预算将在年度预算的基础上引入滚动预算,来应对企业经营管理的不确定因素。此外，公司将结合外部环境条件，通过智能化和自动化的方式厘清不同预算模块的应用功能并且更新现有预算模型，进一步提升预算管理工作的效率，确保预算模型不仅是模拟会计核算，还是使公司更好发展的帮手。

### 8.2.2 投资控制

项目的投资控制是指将企业项目建设所耗投资控制在预算限额范围内，并取得较好的经济效益和社会效益，从而实现降本增效的目的。横山煤电在煤电一体化发电工程建设中，高度重视项目基建投资控制，多管齐下，将投资控制贯穿于项目建设全过程。首先，充分发挥设计的龙头作用，强调设计优化，严格设计原则，控制设计变更。其次，充分利用公开招标的市场化竞争手段，从准入门槛、标段划分、结算原则等方面入手，实现招标工作的科学管理，充分享受市场竞争红利，降低项目投资。最后，健全制度保障，严格执行合同管理、预结算管理办法，充分利用外部咨询公司专业技术力量，把好合同执行关、结算关。横山煤电具体的投资控制做法及取得成效如下。

（1）坚持以"设计为龙头"的投资控制理念，抓设计、抓优化。如初设评审阶段，专家提出了三十多项投资控制优化建议，其中仅厂区及施工区土方工程招标后价格就比概算投资降低2635万元。

（2）坚持重大技术方案必须进行技术经济比较，确保设计方案的经济性。如对地基处理专题研究，减少桩基工程量，并最终通过公开招标的市场竞争方式，节省地基处理投资约9000万元。

（3）坚持抓设备优化和技术规范审核。在设备选型方面，优先使用国产化设备，严格控制设备的技术标准，重点审查设备技术标准是否合理、是否有重复配置等。设备招标采购后签约合同价格比同口径概算投资降低约2.8亿元。

（4）坚持优化标段承包范围，最大限度降低投资。

（5）坚持发扬公司"六千精神"（抓住千载难逢机遇、走遍千山万水、用尽千方百计、道尽千言万语、付出千辛万苦、经历千锤百炼），不放过任一投资控制细节。如110kV启备电源线路工程预算审核过程中，相关人员克服专业知识相对欠缺等短板，经与榆林电力设计院多次沟通，反复协商，最终核减金具、线夹等项目10余项，预算金额核减比例达10.3%。在施工许可证办理过程中所需缴纳的建筑业劳保统筹费用由原来的近4400万元，通过主动协调、积极沟通，最终调整为不到230万元，为公司节约4000多万元。

（6）坚持管理制度标准化，培训工作达到新高度。项目建立之初，公司便强调制度、规则的重要性，靠制度管理、靠流程办事。从历次省、市两级外部审计及国家发展改革委专项检查情况来看，横山煤电无论从招标投标、人事管理还是大额资金使用等方面，均明显好于一般的基建单位。规范管理的过程中，完善的制度发挥了不可磨灭的作用。

（7）坚持"认死理、较真劲"的追求，切实履行"管家"职责。如厂外中水管线设计项目，在横山县城投公司与设计单位既有合同价格（可研179万元，设计及勘察部分152万元，合计331万元）基础上，经计划部细致核算，并在纪检、财务及业务部门的配合下，与设计单位的多次沟通、反复协商，最终在原有合同内容增加竣工图、施工图预算编制两项业务的前提下，合同价格降至210万元，比原有合同价格下调了121万元，大幅降低了项目建设成本。

横山煤电重视项目施工阶段的建设投资工作。首先，在进行投资成本管控工作中，对投资项目建设所使用到的技术、方案进行细致的比较和探讨，使项目在建设期间的实际支出低于项目预算。其次，项目相关人员在选用材料之前严谨考量项目当下的实际质量管控需求，做到具体问题具体分析，避免因为控制材料成本而降低建设质量。对材料采取精细化管理，避免出现由于生产质量低下导致的项目验收不合格、返工等现象。最后，横山煤电注重培养员工的投资成本管理观念，毫不动摇"六千精神"、坚持"认死理、较真劲"的追求，摆脱自身思维的禁锢，落实动态化的投资控制工作，使投资管控具有一定的工作弹性，后续的实际建设成本和前期的建设设计保持一致。

互联网时代，各行各业的工作开展都需要融入信息化、数字化，与之有关的相关管控技术被有效地引入横山煤电的项目建设中，使得建设活动中各种基础资料和信息数据得到及时的传输。通过信息化手段，实现工程项目管理与信息化系统之间的对接和融合，从而提升工程建设质量，降低企业成本投入。比如造价人员应及时监督施工环节中的各项事宜，施工方还需及时迅速响应施工设计变更，开展相关工作需以信息化管控形式为前提，运用 BIM 技术可使项目设立、招投标及施工设计稳定有效，各个部门和机构之间形成一种高效稳定的沟通管理形式。

## 8.3 运营期的低成本高效益

百年未有之大变局加速演进，新一轮科技革命和产业变革深入发展，生产生活方式加快转向低碳化、智能化，我国也对"十四五"期间构建现代能源体系、推动能源高质量发展提出新的要求并做出布局。横山煤电作为大型发电企业，在此背景下，不仅承担着保证质量的重任，还有降本增效的发展需要。现阶段，横山煤电坚持以新发展理念为指导，以安全绿色环保生产为主线，以实现双碳减排为目标，通过党建引领、精益管理、挖潜增效等多项举措探索企业降本增效新模式，凝聚起推动提质增效和成本管控等重点任务落实落地的强大合力，攻坚克难、实现高质量发展聚力赋能。

横山煤电成立以来，面对自有资本不足、外部融资困难、项目推进缓慢等一系列内忧外患和制约因素，克服了初创期面临的种种困难，实现了较为快速的成长。做好成本管控与资金管理，充分利用各种内外界资源，在有限的资金投入中减少资金占用，发挥自身资源优势以提高公司的盈利能力，是横山煤电在运营期财务管理的重点和难点。下面介绍横山煤电在运营期为了达到降低成本、提高效益的目标所采取的做法及未来的发展方向。

### 8.3.1 重点管控执行层费用支出

横山煤电对重点费用实行管控，突出重点、整体推进，执行层大部分可控与不可控费用都有所降低，通过项目运营期间可控费用预算对比分析表（表 8-1）可以看出大部分项目费用控制在预算以内，体现了全面预算管理体系实施后的良好效果。自 2019 年以来，由于受到疫情影响，以线上形式召开的会议比例越来越高，大幅减少了会议费、培训费、对标学习费等可控费用。在企业数字化转型的关键时期，横山煤电将进一步完善和落实全面预算管理体系，控制运营成本，提升运营效率。

表 8-1 可控费用预算对比分析

单位：元

| 项目 | 管理部门 | 业务预算 | 调整后预算 | 实际完成 | 偏差比率 | 超欠 |
|---|---|---|---|---|---|---|
| 培训费 | 人力资源部 | 1720400 | 1041400 | 554722 | −46.73% | −486678 |
| 办公费用 | 综合管理部 | 430320 | 1082313 | 972824 | −10.12% | −109489 |
| 差旅费 | 综合管理部 | 2189650 | 2869551 | 2893657 | 0.84% | 24106 |
| 招待费 | 综合管理部 | 580052 | 1031960 | 991381 | −3.93% | −40579 |
| 会议费 | 综合管理部 | 3046000 | 2276333 | 1855438 | −18.49% | −420895 |
| 对标学习费 | 计划部 | 1181870 | 523981 | 147072 | −71.93% | −376909 |
| 合计 | | 9148292 | 8825538 | 7415094 | −15.98% | −1410444 |

### 8.3.2 开展纳税筹划

2016 年国家全面推开营业税改征增值税试点，横山煤电组织制定《营改增应对实施方案》（横山煤电〔2016〕78 号），为公司争取政策红利 6233 万元。2018 年针对国家再次发布的《关于调整增值税税率的通知》《关于统一小规模纳税人标准等若干增值税问题的公告》等重要税收文件，横山煤电及时组织制定了《关于落实国家增值税税率调整有关事项的通知》（横山煤电〔2018〕76 号）、《关于深化增值税改革有关政策的通知》（横山煤电〔2019〕33 号）等通知。同时要求各部门规范取得各项业务发票，做到应取尽取，应抵尽抵。横山煤电针对增值税、企业所得税等各项税收业务，制订了《横山煤电税收筹划实施方案》，实施后将为公司取得尽可能多的税收优惠，仅 2019 年安全环保、节能、节水三项专用设备申报金额就达 6.48 亿元，可抵减应纳企业所得税 6471 万元（2019 年实际已抵减 507 万元）。截至 2023 年年底，横山煤电享受 15% 企业所得税税收优惠政策，减免所得税 6616.44 万元。

横山煤电财务人员具有丰富的专业知识、熟知财务法律知识和税收政策，通过纳税筹划达到了降低成本的目标。但是从数字经济的时代角度来看，基于当前税制不成熟和数字经济趋势的双重特点，横山煤电已然开始关注数字经济背景下公司的税务筹划问题，将会把纳税筹划与公司战略发展相结合，实现企业管理各方面统筹兼顾，通过信息化、数字化平台明确各环节管理信息，在把握详细信息的基础上进行实事求是的税务筹划。

### 8.3.3 强化降本增效意识

横山煤电全体员工牢固树立"节约光荣、浪费可耻"的价值观，积极开展"五节约五倡导三行动"活动，增强自我节约意识，摒弃不良陋习，做到"以勤养志、以俭养德"。为此，横山煤电专门成立节能降耗工作领导小组，将"算账"意识贯穿到生产经营工作的全过程，在经营管理、物资采购、生产运行、设备改造、科技创新等方面"下猛药""做细活"，着力防风险、稳增长、谋发展，千方百计降本增效。严格按照全面预算体系，建立全员、全要素、全过程成本费用控制模式，细分成本要素，加强过程管控，夯实职能部门责任，严控经费支出，将成本控制责任落实到最小单元，努力实现资金的良性循环。以加强成本管理的顶层设计和制度建设为抓手，定期排查、分析物资采购、供应结算、生产性支出和非生产性支出等方面存在的问题漏洞，及时检查整改，以精细化管理"降支出、增效益"。在国家的大力推广下，数字化教育正逐步在全国开展，为了达到降本增效的目标，强化全体员工的数字化意识尤为重要，横山煤电将逐步提升员工分析挖掘数据的能力，增强数据共享、协同应用的服务意识，把员工具有数字化意识和数字化思维作为转型的第一步。

### 8.3.4 强化技术管理

横山煤电坚持一切成本皆可控的原则，不断优化成本管控，强化技术管理，严格控制生产性支出，压缩非生产性支出，着力打造低成本竞争优势。通过加强生产指标经济性分析、降低机组能耗指标、优化重要主辅机运行方式、加强热力系统管网的日常巡检、深度推行小指标竞赛、有效控制机组维修成本等措施，以提高生产效率。

横山煤电要求员工紧盯每一台设备、每一个细节，通过加强设备运行管理，杜绝"跑、冒、滴、漏"现象的发生，以减少损耗。各生产部门把

"修旧利废""生产技改"作为降本增效的重要抓手。例如，由于输煤管带机系统经常出现误报误动现象，严重影响输煤系统的安全稳定运行。为解决这一难题，公司热工专业骨干成员组建了技术攻关小组，制定了详细的技术攻关方案，组织分析故障难点，从现场细致的排查，到自主设计优化逻辑，再到设备联动调试，圆满完成了对输煤管带机系统的逻辑优化设计，大幅提高了输煤管带机系统的稳定性，有效地降低了运输成本，仅此一项，节省维修资金10万元左右。此外，工程采用无油等离子点火技术，设置两层等离子点火装置，取消锅炉点火燃油系统，年可节约燃料费650万元。全厂照明采用智能照明节能控制系统，通过现场总线网络进行组网，对照明设备进行智能化控制，从而实现人性化的灯光开关控制，以达到照明系统节能目的。

### 8.3.5 大力发展科技

科技是第一生产力，横山煤电通过编制《智慧化电站建设方案》落实顶层规划设计，开展5G在电厂的应用研究，力求完善综合管控平台功能。"基于综合管控平台的高可视化互动性发电厂的研究及应用"和"三大主机远程诊断技术应用研究"两项技术顺利通过评审，被认定为榆林市科学技术成果。两项技术成功投运以来，对机组的安全稳定运行和智慧电站建设提供了极大的帮助，产生了良好的经济效益和社会效益。横山煤电还持续推进石膏综合利用项目，计划将生产废料——脱硫石膏转化为建筑材料，以期在创造经济效益的同时，提高环保效益。横山煤电大力推进锅炉掺烧煤泥技术改造项目，降低燃煤用量、节约煤炭资源，最大限度降低发电成本，减少煤泥弃置堆存带来的环境损害。

### 8.3.6 积极开展党建

横山煤电以党史学习教育为契机，坚持"党建生产有机融合"的原则，形成了"党员四有四带头""党员红色管家""党员创新工作室"等特色党建活动体系，围绕生产经营、管理提升、科技创新、节能降耗等工作，切实发挥党员先锋模范作用，完成了高硫煤燃烧措施研究、空预器差压控制措施研究、干煤泥掺配掺烧研究、7号皮带撒煤治理研究、飞灰炉渣调整优化研究等十余项党员技术攻关项目，解决了机组运行中的"疑难杂症"。

通过"党建进一线""党员走在前"推进阵地前移、业务内嵌，在疫情防控、检修抢修、技术攻关、安全生产、标准化建设、工程创优等急难险重任务上，党委靠前指挥，机关党员下沉一线做好服务保障，生产党员攻坚克难保产保电，形成了"党建促生产、生产连党员、党员做贡献"的良好工作机制。同时通过加强宣传舆论引导，营造降本增效的良好氛围，强化员工降本增效意识，保证降本增效工作深入人心，助推横山煤电实现创品牌的战略目标。

横山煤电在运营期通过采取严格把控各部门成本支出、严谨进行纳税筹划、重视设备和技术管理、大力运用智慧化科技成果、强化员工意识等方法成功降低了成本，公司的生产效率、生产管理水平等方面都得到了很大的提高。从长远来看，降本增效不是单纯地降低开支，更是为了建立长远的成本优势，为企业提供持久的企业竞争力，降本是手段，增效才是目的。

数字经济时代，企业数字化转型已成为各大企业"破局"的关键，也是促进企业平稳健康发展，稳中增长的重中之重，是企业应对外部不确定性的关键策略。首先，通过数字化系统，帮助企业建立科学的目标管理方法，帮助员工统一思想，实时高效沟通，真正实现战略目标落地。其次，通过数字化系统，企业可以实时收集数据，通过数据的精准分析，为市场提供符合需求的高质量产品，为员工提供高效的工作路线。最后，通过数字化管理，整合企业内外部数据，促进流程优化，驱动智能化决策，提升决策的质量和效率。以上种种，都促使企业朝着实现降本增效的目标不断前进。横山煤电作为大型发电企业，已经走在数字化转型的路上，公司将以"以用户为核心，以数据为驱动"的数字化理念为指导，寻找到正确的数字化转型路径，最终实现降本、增效、高质量发展的核心目的。

# 第三篇
## 企业智能化演化

在百年未有之大变局下，随着能源行业数字化技术成熟应用、物联网平台逐渐普及、绿色能源快速发展，从数字化迈向智能化，推动绿色化和实现可持续发展成为能源企业应对新挑战的必然选择。因此，在数智化成为未来发展趋势的大环境下，为持续走在发展前列，横山煤电基于前期的智能业务流程、智慧财务、标准组织架构等基础，充分利用物联网技术，打造智能管理平台，进行安全横电、效益横电、绿色横电、科技横电和人文横电的"五个横电"发展规划。利用环保一体化设备提高绿色生产能力，利用大数据分析技术，对资产进行数字编码来发挥其价值，建造预知决策、智慧决策、即时决策等一系列智慧组织，打造全员参与的智慧电厂，建立数字智慧大脑，发展开放式创新平台，打造一个未来可期的智慧、绿色、持续、具有凝聚力的智能化企业。

# 第9章 立足全局的智能化安全平台

安全是电力企业生存之根本，只有将安全理念贯穿到企业经营与发展的全过程，做好以安全为主的智慧化建设，才能成为真正意义上的智慧电厂。横山煤电在数字化进程中，经济业务已经形成数字化模块。在以智能化为核心的安监系统建设中，通过对人、物、环、管的全过程、全链条覆盖，致力于将其系统打造成全生命周期的智能化安全管理系统，为企业全面智能化提供安全保障。

## 9.1 安全管理概述

人类的生存发展往往伴随着安全问题，生产活动及生产力的发展也会面临安全问题。安全已成为生产中至关重要的部分，自生产经营活动开始就贯穿在生产全过程中。为满足安全生产的需要，安全管理应运而生。国内外的安全管理产生于实践，并随着生产技术和管理水平的变化而发展。近年来，博弈论、事故因果连锁论等理论在安全领域得到广泛的应用。在此基础上，安全管理理论形成了理论体系，并在企业实践应用中形成了组织体系。随着科学技术和数字经济的发展，安全管理在实践中向智能化方向发展，安全管理理论体系和组织体系也随之不断地得以完善和发展。

### 9.1.1 安全管理的产生与发展

安全管理最早可以追溯到人类历史上水火、建造工程安全管理，历经长期实践和理论研究，安全管理的理论体系越来越丰富，图9.1按照时间线勾画了安全管理的产生与发展过程。具体来看，古埃及建造金字塔的庞大工程离不开安全管理，古罗马、古希腊的治安和救火工作也需要安全管理。我国自先秦以来历代设有水利管理机构，此后还发展了消防组织，为

# 第 9 章
立足全局的智能化安全平台

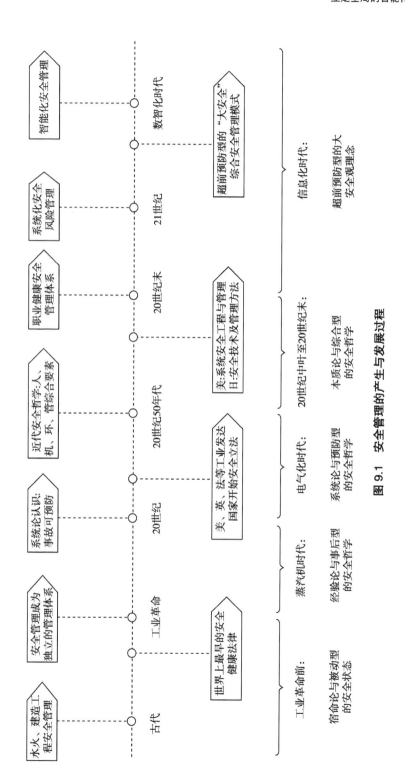

图 9.1 安全管理的产生与发展过程

191

用水用火安全提供保障。12—17世纪，英国先后颁布了《防火法令》《人身保护法》等法律，出现了安全管理的内容。19世纪初，英国通过了首部工厂法——《学徒健康与道德法》，开创了劳动安全立法的先河。安全管理逐渐从生产生活所需进入法制领域，但人类早期的安全文化具有宿命、被动承受的特点，决定了当时人类安全认识的落后和被动。工业革命前，安全管理都处于宿命论和被动型的安全状态。

安全管理随着工业革命的进程而发展。自蒸汽机时代以来，随着工业化进程不断推进，英国的健康安全法律法规不断增多，且更加细化。19世纪60年代，安全管理成为独立的管理体系。从工业革命初到20世纪前，安全管理从被动、无意识，转变为主动、有意识，发展为经验论与事后型的安全哲学。进入电气化时代后，人类认识到事故的可预防性，对安全的认识进入了系统论阶段。20世纪20—50年代，美、英、法等工业较为发达的国家开始对安全进行立法，并建立安全管理科研机构，以预防伤亡事故、职业病等安全问题。安全管理进入了近代的安全哲学阶段，成为系统论与预防型的安全哲学。20世纪中叶以来，随着航天技术、核技术的应用和发展，安全管理成为本质论与综合型的安全哲学。20世纪60年代初，美国通过研究洲际导弹发展了系统安全工程与管理，把安全工作推向新的阶段。日本在借鉴美国安全管理经验的同时，结合自身特点创新了安全技术及管理方法，把日本安全管理推向世界领先水平。

20世纪末，人类社会进入信息化时代，人们更加重视职业健康安全，以职业健康安全为代表的安全生产风险管理思想形成。现代安全生产管理的内容更加丰富，方法、模式、标准、规范更加成熟。英国基于企业的优秀做法，出版了最早的系统化职业健康安全管理体系的书——《成功的健康安全管理》。我国也研究了职业健康安全管理，并完善了工业生产中的安全管理。例如，石油队伍率先规范了安全与环境管理的内容、鞍山钢铁厂提出了符合中国工业企业安全生产实际的"0123安全管理模式"。21世纪以来，我国针对企业安全生产，提出了系统化安全风险管理的理论雏形，引进了一系列职业健康和安全的标准，形成了我国职业健康与安全管理标准。在生产实践中，安全管理体系普遍被安全生产标准化所代替。超前预防型的"大安全"综合安全管理模式逐步成为21世纪安全管理的发展趋势。高科技领域的安全思想和方法论极大地推动了传统产业和技术领域安全手段的进步，推进了现代工业社会的安全科学技术发展。

在数字化发展进程中，新一轮科技革命、能源革命和产业变革正在重塑世界，企业的生产要求不断提高，生产理念发生转变，新模式、新方式、新领域的安全管理也发展到新的阶段，向智能化安全管理转变。面对产业升级新形势，我国结合技术背景和产业特点不断完善安全管理研究，多具有明显的行业特色。例如，区块链技术可以应用于人事电子档案安全管理，物联网技术为石化工程的安全智能管理系统提供基础，"4411"安全管理模式给新业务、新业态的电力企业带来闭环的安全管理机制。实践层面，我国高度重视智能化安全管理问题。2022年，应急管理部提出，要持续推进安全风险管控数字化、网络化、智能化转型，用科技信息手段提升安全管理水平。

### 9.1.2 安全管理的理论基础

随着生产活动的变化和发展，安全问题在实践中发展为理论。基于不同的理论模型，安全管理理论的研究各有不同。学术界和企业多将博弈论、事故因果连锁论、组织学习理论、墨菲定律等理论应用于安全管理领域，奠定了安全管理的理论基础。

1. 博弈论

博弈论是现代数学和运筹学的重要部分，也是经济学的标准分析工具之一，主要用于研究理性假设条件下多利益相关主体优化决策的问题。博弈论思想古已有之。《孙子兵法》不仅是一部军事著作，还是最早的博弈论著作。20世纪20年代，冯·诺依曼宣告了博弈论的诞生；20世纪50年代，约翰·福布斯·纳什为博弈论的一般化奠定基础。博弈论以理性假设和共同认识假设为前提，根据多种分类标准可以划分为不同的博弈类型。博弈论为企业解决和优化各种决策问题提供了新思路，如今在经济、军事、政治等各个领域都有广泛的应用。

博弈论能够指导安全管理的决策，在各个工程系统中发挥重要作用。在多决策主体面前，安全管理不只贯穿于工程项目的全过程和各环节，还会增加实施安全管理的难度。安全管理实施过程中，如何平衡多决策主体的策略和利益，做出让各决策主体满意的选择，具有极大的挑战性。博弈论能够克服传统单决策主体难以解决的问题，成为复杂主体有序进行安全管理、优化目标的有力工具，在电力系统、工程项目实施等实践中发挥重要作用。在电力系统中，博弈论模型可以用于确定使整体效益增加的发电指标，为电力系统规划、市场、调度、控制等方面提供指导，为解决复杂问题和不确定问题提供方案。在工程项目中，演化博弈可以用于分析施工安全管理的影响因素和演化均衡，为保障项目安全提供相应措施。

作为数字经济的重要基础理论，博弈论在数字经济中也发挥着核心作用。数字经济催生新的产业和模式，使各个环节的参与者增多，并产生了诸多基于数字化的安全问题。如何平衡数字经济中不同主体之间的利益和安全关系，既是企业在计划、组织、领导、控制过程中面临的挑战，也是安全管理理论和方法需要解决的新问题。在数字经济环境下，博弈论为多决策主体优化问题提供新的解决途径。博弈论适用于数字经济下生产活动的多利益主体特点，满足数字经济突破前沿研究问题的发展需求，为数字经济的高质量发展助力，促进数字经济背景下安全管理的发展。

2.事故因果连锁论

事故因果连锁论，也称海因里希法则，是用来详细推导事故发生前因后果的理论。1931年，美国著名安全工程师海因里希最先提出了事故因果连锁论，阐明了导致事故发生的各要素之间的连锁关系。其核心思想是：伤亡事故是一系列不确定性因素先后发生连锁反应的结果。事故因果连锁论的要素包括社会环境和遗传要素、人的性格缺陷、人的不安全行为和物的不安全状态、事故和人员伤亡。人员伤亡是由事故造成的，事故是由人的不安全行为和物的不安全状态造成的，人的不安全行为和物的不安全状态是由人的性格缺陷造成的，人的性格缺陷是由不良环境或遗传要素造成的。其中，事故本身就是一个由基本原因产生间接原因，再由间接原因产生直接原因，从而引发事故、产生人员伤亡的锁链。

作为预防事故发生的管理方式，安全管理也适用事故因果连锁论的"事故链"原理。作为"工业安全公理"，事故因果连锁论揭示了安全管理中每一个环节和轻微事故的重要性，要求预防和分析事故，给预先、精细、全面的安全管理带来新挑战，也为解决连锁关系中的安全问题提供新思路。事故因果连锁理论能改进安全风险评估的方法，提高安全风险评估的科学性；能指导分析煤矿事故的致灾因素，得出提高煤炭安全监管的举措；能分析导致爆破事故发生的因素，提供预防对策。在事故因果连锁分析下，事故发生的原因及安全管理的方法更加明确。

数字经济丰富了技术的应用领域和路径，增加了事故因果连锁关系的复杂性，给事故致因分析带来挑战。数字经济也增强了技术的先进性和灵活性，能利用技术的发展提高事故致因分析的科学性和完整性，提高安全问题分析的效率，有效应对技术发展所带来的复杂性挑战，并为数字经济下安全管理的对策提供更合理的指导。2021年，中国大唐集团有限公司接连发生两起生产人员伤亡事故。通过事故因果连锁分析，国家能源局查明了事故发生因果的详细连锁关系：设备发生故障后检修方法不当，导致事故发生，引发人员伤亡。事故因果连锁论在数字经济背景下的发展，为分析事故致因连锁关系和解决安全管理问题提供一种更科学、高效的模式。

3. 组织学习理论

组织学习理论是管理理论发展的重要方向之一，是指组织围绕企业活动构建知识体系，通过不断改正错误、汲取知识来完善组织学习，发展组织效能。1953年，美国著名管理学家赫伯特·西蒙提出组织学习的概念，学习一词出现在组织理论中。自组织学习概念提出以来，国内外诸多学者从心理学、管理学、哲学等方面对组织学习和学习型组织进行研究和解释。随着知识时代的变化，理论研究者和企业领导者把组织学习视为企业在动态环境中竞争的重要战略资源，国内外学者把学习型组织视为企业的竞争优势和条件。根据学习方式、学习来源等不同的标准，组织学习理论可以分为不同的类型。基于时间维度、空间维度等不同的角度，组织学习理论有助于指导经济、管理、科研等不同方面的分析。

组织学习理论为安全管理提供新的管理思想。安全管理是从事故中获得经验，改变不安全状况。这是组织不断分析和改正错误，完善安全管理方法，提高安全管理水平的过程，也是个人安全基于组织安全，利用整体环境发挥最大组织效能的过程。安全研究领域十分注重组织学习理论在企业安全管理中的应用。组织学习理论应用于安全管理，在理论研究和实践活动方面都有体现。在理论研究中，组织学习是企业通过知识耦合来提高安全管理能力的手段，是提高安全管理效能的重要工具。在实践活动中，企业充分发挥经验整合可以提升安全管理效能的作用，完善安全生产，遏制安全事故。

随着信息迭代和技术升级，组织学习成为组织尽快适应内外部环境，应对发展趋势的重要方式。在大数据环境下，组织学习能够促成高效的营销动态能力，进而增强企业竞争优势，丰富了企业维持竞争优势的选择。在组织学习的指导下，安全管理也向着不断完善、适应环境、整体安全的方向发展。组织学习越来越成为企业适应发展环境，提高可持续竞争力的应对选择。除了组织学习本身，组织学习向机器学习的转变，也是管理者向智慧决策演变的过程，是决策结果由满意到相对最优的进步过程。

### 4. 墨菲定律

墨菲定律，又名墨菲法则、墨菲定理，被称为20世纪西方文化三大发现之一。1949年，美国工程师爱德华·墨菲提出了墨菲定律。其根本内容是：如果事情有变坏的可能，不管这种可能性有多小，总会发生。大概率事件很容易导致事故的发生。小概率事件会给人们带来侥幸心理和放松警惕的思想，降低人们的安全意识，增加事故发生的可能性，甚至导致事故频繁发生，即不论事故的可能性大小，不安全行为最终一定会导致事故的发生。墨菲定律揭示了安全事故发生的不可预知性，表明了技术风险能由可能性变为突发性的事实，对安全管理有很强的指导作用。

墨菲定律在安全领域得到广泛的应用，在企业、教育、医疗、航空等方面的安全管理中发挥着重要作用。基于墨菲定律，可以分析煤矿企业安全生产中的问题，揭示产生安全隐患的不安全因素；可以分析发电厂安全事故发生的原因，给预防和排查隐患带来启示。除了工业企业的安全生产问题，墨菲定律对工科高校教学科研中的安全管理具有指导作用、对航空航天的风险控制具有重大意义、对保障门诊药品调剂工作安全具有现实意义。墨菲定律不仅揭示了安全事故发生的规律，也为各领域完善安全管理提供了指导。

客观世界日益复杂，经济性规律降低了要素条件的标准，这决定了墨菲定律的必然性。以前的经济社会不能解除经济性规律，在一定程度上无法避免墨菲定律。在数字技术背景下，经济更加追求高质量发展，人们的安全意识不断增强，技术水平不断提高，安全管理体系不断完善，能有效地降低事故发生的可能性，但仍难以杜绝事故的发生。尽管如此，要正面认识和运用墨菲定律，加强安全监管，增加墨菲定律发生的限制性条件，从被动管理转变为主动管理，进而打破安全管理中的墨菲定律。

### 9.1.3 安全管理的理论体系

随着实践和理论的丰富和发展，人们的安全意识增强，企业的责任观念逐步深化，安全管理的方式也与时俱进。面对不同的时期和状况，安全管理不断演变，面临着新的问题和挑战。为更好适应环境，解决新的安全问题，推动安全管理的进步，理论研究者和实践者从理论与实践中吸取经验教训，总结规律，提炼和概括安全管理的重要问题，并抽象为具有指导意义的安全管理理论。安全管理理论是广泛的、多样的，它基于行为、本质、视角、效能等方面，形成了行为安全管理理论、本质安全管理理论、多视角安全管理理论、安全管理效能理论，共同构建起安全管理理论体系（图9.2）。安全管理理论为寻找安全问题的原因提供了思路，并为企业预防安全问题、完善安全管理提供理论支撑。安全管理理论指导着企业在现实经营中的安全管理实践，并在实践中得到完善和发展。

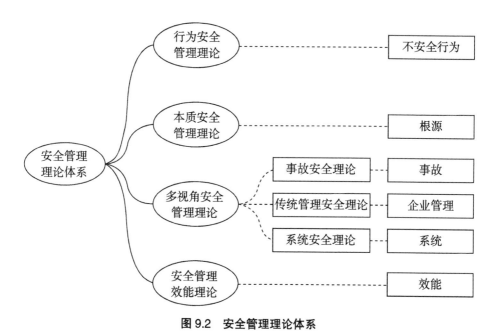

**图 9.2 安全管理理论体系**

1. 行为安全管理理论

行为安全管理理论起源于20世纪70年代，认为大多数事故是由人的不安全行为引起的。行为安全管理是通过观察、分析和沟通，从生理和心理角度纠正人的不安全行为，提高员工安全意识，促使形成安全行为习惯的管理模式。行为安全的着力点是不安全行为，即曾经引发事故或可能引发事故的人的行为。不安全行为是由安全管理系统的缺陷所引起的。安全事故若不直接产生于人的不安全行为，则产生于人的不安全行为习惯，从根源上讲，是由安全管理体系或安全文化所引起的。从行为上发现和纠正问题，以排查不安全动作和习惯中的安全隐患，为安全管理带来了更多的确定性。

国内外诸多企业和学者将行为安全管理理论应用于安全管理中。杜邦公司的STOP™（Safety Training & Observation Program）项目、英国石油公司的ASA（Advanced Safty Auditing）管理模式、日本"零事故"活动等都是对行为安全管理理论的应用。在我国，行为安全管理理论也被应用于安全生产管理、安全文化建设中，且在煤炭、建筑领域中的应用最为广泛。行为安全管理理论应用于建筑、煤炭企业的安全管理中，有助于提高企业安全事故风险控制水平；有助于煤矿生产企业观察、监督和纠正员工的行为，提升安全管理效率；有助于进行煤矿应用研究，有效降低矿井事故的发生概率。行为安全管理理论不仅在建筑、煤炭企业中得到广泛的应用，还可以应用于高校实验室安全。它可以从行为安全视角分析高校实验室发生事故的原因，为控制实验室的不安全行为提供建议，为完善实验室安全管理提供新思路。行为安全管理随着生产活动的变化而发展，能有效地提高企业和个人的安全意识，对各阶段安全风险的控制发挥确定性、可持续性的作用，有助于推动安全管理的进步。

2. 本质安全管理理论

本质安全管理理论始于20世纪50年代，最初来源于宇航技术领域，旨在从根源上消除或预防安全隐患。为改变人们预防或治理事故的被动局面，有效解决复杂系统的安全问题，满足重大工程项目的安全管理需求，本质安全理念应运而生。在我国，本质安全理论在交通、电力、煤炭等行业中都有具有代表性的定义。其中，交通行业的本质安全是指能包容人为失误，依靠机械确保本质安全的机制和条件；电力行业的本质安全是指零安全问题的长远目标及安全要素和谐统一的终极目标；煤炭行业的本质安全是指发生事故的偶然性及不发生事故的必然性。本质安全是安全科学的前沿理论，是安全管理理论的进步，改变了人们预防事故的模式，具有划时代的意义。

为适应时代变化和应用需求，本质安全的内涵不断调整，理论体系也不断创新。本质安全管理理论在实践中的应用十分广泛，在交通、煤炭、化工、核能等行业中被大力推行。本质安全可以在考虑人的理念的前提下，为道路交通提供主动预防事故的思路，从源头上降低事故伤害，推动交通行业的安全发展；可以改变煤矿生产的安全管理模式，将被动管理改为主动预防和控制；可以分析化工园区长期保持安全生产的手段和措施，为提高化工园区的安全管理水平提供科学依据。科学技术不断发展，安全管理需要不断应对新的问题。本质安全是从根源上化解风险，可以主动应对各种问题和挑战，用根源上的安全稳定来保障可持续的安全管理。

3. 多视角安全管理理论

多视角安全管理理论是安全管理适用于多种情况的结合。现实问题复杂多变，企业类型丰富多样，安全管理的研究不能局限于同一类型的企业，而应该从多方面入手。基于不同的实际需要，人们对安全管理的理解有所不同。安全管理从多种视角的不同理解中产生多种理论，根据适用条件和发展阶段，可分为事故视角的安全管理、传统管理视角的安全管理、系统视角的安全管理。这些不同视角的理论既可以反映了人们对安全管理的不同认识，又可以指导不同实际情况的安全管理。

事故安全理论适用于规模较小、事故影响程度较小的小企业的管理。从事故的视角来看，安全管理相当于事故管理和风险管理。正如海因里希的事故因果连锁论，各种不安全行为引发事故，导致安全问题的产生。安全管理需要预防和管控风险。传统管理安全理论适用于传统生产企业的安全生产问题的管理。从传统管理的视角来看，安全管理是企业管理的内容之一，需要用企业管理的思路完善安全管理。许多学者从传统管理的视角提出对安全管理的理解，认为安全管理是人、物、环境的有机结合，是控制不安全因素、组织整合资源的过程，主张采用计划、组织、领导、协调、控制进行企业的安全管理，减少事故的发生。系统安全理论适用于要求绝对安全的航天、核电、化工等大规模企业。从系统的视角来看，安全管理是人员、设备、环境、管理的统一，主张全员管理和全过程管理，需要通过安全文化和组织学习来实现。多视角的安全管理结合不同的安全需求，为各类型企业生产提供了相应的安全管理思路，形成有针对性的管理措施。

4. 安全管理效能理论

安全管理效能理论是以效能为导向的安全管理理论。效能是对安全管理效率、效益和效果的综合反映，提高效能是加强安全管理的目标之一。国内外各领域学者对安全管理效能进行研究，提出各种衡量安全管理绩效的指标，并把其当作衡量安全管理的重要手段。由于企业间存在差异，难以确定一个统一、全面的评价标准。安全管理普遍以评估为出发点，衡量安全管理的效能，从而反映安全管理的水平。安全管理效能理论注重安全管理系统对效能的影响，主张通过安全文化提高安全管理的效能。除此之外，许多学者研究了与安全管理效能相反的方面，从安全管理效能的反面出发，研究了管理失效产生的影响。通过不安全行为来研究管理失效问题，反映安全管理的水平，对安全管理绩效的作用进行补充。

国内外许多管理者在实践中运用和摸索提高安全管理效能的手段和方法。在电力方面，安全管理效能理论为企业优化安全管理提供思路，推动了智慧安全模式的进步，有利于提高智慧视域下电力工程的安全管理效能。在燃气设施方面，安全管理效能理论引导企业对效能评价体系进行创新，构建能准确反映燃气安全管理水平的指标，有效地寻找燃气设施安全管理的短板，给出有针对性的效能评价。在交通方面，安全管理效能理论让企业由事后控制转变为事前管理，提高了对绩效的重视程度，并通过安全绩效管理确保持续安全。此外，美国杜邦公司的PSM程序、中国石油化工的评价方法、中国机械工业的安全评价标准都体现了安全绩效管理在安全管理中的广泛应用。

### 9.1.4 安全管理的组织体系

安全管理的组织体系是指与安全管理相关的管理、生产等各部门共同构成的体系。建立协调、平衡的安全管理组织体系，才能提高整体安全管理的水平，确保长期的稳定和安全。安全管理的组织体系（图9.3）可以分为安全行政管理体系、安全监督管理体系和安全技术支撑体系三部分。[57] 行政管理人员的安全意识、监督人员的检查力度、技术人员的安全防范技术都对安全管理起到关键作用。安全管理需要行政、监督、技术等各个组织部门的共同作用。安全管理组织体系中各部门、各岗位的权限界定，也影响着安全管理组织体系作用的发挥。应结合安全生产责任制，明确各部门、各岗位的安全职责及权限，才能使企业安全管理体系有效地得到实施与运行。

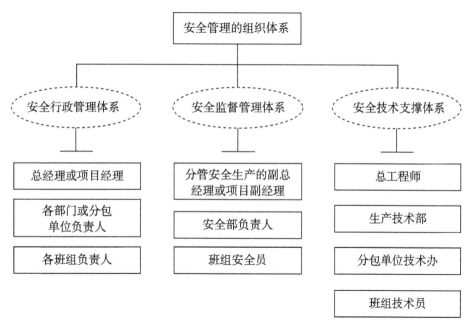

图9.3 安全管理的组织体系

1. 安全行政管理体系

安全行政管理体系主要由总经理或项目经理、各部门或分包单位负责人、各班组负责人组成。其中，总经理或项目经理负责决策和处理较大的总体事务，各部门或分包单位负责人负责主持和落实所属部门或单位的事务，各班组负责人负责处理所属班组的事务，带领和安排班组员工的工作。这些各级生产工作的主要负责人在生产中积极整合资源，发挥着领导和决定作用。各班组负责人做好职责，既能维护好安全生产的秩序，又有利于部门负责人落实决策。各部门负责人做好带头作用，既能提高部门人员的积极性，又有利于总经理统筹和指导总体工作。在安排各级工作的同时，也要安排安全保护措施，为工作任务的有序进行提供安全保障。

提高行政管理中各级主要负责人的安全意识，是实行安全管理的前提。各级负责人在发现问题、解决问题时，要把握好安全的原则，并把安全管理的理念和方法贯穿始终。每个部门和组织都有自己的工作体系和管理范围。把安全责任落实到工作人员本身，需要明确各部门人员安全意识的差距，充分利用好不同部门及其负责人之间的互补作用。对于安全意识较强的部门和人员，要充分发挥其引领和模范作用；对于安全意识较弱的部门和人员，要采取更加科学有效的措施，提高其安全意识，将工作要求和标准层层落实。此外，政府管理机构、社会中介机构也可以为企业的行政管理体系提供支持。对于整体安全意识不够深入的企业，政府可以给予政策支持，鼓励发展安全评价、安全培训等方面的服务体系，积极拓展安全中介的服务范围，促进行政管理体系的高效运作。同时，要有效地落实安全生产责任制，把安全生产责任落实到安全生产工作的直接主体。只有重视安全问题，增强安全责任意识，提高安全技能，才能既建立好下一级的安全基础，又统筹好上一级的安全保障，通过上下级层层保障，让班组、部门、企业的安全生产得以真正落实。

2. 安全监督管理体系

安全监督管理体系由分管安全生产的副总经理或项目副经理、安全部负责人、班组安全员组成。其中，分管安全生产的副总经理或项目副经理负责管理整个企业的安全工作，安全部负责人带领安全部人员做好安全监督、检查、维护等工作，班组安全员负责监督该班组生产人员的不安全行为，防范安全事故，避免事故的发生。这些都是各级安全工作的主要负责人，影响各级安全工作的质量和效果，在企业运作中具有监督和维护作用。各班组安全员从生产根源上减少安全事故的发生，既能切实维护班组人员的安全，又能减轻安全部的工作压力和工作负担。安全部负责人推进和落实安全措施，既能衔接好上下各级安全管理工作，又能发挥其安全职能的专业性。分管安全生产的副总经理或项目副经理统筹企业的整体安全工作，对各级安全生产和其他活动至关重要。要协调好各级安全工作，重视安全监督和检查，实现安全工作全覆盖。

开展全面、深度的安全大检查，是推进安全管理的主要措施。直接工作人员是安全检查的主力军，首先应该衡量自身的安全意识，并及时了解周边人员的安全意识。同时，要提高安全风险识别的能力，能够检查工作环境中是否存在安全隐患，严格按照排查、上报和管控流程处理安全隐患。安全监督体系中的管理人员，要严格监督好安全工作的实施情况，积极给出反馈，既要贯彻安全工作中负责人的思路和要求，又要监督工作人员对安全措施的落实情况，并提出意见，还要监督下一级安全管理人员的履职情况。在此过程中，监督人员能够获得安全技能培训的反馈，明确各级安全负责人对安全教育的重视程度，评估安全监督人员的工作效果。行政管理体系和技术支撑体系的稳定，也需要通过监督管理体系的检查，以提升各体系的管理水平，避免生产事故。

3. 安全技术支撑体系

安全技术支撑体系由总工程师、生产技术部、分包单位技术办、班组技术员组成。其中，总工程师负责指导企业总体的生产技术，生产技术部负责制订生产计划、指挥协调生产现场的管理工作，分包单位技术办负责相应的技术工作，班组的技术员直接进行生产工作。这些都是各级技术工作的主要负责人，关系到企业生产的专业技术水平，直接影响企业的生产活动。班组的技术员是生产现场的重要技术人员，其专业技能和工作能力直接影响生产活动。生产技术部既能督促技术人员的生产工作，又能得到总工程师的指导。安全技术支撑体系依靠专业技术人员，但仍然会引发安全事故。技术人员未落实预防措施、安全技术防范力度不强等问题，都会加大安全事故的发生概率。

专业技术人员把安全生产和专业技能结合起来，是避免安全生产事故的有效办法。专业技术人员普遍存在重视技术、忽略安全的问题，他们把生产技术、工作技能视为自己的主要或全部工作，缺乏用安全管理思路开展技术工作的意识，不能以安全管理的标准来要求自己的工作，不能针对安全问题提供及时可靠的技术改进方案。安全涉及生产过程的方方面面，技术人员要想提高安全技术支撑力度，不仅要提高生产技术的专业性，还要提高安全技术防范能力。安全技术支撑体系的人员应该培养主动排查安全隐患的意识，增强识别和排查专业设备、设施及环境安全隐患的能力，学会评价生产状况和安全程度，并从技术角度提供解决安全问题的方案，及时对安全问题进行整改，化解生产过程中的安全风险。这样既能提高安全技术支撑体系的专业技术能力，又能为安全管理提供技术保障。

可见，安全管理组织体系是一个全方面、多层次、强联系、综合性的组织体系，需要各方部门和机构的共同努力，需要各个环节的紧密联系。要想实现安全管理，需要健全和优化安全管理组织体系。综合现实安全问题的原因及安全管理组织体系的特点，可以从组织架构、监督模式、技术支撑等方面完善安全管理组织体系。这就要求安全行政管理体系落实安全生产责任，提高各级负责人的安全意识；要求安全监督管理体系实行监督检查全覆盖，有效地预防和化解安全风险；要求安全技术支撑体系提高专业支撑力度，把专业技术与安全理念结合起来，主动分析安全事故中的技术问题并提供解决安全问题的技术方案。

## 9.2 智能化安全管理的框架体系

随着制造业建设规模不断扩大，生产技术和水平的难度不断提升，企业安全管理的难度也持续攀升，传统的安全管理方式已无法满足解决新型复杂安全问题的需要。在科技变革和数字智能的背景下，由信息化向数字化、智能化和智慧化方向发展已经是大势所趋。平台和安全在工业互联网中构建起安全保障体系，企业的安全管理依靠智能平台不断向前发展，朝着智能化安全管理的方向不断进步。智能化安全管理基于安全要素，构建起以人员、设备、环境、管理为主要内容的框架体系。智能化安全管理的框架体系与人工智能、区块链、云计算等新技术紧密结合，符合行业安全管理需求和发展趋势，充分发挥人、物、环、管的综合作用，是应对和解决安全管理新问题，推动安全管理科学发展的可靠支撑。

### 9.2.1 人员安全管控

人员安全管控构建了设备、管理、环境对人员安全产生影响的关系体系（图9.4）。安全管理经济效益的基础是以人为本，保障人员生命安全，是所有工作活动的最先条件，也是职工健康幸福生活的源泉，人的不安全行为是导致安全事故的发生的重要因素。安全管理的关键因素在于人，安全问题大多数也源于人，既包括内部人员的操作风险，又包括外部人员的攻击渗透。人们的工作活动需要使用设备，人们的行为和素质影响企业的环境，企业的管理也离不开人。只有加强人员安全管理，制定相应的人员安全管理措施，才能保障人员安全，才能有效地避免人为因素带来的安全风险。

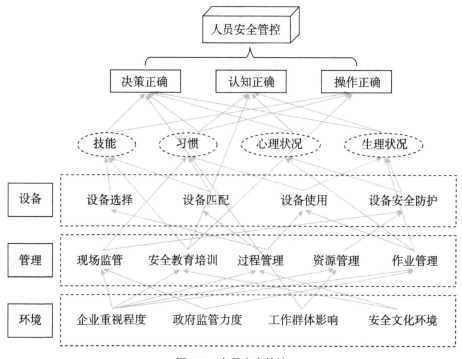

图9.4 人员安全管控

人对安全管理的影响是关键、复杂的，人员与设备、管理、环境关系密切。在人员因素方面，人的行为是在意识作用下选择的结果。人的技能、习惯、心理和生理状况等因素会影响个体在面对设备、管理、环境时做出的决策和操作。在设备因素方面，设备是人员在施工过程中的操作、防护及警示工具，设备的选择、匹配、使用、安全防护会影响施工人员的行为习惯，进而影响其认知、决策和操作。在管理因素方面，施工人员的安全意识和安全理念主要受管理者的影响。管理者对安全的重视程度，决定了施工过程的监管力度、安全防范的效果，对提高人员安全意识，规范人员安全行为至关重要。在环境因素方面，人既是自然人，又是社会人。环境会刺激人的反应，影响人的行为。企业重视程度、政府监管力度、工作群体影响、安全文化环境等行为环境，规范和影响人的行为。人员安全管控是有序推进安全管理的重要环节，例如，天津国华盘山发电有限责任公司重视员工培训，推进应急管理实用化、实战化，强化了全员应急处置能力，扎实开展"一防三保"和"抢抓补欠百日行动"等各项活动，在保证人员安全的同时，促进安全生产有序进行。

### 9.2.2 设备安全管控

设备安全管控体现了管理、环境、人员对设备安全产生影响的关系体系（图9.5）。随着科学技术的快速发展，生产规模逐渐增大，设备的现代

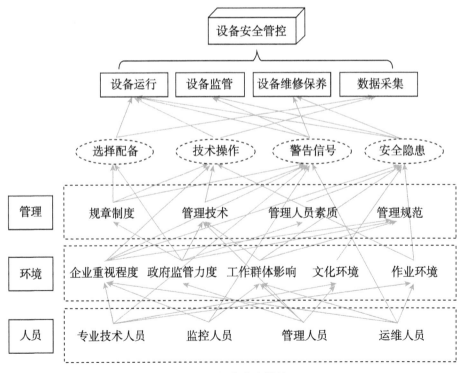

图9.5 设备安全管控

化程度不断提高，功能变得愈加复杂，设备的管理工作也成为安全管理的重要内容。设备是人员进行工作活动的重要工具，它的质量影响人的行为和安全，也受人员行为习惯、环境标准、文化环境、管理水平的影响。例如，矿山机械设备的安全管理工作是矿产资源企业生产安全中的关键步骤；医院急救医疗设备的安全及风险管理，为医院正常医疗工作的开展提供必要条件。我国工程建设的速度和规模使市场竞争日趋白热化，要求施工企业不断提升生产效率，并使机械设备选用、管理等工作愈加重要。

设备既影响人员安全，也受人员行为、环境、管理的影响。在数字经济变革下，有别于传统设备的新型技术设备不断涌现，对监控人员的技术水平提出了更高要求。若人员配合不当，设备会留下安全隐患。监控员脱离现场，普遍缺乏对设备的认知，而熟悉设备的运维人员不再负责监控，便逐步降低对设备的关注度，削弱了主动发现安全隐患的意识。传统的设备管控模式已经难以满足现代安全管理的需要。制度不完善、操作不规范、维修不及时、安全意识薄弱、教育培训不到位等都是目前设备安全管理的主要问题。在实际电力企业设备管理中，电气设备管理规范的不完善、管理人员素质较低、管理技术落后等原因，使得电气设备管理出现了众多的安全隐患，影响电力企业正常的生产及效益。

因此，设备安全管控也需要多方的共同作用。基于数字经济背景下的新情况，针对有别于传统设备问题的新设备问题，完善设备安全管理，形成与人员、环境、管理相统一的设备安全管控体系尤为重要。开展定期、系统的人员培训，健全设备管理体系，营造良好的企业氛围，才能充分发挥智能化设备的作用。例如，2022年以来，成都积微物联集团股份有限公司面对新形势下特种设备的监管要求，按照"打基础、管长远、保安全"的工作思路，加强对特种设备相关单位的教育和培训，督促建立双预防体系，坚持对园区特种设备使用情况开展不定期抽查，同时引入第三方对特种设备的安全进行检查。统一组织、统一部署、统一检查，形成监督合力，全力筑牢设备的安全防线，为企业安全生产运行提供强有力的支撑。

### 9.2.3 环境安全管控

环境安全管控建造了管理、设备、人员对环境安全产生影响的关系体系（图9.6）。安全生产对安全管理提出了更高的要求，不仅表现在管理、设备、人员安全方面，还体现在环境保护、工作文化环境方面。环境是人们工作所依赖的自然环境，也是人们工作所形成的社会环境，受人员、设备、管理的变化而动态调整，并影响人的行为、设备的质量、管理的措施。自然环境是人类赖以生存发展的基本条件，自然资源是经济可持续发展的物质基础，人类整体与生存环境资源和谐相处，才能维持可持续发展，有限的能源难以满足日益扩张的生产需求，导致围绕能源资源的争夺愈加紧迫。环境问题已成为当今经济和社会发展所面临的主要问题之一，因此加强环境规制、推动绿色创新已经成为企业可持续发展的趋势，企业的生产活动应该符合环境保护的要求。实现整体范围的可持续发展，需要探索能源的替代方法以及绿色可持续的生产制造路径，良好的环境管理还能让企业树立良好的社会信誉和形象，增强社会信任和社会责任感。

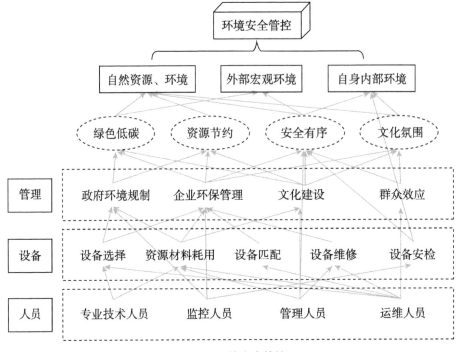

图9.6 环境安全管控

除了自然环境外，社会环境也是影响安全活动的因素之一。企业行为也会影响其外部环境，影响其社会形象，从而反作用于企业的经济活动。安全管理不仅要实现全过程的控制管理，还要实现全方位管理，从而保障人员安全，企业生产无故障、无污染，从而建立和谐、稳定的社会环境。企业的安全活动受到外部各方力量及内部自身文化环境的影响，环境安全管理需要政府、企业、群众的多方努力。政府应推动建立一批具有环保示范作用的环境友好型企业，带动其他企业环境安全管理水平的整体提升。企业应积极承担社会责任，既要坚持保护环境，又要营造和谐的企业文化氛围，从环境角度促进管理水平的提升。企业做好安全环境管理，可以发挥党组织的优势，探索党建与安全管理全过程融合的新方法，凝聚起党建与安全相结合的整体合力，实现党建工作和安全管理工作的双提升。例如，近年来，宝鸡市应急管理局面对安全生产量大面广的现状，积极发挥党建引领作用，充分发挥应急铁军的凝聚力和战斗力，用党建力量引领工作人员化解重大安全风险，为全市安全发展和社会稳定护航，提高人民群众的幸福指数。

### 9.2.4 管理安全管控

管理安全管控展示了环境、设备、人员对管理安全产生影响的关系体系（图 9.7）。安全方面的管理，主要指企业组织实施全面、精细的安全规划、指导、检查和决策，这是保证安全生产的重要管理环节。管理方式既需要根据人员、设备、环境的情况进行调整和完善，又影响着人员的安全行为意识、设备的运行、环境的维护。在新兴技术的背景下，企业管理的智能管控能力促进了工作效率和企业智慧化水平的提升。我国电力行业处于关键的转型变革时期，面临着复杂严峻的生产经营环境，市场竞争日益激烈。电力企业运用大数据、人工智能、物联网、云计算、5G 和区块链等新一代信息技术与发电运营管理深度融合，实现基建数字化、发电智能化、管理精细化、决策智慧化，有助于解决电力企业面临的管理脱节、环保、安全等问题。可见，建设智慧电厂势在必行。实时智慧化监测和预警的电厂智慧管理系统，能够实现电厂精细化管理和物资全寿命周期管理，有效地提升电厂运行经济性和安全性。

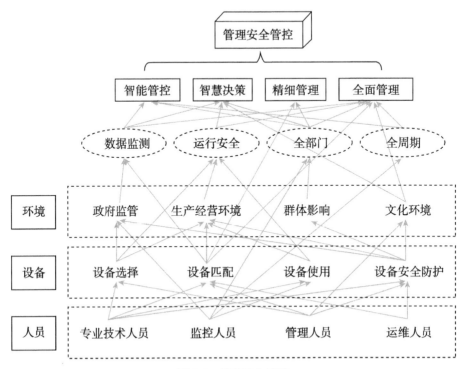

图 9.7　管理安全管控

管理安全管控能发挥管理在安全领域的作用。智慧管理系统是管理安全管控的生动体现，可分为智慧财务系统、智慧仓储系统、大客户管理系统、班组管理系统、新能源远程集控系统以及智慧食堂系统。[57]管理安全管控贯穿于电力企业的各个部门和各项工作之间，对各领域、各方面提供保障，对提升电力企业效益具有十分重要的意义。例如，国电廊坊热电有限公司提出并实施了智慧管控系统架构，通过"电子风险预控与人脸识别深度融合的研究"项目，实现了风险预控电子化、数据化、移动化，从技术层面建立了安全生产要进行风险分析的硬隔离。国电内蒙古东胜热电有限公司建立智能安全模块，以智慧化手段护航安全环保监督管理，建立基于智慧管理 IMS（IP Multimedia Subsystem）企业云平台的智能安全管理系统，实现了数据统计、数据分析等功能，构建了全厂立体化安防系统，实现了人、物、环、管全方位安全管控。

目前，许多大型企业已经构建了各自的智能化安全管理体系，也有许多企业正在建立或完善智能安全管理平台。智能安全管理平台（图9.8）通过对生产建设过程中人、物、环、管的全方位管理，发挥各部门在安全管理中的作用，保证企业各方面安全及整体安全。近年来，我国安全管理工作在新技术的影响下也取得了进展。工业互联网创新发展，稳步推进；网络数据安全管理体系逐步完善，提升了行业数据安全保护能力；各类数字孪生智慧监管平台、物联网安全运营管理平台不断发展。安全管理在许多领域实现推广和应用，新型安全管理实践也取得了典范性的成绩，为智能化安全管理的实施和拓展指引了方向。

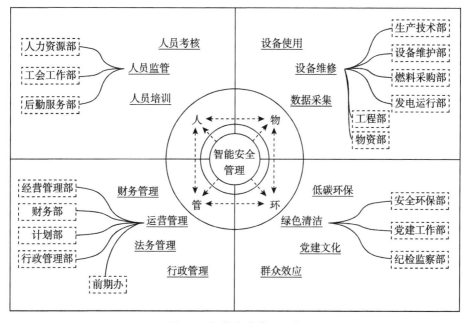

图9.8 智能安全管理平台

## 9.3 智能化安全管理在横山煤电的实践

数智引领，安全发展。在数字经济的影响下，面对新的发展现状和发展目标，横山煤电积极响应智慧电厂建设目标，高度重视智能化安全管理，把安全横电纳入"五个横电"发展规划之中，落实数字化、智能化、智慧化技术与"双碳"要求，推进智慧电厂建设。在实践中，横山煤电不断拓宽智能化安全管理的领域和范围，积极建设智能高效的安监系统，通过人、物、环、管全过程覆盖，致力于打造为企业全生命周期服务的智能化安全管理平台。横山煤电总结和实施人员、设备、环境、管理等方面的举措，全面践行智能安全管理，并继续朝着智慧电厂的方向迈进。

### 9.3.1 实施背景

为加快建设全国统一电力市场体系，适应"双碳"目标的新要求，国家发展改革委、国家能源局联合出台了电力市场政策，推进适应能源结构转型的电力市场机制建设。为维护经济安全，国家高度重视实体经济尤其是制造业的生产安全问题，鼓励应用新兴技术改造和完善智能安检系统，助力安全管理升级。

在行业导向方面，受数字经济发展影响，新兴领域用电需求陡增，电力行业要采取智能化、智慧化的举措保障电力供需动态均衡，积极应对电力消费结构变化。电力需求陡增给电力行业带来了挑战，"双碳"目标也对能源绿色化及电力消费清洁化提出更高的要求，电力行业不仅面临着供需平衡的压力，还面临着由传统能源向新能源转型的局面，需要及时创新，以满足低碳清洁的要求。数字经济给电力供需结构带来了变化，也为电力行业的创新发展提供支持，数字技术将成为推动智慧电厂可持续发展及实现"双碳"目标的重要动力，智慧电厂的转型和创新都需要智能化安全管理的保障。

在企业自身方面，横山煤电正在通过建设智能安检系统，打造能覆盖全员、全部门、全流程的智能化安全管理平台。智能化安全管理本身也是企业发展的需要。横山煤电有煤炭产业、综合能源产业、化工产业、战略性新兴产业和环保产业五大产业板块，正面临着经营、运检、安全、生产、管理五大方面的诉求和挑战。为进一步提升安全生产能力和水平，横山煤电明确提出公司的安全管理要向智能化方向迈进。横山煤电秉承"安全为天，仁爱幸福"的安全文化理念，继续打造智能化安全管理平台，致力于成为本质安全型、质量效益型、科技创新型、资源节约型、和谐发展型的五型企业。

### 9.3.2 主要做法

横山煤电一直在推进智能化安全管理，并致力于打造智能化安全管理平台。在过去的努力中，横山煤电紧紧围绕人员、设备、环境、管理的全方位要求，有针对性地实施智能化安全管理。在人员方面，重视人才资源，注重职工培训和健康。在设备方面，严格遵循设备质量标准，加强智能监管。在环境方面，实行绿色低碳生产，以党建力量引领安全管理。在管理方面，以财务管理先行，带动其他各部门和各环节的智能化管理，持续提升内控管理效能。

1. 科学规范，加强人员安全管理

高度重视人才资源，重视安全管理中的人才引领作用。在人才资源上，横山煤电与博士服务团建立长效合作机制，进行调研交流。博士服务团能立足人才、专业和信息优势，围绕项目实施、科技创新等方面，为横山煤电出谋划策，提供人才培养建议。横山煤电充分利用博士服务团在学术、创新、人脉、信息资源等方面的优势，搭建成果转化和交流合作的新平台，助力电厂全面实施人才强企战略，为建设智慧电厂赋能增智。

注重职工培训与职工健康，保障人员安全与生产安全。横山煤电以"培训是企业发展的新动力"为方针，开展科学系统的技能培训，不断完善激励制度，挖掘人力资源的潜在优势，增强企业的核心竞争力。为加强职工体育运动、提升职工健康水平、推动职工健康工作，集团工会开展广播体操及太极拳培训，在运动中传递"快乐工作、健康生活"的理念，有效地增强职工心肺功能，改善血液循环，调节紧张情绪，改善心理状态，改善职工工作中久坐导致的腰颈不适、慢性病问题，让职工远离亚健康。同时，横山煤电积极落实安全生产责任制，定期开展安全事故演练，提升职工的安全生产意识，锻炼职工应急救援和防范事故的能力，为实现人员安全提供保障。

2. 智能监管，保障设备质量和安全

遵循质量管理体系和标准，保证设备质量安全。横山煤电秉承"追求卓越、铸就经典"的国有精神，遵循行业相关规范和标准，编制设备质量标准，将建设管理制度纳入合同并作为强制性质量检查考核的标准，形成共识并认真执行。横山煤电按照规定标准完成了全部建筑、安装、调试项目，这些项目均一次性顺利通过电力工程质量监督站监检的19次检查、质量专项检查、达标投产检查、机组投产前质量检查、创优咨询检查等，以高标准通过质量检查，保证设备的质量安全，为安全生产提供保障。

依托智能技术，推进设备智能化安全监管。横山煤电选择先进、可靠的主流硬件产品和成熟、领先的软件产品构建系统，寻求研发能力更加突出、技术设备更加先进、发展指标更加低碳的技术，为系统的安全性奠定良好的基础。在资产方面，横山煤电使用智能高效的固定资产管理系统，建立资产数字档案、关联数据，保留资产历史数据，并通过RFID技术和条形码技术对企业资产进行定位，有效地跟踪和监督资产的情况，实现资产的网络化、可视化、透明化和信息化，让资产管理更加精细和科学。

3. 维护环境，环保与文化建设并举

坚持绿色低碳，有效节能减排。在资源利用方面，横山煤电因地制宜，充分发挥当地煤炭资源的优势，把输煤转变为输电，符合国家西部大开发战略。在排污方面，横山煤电秉承"废水零排放，固废再利用，噪声不扰民，生态不破坏"的环保理念，采用国际先进、国内领先的设备，对外提供重要的电源支撑，对于中东部地区防污降霾发挥着重要作用；横山煤电建成投运的煤电一体化发电项目一期工程属于国家大气污染防治行动，使污染物排放满足国家和地方排放标准及总量控制要求，符合科学发展观。在低碳创新方面，横山煤电贯穿节能环保和科技创新理念，正加速向新能源、高端煤化工、智能装备制造等新兴产业转型突破，推进构建清洁低碳、安全高效的现代能源体系。在系统设置方面，横山煤电改善环境基础运行监控系统，设置了负责环境保护设施操作、维护和管理的部门，建立了公司、部门、班组三级环境保护管理责任人，建立健全环保检修的规章制度，落实全过程环境保护责任。在人文环境方面，横山煤电的工程被当地社会环境和人文条件所接受，与周边社会环境相适宜；厂区建筑形象和谐美观，色彩整洁和谐；设备系统通过色彩搭配，方便运行人员快速识别设备系统，为生产人员营造了良好的工作环境。

党建引领，加强文化建设。横山煤电设置的党建工作部是落实企业文化建设的执行主体和实践单元。在企业文化建设领导小组的组织下，党建工作部负责具体实施企业文化的导入、传播与落地，负责公司宣传工作整体规划和内容审核。在党风廉政建设方面，横山煤电用党建引领智慧电厂的智能安全管理，抓好党支部精神文明建设的组织领导，积极开展富有特色的党支部文化建设，大力推进所属部门品牌建设工作，同时广泛开展各种"青春建功"活动，打造团青工作品牌。除此之外，横山煤电积极响应国家"精准扶贫"政策，履行社会责任，服务地方经济，近年来累计向贫困村、敬老院、孤儿院、小学等扶贫费助支出70余万元，树立了良好的社会形象。集团工会也经常开展职工培训和文化培训，持续深入开展工间操推广工作，进一步丰富职工文化生活，鼓励职工以更加饱满的状态投入到工作中来，增强企业发展活力。

4. 智慧管理，全面筑牢安全防线

财务管理先行，带动智慧管理。横山煤电的财务部与计划部密切配合，科学编制预算，有效配置资源，并通过预算强化经济运行监测，有效组织和协调公司资金使用、物资供应等资源。横山煤电还建立了标准化的财税制度，实现财务活动合法合规、财务风险可控再控，全面提高财务管理水平，提高财务安全水平。

全部门协作，推进全面精细化管理。横山煤电对各项管理工作都制定了全面详细的管理标准，制定了方针、目标和管理方案，实行"两个细则"管理。管理标准涵盖全员、全过程、全部门，对企业的管理安全管控具有指导意义。在人员管理方面，分别对中层干部、专业人才、生产管理人员等不同类别的人员实行相应的管理制度，并健全职工岗位管理、奖励管理、绩效管理、工伤管理制度。在设备管理方面，加强设备分工分界管理、可靠性监督管理、异动管理、维修管理等工作。在环保管理方面，实行合规合法性管理、污染防治管理、环境保护设施管理、清洁生产管理，根据环境监测管理细则定期抽查监测环保质量。在党建、共青团管理方面，充分发挥党建引领作用，推进团支部创新创效。在法务管理方面，全面收集本部门法律风险信息，进行法律风险评估，构建法律纠纷预警机制。在办公系统管理方面，使用办公自动化系统服务器，做好信息安全保障。在食堂管理方面，制定服务管理、卫生管理、安全管理等各方面安全的要求。横山煤电充分发挥各部门的作用，将智能安全管理贯穿到智慧电厂全生命周期的各个领域和环节。

### 9.3.3 实施效果

在智能化安全管理的作用下，横山煤电贯彻安全第一、预防为主、综合治理的方针，实现了工程安全生产管理目标，不仅有效地促进了煤炭资源的高效利用，还推动了我国电力工业的科技进步，取得了良好的经济效益与社会效益，对区域经济发展和能源产业进步具有重要意义。通过全方位智能安全管理的实践，横山煤电的安全管理工作在人、物、环、管的综合作用下取得成效，人员更加安全健康，实现人才培养的目标。设备智能高效，提高了安全生产的效能。环境绿色和谐，发挥了积极促进作用。管理全面精细，助力智慧电厂的建设。

1. 人员健康安全，培养成果丰硕

横山煤电在维护人员安全健康的同时，积极开展职工培训，提高职工的安全意识和技能，人才培养取得成效。公司财务人才培养成果丰硕，近三年来向集团内外输送了9名关键岗位财务人员，培养了省级会计领军人才1名、榆林市会计领军人才1名、榆林市有突出贡献专家2名，充分发挥财务人员在财会监督、挖掘经济增长潜能、防范化解重大风险等方面的重要作用，有利于完善企业治理体系，提高治理能力现代化水平。同时，集团系统的技术工人获得"陕西省劳动模范"等称号，以过硬的专业本领和先进的技术能力提供专业劳动，为智慧电厂的安全生产提供保障。

2. 设备精准高效，提高安全生产效能

横山煤电设备先进、密封性好、环保性能高，有效地减少了对周边环境的污染及燃料途中的损耗，既实现了煤电一体化，又践行了"绿水青山就是金山银山"的环保理念。全生命周期数据的集成，实现了实时定位、实时动态监控、作业规划等功能，使各业务之间高度协调统一，使安全管理工作向智慧管理转变。远程诊断平台涵盖电厂生产运营的各个方面，功能强大、数据收集全面，提高了安全管理的效率，增强了安全管理的科学性。在优质设备的加持下，横山煤电降低了厂用电率0.1个百分点，节约后期运营成本2.5亿元，获全国电力行业设备管理创新成果奖特等奖。横山煤电的机组不仅获得了中国电力联合协会 AAAAA 级优胜机组，还创造了连续安全运行 391 天的国内新纪录，获得了"电力安全生产标准化一级企业"称号。在新冠疫情和电网负荷需求下降的双重压力下，横山煤电发挥电源支撑点作用，实现了疫情防控和生产经营的"双赢"。横山煤电收获了一系列安全生产的佳绩，始终践行安全横电的发展理念。

**3. 凝聚环境合力，实现企业安全价值**

横山煤电积极推进绿色低碳，优化能源结构，不仅完成了发电任务，还为地区能源发展提供了支持。横山煤电的能源项目促进了陕北煤炭资源的开发和利用，把西部一次能源转化为电能，把西部地区资源优势转化为经济优势，拉动了地区经济增长，具有良好的经济、社会、环保效益。横山煤电的技术路线和成果示范，具有广阔的应用场景，具有良好的指导和借鉴价值。横山煤电工程每年可减少当地煤炭消耗 1600 万吨，减排烟尘 0.9 万吨、二氧化硫 7.9 万吨、氮氧化物 8.3 万吨、二氧化碳 2900 万吨，带动了陕北煤炭高效清洁利用，减轻了煤炭运输压力，对我国能源结构优化产生了重大示范作用，为助力革命老区脱贫攻坚和推动地方经济高质量发展履行了国企责任。

横山煤电实行绿化工作，为员工提供健康的工作环境，为当地居民提供优美的生活环境，提高了人们的工作和生活质量，促进了社会稳定。横山煤电积极加强党风廉政教育，营造了风清气正的经营环境和创业氛围，被列为"横山区廉洁教育基地"。横山煤电党委积极凝聚"红色力量"，为横电品牌发展做出贡献，在榆林市"七一"表彰中荣获"榆林市先进基层组织"称号。在技术攻关、降本增效等重大任务上，横山煤电充分发挥党组织的战斗堡垒作用和党员的先锋模范作用，发挥党员在专业技术方面的带头作用，实现了党建工作与生产活动的融合，凝聚起智慧电厂高质量发展的合力。

**4. 管理成效显著，助力智能化安全电厂**

通过全面精细化的管理，横山煤电在人员、设备、环境方面不断深化，取得各方面的管理成效，有利于推动智慧电厂的建设。横山煤电的煤电一体化工程自投产以来，各项主要技术指标均达到国内同时期同类型机组领先水平，各项环保指标远优于国家超低排放要求。工程年消纳高硫煤

370万吨，年发电量约 100 亿千瓦·时，实现产值约 30 亿元，实现利税约 4.5 亿元。工程建设全过程严格执行国家工程建设标准，不使用不合规的技术、设备及材料，未发生一般及以上安全责任事故、重大环境污染事件和重大不良社会影响事件。工程高标准达标投产，质量评价为高质量等级优良工程，获得 2021 年度中国电力优质工程奖。横山煤电践行"利用当地资源，转化洁净能源，助力地方经济"的宗旨，为革命老区决胜脱贫攻坚履行了国企责任。人、物、环、管全方位助力智能化安全管理，为实现"五个横电"提供全局化、智慧化、精细化的安全保障。

# 第 10 章　未来可期的智慧电厂

在数字经济时代，随着云计算、大数据、物联网等技术的运用，企业生产、管理、决策、运营等诸多模式发生了重大变革。横山煤电顺应绿色、智能、创新的发展潮流，不断加快自身改革步伐，面向安全、绿色、创新的发展方向，打造智能管理平台，建造安全横电、效益横电、绿色横电、科技横电以及人文横电，争做高水平、高质量发展的能源企业。面对数字技术蓬勃发展的环境，横山煤电正在通过智能管理平台，建造决策组织、提高决策水平、提升数据分析能力、发展企业智慧大脑，在提升绿色发展能力的同时强化开放式创新能力，努力打造一个未来可期的智慧电厂。

## 10.1　五个横电建设

横山煤电立足当下，发展数字经营、数字预算、数字资产以及数字财务等数字化业务，通过智能财务建立标准化体系，打造财税一体化，规范全面预算与数据资产管理的同时进行智慧财务运营。通过安监平台进行数字化安全管理，打造智能安全的智慧电厂。将来，横山煤电应融合工业AI、5G技术、云计算、大数据等外围技术，通过数字模型，将IOT平台采集到的数据与模型进行深度融合。横向融合云、AI、IOT、大数据、通信、视频、GIS（Geographic Information System，地理信息系统）等新ICT（Information and Communications Technology，信息与通讯技术），纵向打通端边网云，形成"数据库 + 工具 + 媒介"的智能管理平台，为生产现场的管理人员、工艺人员、生产人员提供实时的改进指导和优化。结合BIM技术、GIS技术、CIM（City Information Modeling，城市信息模型）技术，打造运营管理、业务管理等模块一体化的可视化管控平台，顺应智能时代，打造面向未来的"五个横电"。

### 10.1.1 安全横电

安全横电旨在将风险等级、检查标准、隐患排查、信息安全、安全教育培训融为一体，从各方面工作入手，基于智能管理平台，以数据化为载体，将打造安全健康企业为首要目标，建设健康发展的横电。智能管理平台基于安全管理规章制度，在其内部智库中完成安全风险等级及隐患排查治理的评定和检查标准等工作，以及及时发现风险、降低风险等级等智能监督工作。基于横山煤电划分的六类隐患，人身安全隐患、电力安全事故隐患、设备设施事故隐患、大坝事故隐患、安全管理隐患和其他事故隐患，在智能管理平台建立监督管理系统，包括智能检查、智能排查、智能治理、智能安全管控，以加强隐患监控，杜绝安全事故发生（图10.1）。

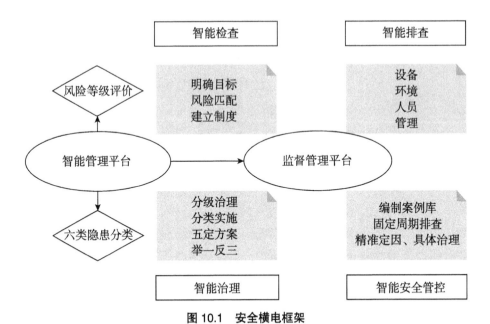

图 10.1 安全横电框架

（1）在智能检查方面，智能管理平台进行统筹检查与分化排查管理。首先，设立各部门隐患检查计划等检查任务，明确检查项目、检查标准，检查方法等内容。其次，智能管理平台根据之前建立的安全风险等级与之相匹配，制定具体排查方法的同时将隐患报告安全环保部门备案。最后，智能管理平台结合各个部门检查的实际情况与实际管理情况制订具体的排查管理方案，规范隐患排查内容，编制隐患排查表，建立持表排查制度。

（2）智能排查包括设备、环境、人员、管理等内容，同时结合行业隐患排查治理相关要求、智能管理平台建立的风险等级和统筹检查情况进行分化、智能的排查。首先，设备排查方面包括电缆沟及夹层等重要生产区域的安全状况，危化品管理情况，生产现场主机及主要辅机、机炉外管、直流电源等重要设备的安全状况，设备可靠性管理状况，特种设备的安全状况，各类电动工器具的检验和使用状况，环保设施投入和运行状况，热控逻辑是否合理、是否存在特殊情况下发生设备、系统异常的情况，安全器具的检验、使用状况及劳动防护用品的发放和使用情况，设备、系统中是否存在可能造成人身伤害、设备损坏和设备跳闸等异常情况，通勤车辆及厂内机动车辆定期检验和维修保养情况，基建管理情况和生产准备情况。智能管理平台根据设备资产检查、减值、使用、损耗等情况综合计算出设备的使用年限与使用损耗程度，根据设备的使用逻辑和可能造成的危害情况计算设备危险程度指数并且进行标注，在排查时根据使用程度和危险指数对设备进行具体排查。其次，环境排查方面包括作业区域内可能发生触电、淹溺、灼烫、火灾、高空落物等事故情况，影响作业人员身体健康和生命安全的环境状况，作业环境的照明、温度、地面及粉尘、有毒气体、可燃气体是否符合要求的情况，作业区域内现场沟坑孔洞、平台、栏杆、步道等影响人员作业安全的设施状况，宿舍、食堂、活动中心等生活设施的安全状况，治安保卫状况以及交通安全状况等方面。智能管理平台会根据各个部门的作业危险程度进行危险等级划分，对各个环境下的不同时间段的风险程度进行等级划分，通过监控系统进行实时观察、智能分析、警告提醒，实现具体环境具体排查、具体环境实时排查，具体环境精准排查。再次，人员排查方面包括生产人员持证上岗情况（重点是特种作业人员），职工培训、安全教育和遵章守纪情况，职工队伍素养及思想状况和精神状态以及人员准入情况。智能管理平台根据员工填写的实际信息进行算法计算，出具具体的员工安全排查资料，然后根据相关资料进行定制化的安全排查与安全培训等工作。最后，管理排查方面包括规章制度建设情况、规章制度是否齐全、管理流程时效性、管理人员的管理知识储备情况、各级安全生产责任制的落实情况、重大危险源管理状况等方面，智能管理平台会根据相关最新的安全指示文件，结合各部门管理组织的实际情况进行匹配和精准校对，通过数据分析进行精准推送，既保持各部门管理的独特性、时效性又能实现各部门管理的安全性、规范性、标准化。

（3）在智能治理方面，经过智能检查、智能排查等工作之后，智能管理平台会根据检查、排查的具体情况，实行分级治理、分类实施的治理方法，包括智能岗位纠正、智能班组校对、具体部门管理等。智能管理平台将实行方法科学、资金保证、措施有效、责任到人、按时完成、时效治理，落实管控责任到位的治理方案，防止隐患发展成事故。建立智能整改程序，实行整改计划，其包括排查项目、存在隐患、原因分析、整改措施、等级评估、责任部门、责任人、监督人、完成时间、资金、验收人和效果评价等内容。使得智能整改程序做到有始有终，从开始的隐患检查到最后的验收评价，做到责任到人，将具体责任落实到具体的职工。另外，智能管理平台实行紧急预案治理程序，就是重大事故隐患在治理前必须采取临时控制措施，由分管领导组织相关部门人员按照"五定"（定方案、定资金、定责任人、定时限、定预案）原则制定紧急治理预案，落实治理的目标和任务、经费和物资、责任部门和人员、治理的时限。然后智能管理平台将在所有隐患消除前或治理过程中，结合数据分析，进行举一反三的智能思考，实现同类型、同内容、同制度隐患的关联排查与防治，避免今后产生相同或相似的隐患。

（4）智能安全管控方面，横山煤电通过智能管理平台，结合之前隐患排查、安全治理的经验和教训，建设智能安全管控体系，编制安全案例库，记录隐患排查、安全治理的全过程。在全面隐患排查、检查和防治的基础上，智能管理平台根据具体情况进行组织编制与人员安排，实现每月由主要负责人亲自组织，分管负责人牵头，安全环保部和生产技术部参加的安全管控制度体系。在该体系下，每月至少开展一次全面的隐患排查，对逐级排查出的事故隐患始终坚持"谁主管、谁治理、谁验收、谁负责"的工作流程进行责任划分，并且及时梳理出一般事故隐患和重大事故隐患的成因，出具具体治理方案。

### 10.1.2 效益横电

效益横电旨在从标准化管理、降本增效等方面进行数据分析，通过智能管理平台将各方面进行整合，达到在高水平技术研发的基础上，实现横山煤电效益可持续增长和高质量发展。

（1）智能管理平台实现标准化智慧管理。基于控制项目投资成本需要、保证工程建设质量需要、提高财务管理效率需要等背景，在原有标准化管理的基础上，通过智能管理平台，实现全厂标准化智慧管理。

智能管理平台根据标准化管理原则和特色行业发展要求，搭建智能标准化管控体系，建立完善的智能组织体系。横山煤电根据国家有关财经法律法规、公司战略规划等相关要求，设置公司标准化管理部，开展标准化管理相关工作，为实现公司战略目标提供有效的智能组织保障。首先，智能管理平台为使得各部门能真实、准确、完整地反映公司管理的信息和数据，确保管理质量。智能管理平台结合公司各部门实际管理情况，制定横山煤电管理制度标准，为管理核算提供准则和依据。其次，根据企业各级单位的执行口径、具体管理和执行的数据，进行大数据分析，智能编制标准化核算口径，根据标准化核算口径，制定公司标准化管理制度，使其能够高效、顺利地实现标准化管理职能。最后，制定统一的考核评价标准。智能管理平台对各部门的管理工作制定规范化的评价标准，包括组织机构与人员标准化管理、资产标准化管理、作业标准化管理、档案标准化管理、信息化建设和内部控制等内容的评价标准，根据各部门实际管理情况的数据和信息进行数据计算并且进行赋值评价，针对有问题的或者赋值评价较低部门进行实时整改。

（2）智能管理平台打造高效的业务程序。第一，智能管理平台基于智能管控体系和智能管理制度，做到"流程管事"，在诸多业务流程中编制相关的流程运转程序和内部控制程序，针对每一个具体的操作步骤和环节，提出具体、明确要求和具有较强的可操作性。第二，智能管理平台实施统一的管理业务表单。在标准化核算口径的基础上，为满足规范管理、有效管理、效率管理、智能管理的需要，智能管理平台推出财务标准化管理、资产标准化管理、业务标准化管理、职务标准化管理、人员标准化管理等五大类管理表单，通过智能系统统一每项业务的表单填制程序、表单管理程序和表单评价准则，规范管理信息系统中的有关字段，强化非集成业务的集中管理能力，一方面为管理评价带来便利，另一方面提高了组织管理水平。智能管理平台进一步将管理要素进行整合优化，使该智能管理体系运行得更加有效、实施得更加有力，打造"管理有制度，操作有流程，考评有依据，行为有规范，执行有标准"的行业标准化企业。

（3）智能管理平台使得一切成本皆可控。不断优化成本智能管控的同时强化绿色技术创新管理，严格控制生产性开支，压缩非生产性开支。智能管理平台通过加强生产指标经济性分析降低机组能耗指标、优化重要主辅机运行方式，同时通过智能组织加强热力系统管网的日常巡检、有效控制机组维修成本等，来提高生产效率，实现"节资源、降成本"的横山煤电式效益增长。除此之外，智能管理平台协同多方，持续推进石膏综合利用项目，将生产废料——脱硫石膏转化为建筑材料（石膏粉、抹灰石膏砂浆、石膏自流平等），创造经济效益的同时，提高环保效益。不断加大绿色科技创新力度，积极推进输煤皮带巡检机器人、锅炉水冷壁巡检爬壁机器人、煤场智能盘煤机器人、电除尘智慧能量管理系统、智能全面预算管理系统、智能仓储系统等项目的落地实施，有力推动智能化生产管理系统的建设，提升公司生产管理的科学化水平，以科技创新成果的运动，深度实现降本增效目标。

### 10.1.3 绿色横电

绿色横电基于电力智能输送、环保措施实施、智能数据计算、绿色技术开发等维度，通过智能管理平台实现强化固体废物管理、水土保持等项目的开展，实现横山煤电的绿色、环保、健康发展。

智能管理平台在绿色横电中的主要作用在于节约资源、保护环境，减少作业过程中对于环境的影响。首先，智能管理平台拥有数据录入、信息推送等功能，可以直接助力管理人员实现移动办公。其次，当用水、用电等情况发生异常时，后台会自动告警，提醒管理人员根据告警信息进行现场排查。智能管理平台针对作业设备建立设备管理系统，其功能主要是对设备的巡视、安拆、保养、进出场、运行监测等进行信息记录。最后，智能管理平台系统根据上述信息对相关设备的运行状况进行预判,通过算法与实际数据分析匹配,对其相关设备的后续运营方式、作业方式与维修方案进行详细的规划与筹备,同时提醒管理人员进行设备的保养维护,确保设备工况良好。[58]

关于智能管理平台的绿色应用,体现在石膏价值链模式,固体废物处理,水土保持,污水处理、给排水优化,风光火储一体化体系等方面(图10.2)。

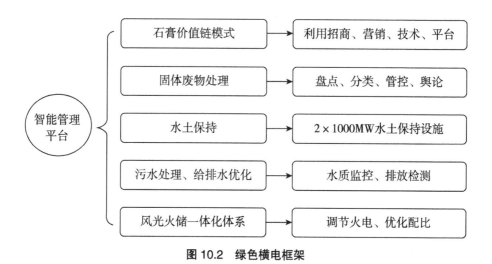

图 10.2　绿色横电框架

(1)横山煤电利用专业的研发能力和工艺技术,通过常态化的招商引入优质脱硫石膏资源与优质大型客户,全力打造石膏价值链,推进燃煤电厂固体废物的综合利用。

(2)在作业现场以及场后,会产生大量固体废物,这是造成环境严重污染的重要原因之一。因此必须及时采取有效措施,以有效地控制固体废物。传统的处理方法比较粗放,但是智能管理平台根据固体废物现场盘点数据,以及相关种类和重量进行分类计算,然后进行数据传输,对现场产生的固体废物进行精准管控。除此之外,横山煤电在智能管理平台上综合利用脱硫石膏等绿色环保技术,消纳周边企业大宗工业固体废物,成为工业固体废物综合利用示范企业。横山煤电还在智能管理平台上进行一般工业固废、建筑垃圾、危险废物、处罚力度等内容的科普和新固废法等专题的培训,从而提高生产人员的安全环保意识,为公司绿色生产保障夯实基础。

（3）横山煤电为有效地防止作业过程中的水土流失，在利用脱硫石膏技术开展水土保持方案的基础上，又通过智能管理平台创建水土保持项目，组织现场核查厂区、厂外道路区及贮灰场区，实地查勘水土保持措施落实情况，重点核查水土保持材料、实施程序、实施措施以及防治效果等情况，开展智能的、符合实际的水土保持项目。通过 $2 \times 1000MW$ 工程水土保持设施，实现一体化综合环保工程的成功研发，实现水土流失治理程度、林草植被恢复率、林草覆盖率等各项水土治理指标均符合要求。开工之前，智能管理平台根据当地实际水土情况制定土壤环境保护措施，保护土壤生态环境。面对作业过程中容易发生渗漏的情况，横山煤电编制了径流排查表，通过建造排水坡、植被特区等方式打造综合排水系统，减少水土流失的情况，减缓水土流失的危害。面对土壤堵塞、裸露的现象，横山煤电基于智能管理平台收集的实时数据实施最优化方案，清理各个储罐中的化学沉积物，同时对原有已开发的平原地貌进行相关有效恢复，对相关人为因素破坏的地貌进行重新修复与治理，在智能管理平台综合管理的基础上完成高标准、高质量水土保持工作，真正建成花园式电厂。

（4）利用智能管理平台，进行污水质量监控和污水排放监测。横山煤电利用实时监测系统将数据上传至智能管理平台，当水质监测结果不达标时，后台进行报警，督促管理人员采取相关的污水处理措施，有效地实现对排放污水的监管。传统排水系统使用的都是一次性排水系统，而基于智能管理平台的数据供给功能，排水系统得以升级换代，使得横山煤电可采用的多次水循环利用系统，科学划分出生活污水和作业废水，从而对排水污染程度进行划分，为后续的过滤净化与回收使用提供了数据支持。此外，智能管理平台可以引导污水的合理排放，避免了对地下水资源造成不利的影响。

（5）除上述内容之外，横山煤电还利用智能管理平台打造风光火储一体化框架，创造风光火储一体化体系。风光火储一体化项目是依托存量火电建设又充分利用火电调节能力的一套系统的环保能源体系。此体系在优化配比风电、光伏装机容量以及输电容量等同时，最大限度地发挥了风电和光伏利用的水平。

未来，横山煤电将继续深入贯彻习近平生态文明思想，积极践行绿色发展理念，全面落实绿色能源项目和做好环境保护等各项防治措施，在打造精品工程的同时，积极履行企业的社会责任，与"塞上森林城"提质增效行动同步实施，积极推进保护黄河母亲河的生态修复治理和全厂生态文明建设，持续为保护和改善接壤区生态环境、促进区域经济社会可持续发展做出积极贡献。

### 10.1.4 科技横电

科技横电旨在增强整体运行系统的智能化程度，利用智能技术，实现运行系统的自动控制监测和管理，完善整体系统分析、电力系统自动化、传感器预警实时显示、维修计划执行结果分析和当前设备维修计划等模块，实现创新升级、智能预警和健康监测，提高运行效率，增加运维时效性和安全性。横山煤电将智能技术应用在电力系统中，核心在于提高电力系统的整体智能化程度，帮助横山煤电从电源、作业、管理等多方面进行改变，获得优化和调整。将智能技术应用在电力系统当中，利用智能高新技术与数字技术，改变传统人力操作的问题，实现电力系统整体运行的突破。

（1）实现智能化调度。横山煤电在不断建设和发展的过程当中将智能高新技术和数字技术与传统发电企业进行融合改造，将智能自动化管理系统植入电力企业系统，使得传统企业从根本上实现了自动化调度，与此同时智能高新技术与数字技术创建全新的智能发电网络，可使电力系统在生产、传输电力的过程中更加稳定和有效地运作。将数据采集、模块管理、安全警示等功能与企业的整体运行进行紧密的匹配与结合，在体现现代化数字技术优势的同时，保留了电力企业整体运营的特点。

（2）提升系统自动化效率与水平。对于我国的技术能源项目来说，自动化的发展不仅可以实现自动化的系统精加工，还可以实现自动化的全方位管理。从技术层面来看，电力系统向自动化水平的不断发展也是当前先进智能技术的实际应用。发挥智能化技术作用，提高整体效率和自动化水平，也必将会使电力系统自动化的发展覆盖更多的要素系统。

横山煤电在生产的过程当中使用智能技术还可以减少外部因素的影响，做好故障排除，避免了众多因素和若干问题的干扰。智能技术的使用还可以随时适应运行参数，提高系统的当前性能和自动化水平。通过引入智能技术，可以大幅提高产品的性能和效果，减少操作误差，有助于提高电力系统的抗干扰能力，促进电力系统能够更加稳定、顺利地工作。而智能技术在电力系统自动化中的应用也可以提高整体工作效率，提高资源利用率，节省施工总成本，无须对所有传统设备进行升级，只需将两者结合起来，即可实现总自动化水平。

与此同时，在效益横电的助力下，基于智能管理平台的顺利运转、智慧化电厂的成功建设，横山煤电利用核心科技增强核心竞争力，实现高质量发展。横山煤电通过智能管理平台各个模块的智能功能进行统筹、协调管理，建立标准化管理体系，最终达到预期的经济效益和社会效益。而标准化管理体系的建设离不开科技横电的增益，智能管理平台通过先进的数据算法和智能的模块分管，学习先进管理体系的同时结合横山煤电能源型企业自身的特点，最终建立了标准化的管理体系，增强了横山煤电的核心竞争力。

（3）横山煤电真正的核心技术是科技横电立足的根本。一体化发电工程、并网发电项目、锅炉水压项目、机组发电机定子项目、机组轮机定速旋转项目、反送电技术、满负荷试验、百万千瓦机组项目、风光火储一体化等一系列高科技能源技术在增强横山煤电业务能力的同时，不断研发二代创新技术。在智能管理平台统筹协调下，实现科研水平的进一步突破，就是智能管理平台的真正意义，也是横山煤电在科技、科研领域发展进步的蓝本宏图。此外，横山煤电仍然坚持高标准、严要求的人才培养机制，来培养源源不断的电力人才，不断提高全体员工的技能水平和管理素养。

### 10.1.5　人文横电

人文横电基于智能管理平台的智慧党建以推动企业高质量发展，同时增强企业员工凝聚力，打造一个具有人文关怀的、极具凝聚力的、符合社会主义新思想的新时代能源企业。例如，横山煤电将利用智慧管理平台，推出学习型党员和党组织活动管理系统软件，为党组织提供一系列党建服务，如学习可视化、智能组织和活动流程标准化，使党员的学习内容更加丰富，党组织的管理更加容易。其智能管理软件系统允许党员足不出户就能参观各种革命历史资料，观看经典的红色电影，丰富学习体验，满足公司党员"随时学习、动手学习、特色学习、互动学习"的需求。鉴于瓶颈问题和对生产经营的发展制约，横山煤电在智能管理平台上实现"党员晒清单解决问题"的管理方案，在各项工作中取得重大进展问题，包括石膏脱硫技术工作的整体开发。这将为横山煤电发展循环经济奠定坚实基础。

横山煤电聚焦服务国家"双碳"目标新机遇，谋划减污降碳协同增效发展新格局，落实明强翻身、弘扬主旋律的主题，组织党史学习教育，促进商业合作，促进市场发展，帮助转型增长。从发展低碳排放开始，专注于新能源领域，继续稳定风能、光伏等新能源项目，进一步提高了新能源机组的安全能力。此外发展电网风能和光伏的现代化业务，以加快盈利能力转型，提高整体盈利能力。打破市场准入瓶颈，在高质量发展中寻找新的兴趣点。与此同时，横山煤电还聚焦反腐败斗争等难点问题，积极寻求解决方案。

（1）由于党员流动性越来越大，党建工作面临党员分布范围广、难以有效全覆盖、难以有效实施管理等难题。因此，横山煤电从整体层面推进智慧党建，利用数字化、智能化等技术推动党建工作实现标准化、实时化、共享化，实现党建工作"横向覆盖，纵向贯彻"的全覆盖管理局面，打造线上线下相结合的党建工作格局。横山煤电将党建要求细化为更多可计量的指数体系，形成信息化考核标准。通过对工作信息的数据化、标准化、透明化管理，做到用数据说话，用数据进行精准工作考核。另外，横山煤电依托智能管理平台的智慧党建，使得每个党员拥有"数字身份证"，可自动累计组织生活、岗位争先、奉献服务等方面的积分，建立公平公开的积分量化、动态排名、评星晋级、争先创优等透明机制，实现党员党建的科学化、数字化、公平化和透明化管理。

（2）横山煤电将对党员干部进行全生命党建教育管理，指引党员干部思考政治生命的重要意义，加强党员党性的素质修养，从党员内心引发反腐倡廉的政治思想自觉。横山煤电以权利责任清单和工作流程管理为基础，汇集组织部门、政府部门和互联网数据，进行大数据运算，建立反腐信息预警机制，采取重点干预、及时制止、控制腐败的管理措施。另外，通过领导信箱举报和网上群众投诉等措施，实现取证途径广泛化，不再局限于内部数据，实现对党员干部全方位、全流程、全社会的腐败监督。

除了智慧党建之外，人文横电建设在内部员工凝聚力方面也具有重大突破。横山煤电通过智能管理平台明确了岗位职责，为企业员工绩效评价提供了依据。通过运用标准化过程方法和系统管理方法，在理顺职能接口、规范内部管理、创新驱动等方面得到提升，营造全体干部员工"知行合一"自下而上，上下联动，全过程、全方位、全员参与的浓厚氛围，构筑起包含企业生产、经营、管理、科技和人文的全方位发展体系。另外，横山煤电坚持开展、参与人文文化活动，包括法治文化节、集团文化专题培训、榆能合创文化、"一带一路"文化、安全文化等一系列文化建设活动，体现横山煤电在员工文化培养、人文建设方面的用心。横山煤电还开展科研竞赛、安全培训、体育竞赛等一系列的具有人文情怀的组织活动，积极进行企业文化宣传和教育，提高员工职业素养的同时建设一支具有团队凝聚力的、责任心的、人文关怀的新时代队伍。

## 10.2 未来发展方向

在智能技术蓬勃发展的大环境下，技术创新已经成为未来发展的主流方向。横山煤电在智能管理平台的基础上，遵循绿色发展、创新至上、数据引导、智慧决策的发展原则，建立企业智慧大脑，培育智慧决策组织，进行预知决策与即时决策的同时发展风光火储一体化等绿色项目，成为绿色、创新、智能一体化发展的综合能源企业。

### 10.2.1 提升绿色生产能力，健全风光火储一体化体系

风光火储顾名思义就是风能、太阳能、火电等多能源混合发电的模式。风光火储一体化项目旨在推进整区域分布式光伏、风力蓄能、清洁煤炭等供应方面的合作，新建风电、光伏发电项目，重启发电机组作为调峰电源，配套储能设施、供热项目、传输工程、充电桩等产业，有效整合当地风光资源，提升能源利用效率和公司发展质量，打造清洁绿色、安全高效的风光火储一体化多能互补能源示范基地。横山煤电通过智能管理平台建设风光火储一体化项目，将产出、储存、传输和使用等环节有机联系起

来建立一个完备的风光火储一体化体系。

　　风光火储一体化项目建设的基本逻辑在于通过优先利用风电、光电等清洁能源，发挥煤电调节性能，适度配置储能设施，统筹多种资源协调开发、科学配置，发挥新能源富集地区优势，实现清洁电力大规模消纳。而其中就涉及两方面的问题，一是风电、光伏发电工程的建设问题，大规模建设风电、光伏发电工程不仅考验企业资金实力，还考验企业绿色发电技术的稳定性、成熟性。横山煤电预计建成的风光火储一体化项目总装机容量达上千兆瓦，其中涉及风电、光电、光热等多方面绿色能源，而面对季节变换带来的不稳定因素，风电、光电等绿色能源的产出运输也会随之波动，不稳定的产能对企业绿色发电的传导、储存造成严峻的考验。二是储能问题，风电绿色能源产出之后的储存、输送、分配、统筹都是一个工作量极大的工程，这需要企业在环境因素影响下掌握精准的数据进而多方统筹，将风光火储的优势尽可能地发挥到最大程度。

　　面对上述问题，横山煤电首先依靠强大的高水平的绿色科研能力将大规模的风电、光电等绿色能源连接智能网络，通过稳定的输运工程、并网技术和送电技术，即使面临环境不稳定因素也能将极大的风电、光电能源安全地传输至存储库。其次，横山煤电通过智能管理平台解决了多方统筹的问题。智能管理平台将风机、光伏和存储库组成一个联合发电体，使得存储库在风光发电程度大或者用电低谷时进行充电，将剩余的能量储存起来，在风光发电程度小或者用电高峰时输出放电，外加煤炭发电进行调节，在智能管理平台的统筹下做到削峰填谷、平滑能量的供应，维持需要的稳定功率。最后通过智能电网进行传输运送，在优化能源结构、避免绿色能源浪费的同时破解资源环境约束，实现绿色高质量发展。

　　横山煤电在电力风电装机容量、光伏装机容量、清洁能源装机比例稳步提升的前提下，在供应侧转型方面加强了绿色生产能力，并为公司在新能源领域的组织奠定了坚实的基础。消费端的转型主要表现在智能能源和电氢替代。智能管理平台利用大数据平台分析客户使用能源的倾向，然后按需提供能源，这不仅提高了资源的使用效率，而且消除了原有的能源障碍。此外，它还有助于避免能源供应风险，确保能源安全。其绿色产业链正在向两个主要方向扩张。一是向上游扩张，持有一个煤矿的多数股权，以获得高质量的原材料,从而提高了发电厂的运行效率。二是向下游扩张,通过将城市污泥与动力锅炉混合,以实现无害且昂贵的污泥处理。从源头解决环境污染问题,提升绿色生产能力。[59]

横山煤电打造绿色能源企业,提升绿色生产能力,主要体现在以下三方面。第一,横山煤电将发展重心逐步转向利润率稳定的绿色发展项目。由于传统发电企业的生产成本很高,不仅受煤炭价格的影响很大,而且污染物处理产生的成本也会增加企业的管理费用。因此,绿色发展项目的净利润率远高于传统能源生产公司,而且更稳定,风险更小。第二,横山煤电通过并购重组的方式接纳具有绿色生产能力、需要转型的中小发电企业,在较短时间内完成资源整合,提升绿色生产能力。此外,研发升级生产结构具有时间短、效果快的优点,绿色研发可以节省技术开发所需的大量时间和人力物力,降低研发成本。第三,横山煤电产业链的扩张不仅可以为企业找到优质的煤炭资源,减少煤炭价格变化对企业的影响,还可以使用污水处理技术,使其在城市绿化中发挥作用,从而履行企业社会责任,拓宽创收渠道。

### 10.2.2 发展先进预知决策与即时机制,提升系统韧性

横山煤电使用数字化技术和数字化平台进行预测性的优化与创新。面对不断变化的环境、技术、政策、人员等因素,横山煤电取长补短,随时应对不断变化的情况,将不利因素转变为有利因素,将劣势转化为优势。因此,横山煤电利用智能管理平台发展了一套预知决策与即时机制(图10.3)。智能管理平台将互联网和大数据深度融合,主要作用包括改进服务决策系统、设备故障预测系统、设备全生命周期管理系统和设备工作状态数据管理系统。在数据层面,智能管理平台提供对安全监控数据、存储数据和人员管理数据的访问,实时显示各单元的设备状态数据和故障数据。在管理层面,智能管理平台可以对服务任务进行智能控制,实现了实时交互贯穿于智能决策的分发、执行、实施和反馈过程。另外,智能管理平台的应用还可以在企业安全方面发挥作用,使得其管理人员和服务人员对企业整体的工作进行实时监控,通过网站和移动终端的数据获取,确保生产、网络和数据安全,进而使得企业实施有效的规划和决策管理。

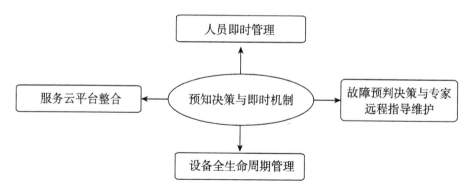

图 10.3 预知决策与即时机制简图

预知决策与即时机制包括故障预判决策与专家远程指导维护、设备全生命周期管理、人员即时管理、服务云平台整合等数个模块。

（1）故障预判决策与专家远程指导维护方面。智能管理平台搭建数据采集系统，针对故障数据以及设备故障处理业务流程所存储数据，建立头部采矿设备的统一机器学习样本数据库。设备故障预测方法根据整体采矿设备的运行特点形成相应的故障预测策略，实时采集采煤机机械传动系统的振动数据，并对采集的数据进行时域分析和频谱分析。如果设备的故障导致相关数值超过特征值，就会触发警报，并通过智能服务平台将警报信息和缺陷部件的原始数据及时传输给经验丰富的智能专家决策系统。智能专家决策系统基于时间和频率领域的损伤预测结果和分析结果综合评价故障部门的原始信号，为远程专家的智能诊断提供依据。基于智能管理平台，远程专家在专家智能诊断系统中通过视频和语音与现场维修人员互动，指导现场人员进行维修工作，从而显著提高了维护的效率。[60]

（2）设备全生命周期管理方面。智能管理平台建立了设备全生命周期管理机制。全生命周期管理有助于最大限度地提高生产能力，确保安全高效的煤矿开采。作为设备全生命周期的重要组成部分，整体设备的使用管理主要包括设备检查、设备维护、设备的翻新和更新以及设备备件的管理。在使用设备的过程中，应使用大数据平台实时检测集成设备的运行状态数据，并基于平台上的故障危机标准，对设备进行故障预测，实现预防性维修。作为管理设备的整个生命周期的最后阶段，设备的生产后管理应包括设备储存管理，设备撤出管理和设备处置管理。

（3）人员即时管理方面。系统根据操作需求将人员分为四类：管理人员、服务中心人员、专家和维修人员。管理人员负责管理整个服务流程的规划和决策。服务中心人员负责提交新的工单、分配工单和维护日常系统信息。专家负责诊断和处理有关工单的决策，并按照所属单位和专家所在对设备进行分类管理。实时显示其在线状态，并确保故障工单得到实时处理。维修人员应负责设备维修一线的操作，以及涉及备件的维修工作，执行材料收集和退回操作。收到工单后，员工的状态显示为活动。在维护任务结束时，员工的状态显示为非活动，并且可以分配新的执行任务。这使得能够在设备全生命周期和人员智能管理的双重改革背景下做出可靠和直接的决策，以应对变化条件。

（4）智能管理平台整合了各种高效的云服务平台。该平台可以实时监控多台设备的运行状态，实时接收基本信息，一键启动文件，查看操作违规记录、故障总结与工作监控，实时显示多个汇总数据和实时矿机速度、油箱液位等基本信息，单个集成采矿工作面的水位、泵站压力和其他信息。这为预防性和即时性决策提供了信息安全，也为智能决策的后续发展奠定了基础。

在企业层面应用中。横山煤电利用互联网信息系统所建立起数字化网络系统，在企业生产、运营、决策中实现科学化管理，保证了企业的健康持续发展。横山煤电还构建了智慧企业体系、企业标准化体系、全面预算体系、资产数字化体系、财务管理标准化体系以及智能化安全管理平台等多方面的、综合的、成系统的、多维度的体系，这些体系同时也是横山煤电预知决策和即时机制的核心内容。

（1）横山煤电从各种理论学说入手，阐述智慧企业存在的理论逻辑与理论价值。从智慧企业定义入手，阐述智慧企业发展的模式和必要性，表述智慧企业在风险识别自动化、决策管理智能化、纠偏升级自主化的柔性组织形态和新型管理等方面的重要意义，说明了智慧企业的运行机理，构建了智慧企业技术和组织框架。综合上述内容之后，横山煤电进一步发展预知决策体系，利用物联网、数字化感知等先进数字化技术在风险识别自动化和决策智能化方面建立数字化平台，创新数字化感知技术，针对外部环境、技术、政策、人员等变化提前做出一手智能化决策与应对方法。在柔性组织形态和新型管理等方面进行创新，针对提前预知做出的决策进行自主纠偏升级，做到事前、事中、事后都自动纠偏校对，并且每一次校对都留有记录，为下一次的预知决策准备数据资料，使得预知决策逐步完善。

（2）横山煤电依靠标准化管理模式和完备的预算体制，能够及时、即时地组织资金、团队、设备和技术来进行应对企业整体风险、行业风险等外部风险。横山煤电使用完备的、标准的财务体系进行财务管理，使用完善的内控机制、成熟的分权管理来应对财务风险，通过数据资产、资产数字化等数字技术进行资产管理，将资产进行数字化编码，杜绝资产侵占舞弊应对财务风险、信息风险等内部风险。

（3）横山煤电通过智能管理平台增强各个系统的融合程度，增强其应对综合风险的韧性与强度，使用数字技术、智能算法，在实时监控、意见反馈、及时校对、协助统筹、相互协作等方面进行数字化管理，增强各方独立运转，相互配合默契程度，进而增强系统韧性。

### 10.2.3　发展大数据分析系统，发挥数据资产价值

数字时代，数据是进行决策、防范风险、实现高质量发展的重要工具，是技术创新、可持续发展的重要保障。横山煤电利用核心大数据分析系统提供综合的优化服务，促进企业稳定发挥数据资产价值的同时确保企业健康、良性的可持续发展。智能管理平台面向数字化智能企业打造一站式大数据平台，包含了数据资产管理和 AI 智能管理算法建模两部分。智能管理平台提供了包含数据文件，数据源，算法的管理配置工厂，内置通用和行业算法库，支撑用户快速从 0 智能管理到 1 智能管理创建模型，同时提供优化调度算法能力，帮助用户高效利用硬件计算资源，提高生产力。智能管理平台拥有丰富的算法组件，涵盖多种经典机器学习算法组件和工业大数据算法组件，具备可视化开发体验，无须开发代码，通过拖拉形式快速搭建机器学习试验，可以进行自动化流程控制，拖拽生成算法组件运行依赖关系和工作流，以及自动化执行。另外，支持自定义算法，支持智能管理 Python，C/C++等多种语言编写的自定义算法包。

在数据分析方面，智能管理平台通过强大的底层能力，结合智能管理

算法对基本生产数据进行实时采集与存储，通过数据挖掘、分析等技术手段，控制生产过程，完善科学管控，达到降本增效的目的，同时对产品功能、性能等进行分析改进和创新，满足各部门的个性化需求。智能管理平台通过数据挖掘、采集、清洗、筛选等技术，实现对智能管理 IT、OT（Operational Technology，运营技术）数据的实时采集与存储，打造大数据基础开放能力，以 SaaS 智能管理化方式为企业提供数据仓库、工业算法模型、工业机理模型、AI 智能管理算法组件等服务。智能管理平台支持 PB 智能管理级工业大户数据处理分析能力，为海量、高并发的机器数据提供存储、计算、分析平台能力支撑，基于主流的数据挖掘、机器学习和人工智能技术，开展大数据挖掘与分析，建立故障诊断、故障预测、健康评估、质量控制等数据模型。另外，智能管理平台还具有缺陷诊断功能，根据企业生产制造过程中 AOI（Automated Optical Inspection，自动光学检测）智能管理设备拍摄的产品质量的检测图像，识别出产品中存在的质量缺陷，并依照设定的业务规则对缺陷进行编码分类，随后通过 AI 智能管理技术替代人工的重复劳动，降低人力成本，提升缺陷识别的速度与准确性，从而缩短缺陷诊断时间，提高产品质量和产能。

智能管理平台具体分为能源调度、故障检测、预测维修、质量监控、生产流程等五大模块。①能源调度。通过能源预测模型帮助企业优化资源利用效率，提高全企业能效，利用绿色能源、风光火储等新能源项目完成削峰填谷的能源调控，实时完成能源调度。②故障检测。通过图像检测算法辅助工人对缺陷定位和分类，有效控制质量异常，减少人力成本，提高检测效率，并且进行详细的故障原因分析，进行精准的故障检测，为后续维修提供详尽的数据资料。③预测维修。通过对关键的设备运行参数进行建模，判断机器的运行状态，预测维护时间，进行定期的维修检测，防患于未然。④质量监控。通过对生产过程全数据建模，迅速识别生产异常点，从源头降低产品缺陷率，提高发电效率，并且对设备、机械等资产进行质量监控，降低意外事故发生的概率。⑤生产流程。通过对作业、投产、备料等环节建模，最优资源调度以应对复杂的订单计划，实时完成人员与资源的分配，追求效率的同时降低成本、提高效益。

数据资产在企业层面应用中体现在以下两方面。

（1）横山煤电通过物料编码进行资产数据化。以简短的文字、符号或数字、代码来代表物料、品名、规格或类别。至今系统梳理形成了44个大类、3545种物料模板的集团主数据标准，完成了对横山煤电现有物料编码的清洗工作，共计清洗物料信息10124条，同时完成了与集团ERP系统等共17个接口的开发，确保了集团各类主数据信息的安全稳定传输。主数据分析系统作为集团各类公用业务数据信息的重要载体，在推动集团信息标准化建设、消除各信息系统间的数据孤岛、支撑企业决策、助力数字化转型等方面有着重大意义。因此，横山煤电从建立主数据标准体系、主数据管理平台、主数据代码库、主数据编码审核、系统运维管理办法以及完善主数据集成共享等多个环节入手，下发了多个配套标准与相关制度文件，推动主数据系统的上线，为公司资产规范化管理奠定了坚实基础，为全集团物资调剂调拨、决策决断以及实际问题解决提供了数据支持。

（2）横山煤电从数据资产入手，依靠数据互联网交流，完成"数据库+媒介+应用"的大数据分析系统。①依靠上述的主数据系统，建立属于自己的数据库，获取数据资产信息。②建立专家网络端到端的全局流程，创建独具特色的企业数据资产与数据信息应用之间智慧媒介。横山煤电的数字化平台作为一个数字化媒介而不是一种技术，融合各方面专家的专业技能，将数据资产与实际业务进行匹配，涉及分配、决策、管理、创新等方面，也就是说数字化平台融合各项技术，满足实际需求的同时发掘各项数据的潜在价值，打破信息壁垒，使得数据资产真正地应用到企业发展当中去。③基于数字化技术的使用和数据资产的分析，横山煤电可以及时地得到他方对于产出的反馈，迅速完成输出改造，还可以及时得到部门对于生产的反馈，迅速完成产业模式升级。因此，开展数据资产的应用，发挥数据资产价值，丰富横山煤电信息维度的同时也增强了其核心竞争力。

### 10.2.4　发展智慧决策型组织，创造全员参与环境

横山煤电基于标准管理、数字技术、决策机制以及大数据分析建立智慧决策流程，在数据、组织、技术方面突出数字化、智能化的特点，由上到下创造全员参与的智慧决策组织（图10.4）。

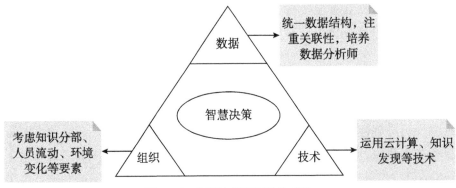

图 10.4 智慧决策组织结构简图

（1）在数据方面，横山煤电对获取的数据进行挑选、集成，首先确保数据信息的准确性与安全性，再采用合适的存储结构来存储这些数据信息。不断地更新自身技术，满足大数据时代的需求。由于数据产生速度快、频率高等缘故，产生实时数据处理要求，横山煤电在不断地分析研究中，认识到实时数据的作用，并将关注的重点放在实时数据流上，有效利用实时数据进行企业管理决策，解决作业、管理过程中的重点问题。另外，横山煤电在大数据环境下基于智能管理平台关注各数据间关系的变化，通过数据间关联性进行分析，挖掘出大数据中的有价值信息，使其更好地作用于管理决策。

①大数据决策下参与者的角色变化。在大数据环境下，决策参与者依然是决策的关键因素。从企业管理者的角度来看，以往决策过程中由于数据的缺失，一些重要的决策只能靠管理者通过自身经验来判断，但是在大数据支持下的决策过程中不需要担心数据缺失和获取困难的问题，管理者最重要的任务就是发现问题，并提出问题。从企业普通员工角度来看，数据决策能够快速获取决策中需要用到的信息，每个人都可以利用和分析大数据，从而参与决策，提高企业管理决策能力和水平。

②在数据分析师方面，智能管理平台中数据分析师的地位较高，在企业管理决策中占据非常重要的位置。因此横山煤电利用数据分析师统计分析、分布式处理的技能，从海量的数据中提取出有价值的信息，并将这些数据信息传达给决策者，为他们正确决策提供参考依据。

（2）在组织方面，基于大数据时代企业决策者角色发生很大变化的背景下，智能管理平台对决策权进行重新分配、对决策组织结构进行改革，关键就是对集中和分散决策权利的分配。利用IT技术作为提升数据处理水平的方式，将知识分布、人员流动、环境变化等因素的影响考虑其中，灵活运用决策组织。若知识比较集中，就需要使用集中决策结构，若知识比较分散，则就需要使用分散决策结构。因为决策环境复杂，知识分布广泛，所以智能管理平台在两种模式中将分散式决策作为主要决策形式。除此之外，横山煤电在组织文化方面，更新自身思维模式，在对重大事情进行决策时，利用智能管理平台收集、整理、分析相关数据，充分利用大数据优势进行决策，制定出适应企业环境的生产、运营与管理决策。

（3）在技术方面，基于云计算的数据处理与分析技术，使得智能决策更好地服务于企业发展。加大对低成本、高效率的分析平台的研究力度成为横山煤电管理决策的重要内容。云计算是管理与处理大数据的一个重要工具，智能管理平台利用云计算技术对各类数据信息进行分析和处理，为数据分析、管理提供准确的参考数据，提高其数据服务的质量和效率。横山煤电基于大数据的知识发现技术，从海量的数据信息中找出对决策有益的信息从而提高决策质量。另外，基于大数据的特殊性，智能管理平台在决策时以数据流、特征流的形式表现，在展现数据价值的同时把知识发现方式作为决策的重点内容，将大数据的价值和各数据碎片之间的相关信息进行密切联系，挖掘大数据中的关联信息，构建面向数据流的知识发现方式。

智慧决策在企业层面应用中体现在以下几方面。

（1）横山煤电建立由上至下的智慧决策模式，主要分为定目标、抓流程、控制整体运营效率三部分。第一部分，定目标。横山煤电根据大数据分析和企业实际发展情况进行战略定位，在以提升核心竞争能力和可持续发展为总目标的前提下，在智能管理平台下设数个具体的分目标，进行具体而有层次的发展目标设置。这样既有利于明确企业定位，也有利于提高企业决策的可靠性、时效性和有效性。第二部分，抓流程。横山煤电主要从两方面进行作业流程的掌控：一方面从标准化管理体系入手，从智慧组织到工作小组都按照标准化流程工作模式管理，有效掌控作业的进度和安全程度；另一方面，通过智能管理平台实时地对作业流程、人员管理进行校对，既能在正常环境下进行有效的作业流程，又能根据环境、人员、政策、技术等影响因素的变动及时进行调整，实现增益发展。第三部分，控制整体运营效率。此部分主要利用数字平台，由上至下地进行质量、成本、效益的掌控，对实时监控获取的数据进行分析，得到整体运营效率情况，进而进行相应的校对调整，使相关决策既符合实际又具有时效性，既能促进整体运营效率的提升，又能使横山煤电在数字化、智能化、可持续化发展的道路上昂首阔步。

（2）横山煤电通过智能管理平台建立由下至上、全员参与的决策环境。全体员工都可以通过数字技术和数字平台参与线上交流会议，表达自己对于企业发展战略、实际管理工作、具体作业流程等方面的建议；通过智能管理平台进行头脑风暴，交流具有创新价值的想法；通过数字技术建立的意见反馈交流系统，使用多种多样的方式（电子邮件、线上账号、联系电话等）实现沟通交流。这样的做法既能提高组织凝聚力、整体认同度，又能广纳良策，实现整体决策水平高质量提升。总的来说，横山煤电在数字化平台上设计了各种类型的交互和学习系统，以此来完备决策的有效性和创新程度，在实现资源整合、成本降低、效率提升的同时又体现出数字社交工具所带来的强大而丰富的功能，持续为企业战略、发展、管理决策提供技术支撑，保持了横山煤电的可持续发展。

### 10.2.5　建立数字大脑，指挥协同决策系统

横山煤电建立数字大脑分为三个阶段。

第一阶段，初期阶段实现网络化。初期阶段，企业平台化管理没有完全形成，线下环节可以有效地分享，但是线上合作还不成熟。虽然已经有少量数据流入，作业可以在线开展，但是数据连入的速度有限，在线化成本高，创新程度不高，真正自主研发的技术少、速度慢，并且租借数字平台、模仿管理模式的弊端也显而易见。在此阶段，横山煤电提供的总体数字化转型计划是实现线上与线下管理、作业的融合，建设管理平台，把大数据分析应用作为横山煤电网络化的核心，同时以"互联网+"作为手段，进行数据整理，兼顾实际需求，辅以数据分析，帮助其实现线上精准掌控，尽可能地从线下转型到线上来，实现网络化转型。

第二阶段，成熟阶段实现平台化。成熟阶段，企业平台化管理基本完

成，合作在互联网平台上已经可以成熟运营，形成多链条协同"竞速"是这一阶段竞争的主要手段。此时线下线上分工明确，线下实现作业，线上承担智慧决策的功能。此阶段数据已经可以成批进行管理，线上数据连入的速度明显变快，处理系统更加优化，检索不断系统化，总体创新水平较前一阶段有明显提升，已经可以根据特定作业情境来制定具体的人员分配、技术方案、管理模式。在此阶段，横山煤电搭建大数据信息化平台的重点是分布式架构、咨询规划、智慧运输、云计算、大数据、智慧平台转型，以及探索能源与管理方面的问题，以实现能源企业"三新"（把握新趋势、开拓新思维、应用新技术）与"三化"（计算资源云化、信息系统平台化、软件开发敏捷化）的突破，完成平台化转型，建立综合服务平台和电子智慧平台。

第三阶段，智能阶段实现智能化创新。在这一阶段，横山煤电创造性地打造智能办公模式，实施智能战略，不论是线上还是线下，各环节都通过智能方案进行更好的协同，合作的深度与速度较前一阶段有很大提升。此阶段主要有以下特征：①准确程度高。由于智能技术应用与关键数据普及，可以做到全局统筹管理、局部高精度管理，新兴技术与资深经验的融合，使得线下与线上的界限模糊，同时让平台的负载能力、及时处理问题能力得到巨大提升，进而准确降低成本，针对性解决问题，清晰网络责任。②智慧程度高。这一阶段的智能化不仅应用在数据、检索等线上方面，还应用在线下、全渠道、全范围，例如，成本规划、人员管理、技术优化、数据搜集、数据应用等多个方面，形成企业智慧大脑，智能地协同线上线下，形成持续竞争力。③创新程度高。与前一阶段相比，智能阶段的创新范围更加广泛、适应能力明显提高、对时间的反应能力也明显提高。

## 10.2.6 发展开放式创新平台，强化竞争优势

横山煤电的开放式创新可以说是基于智能管理平台的开放式创新。开放式创新企业可以借助相关创新资源，建立一个可以直接整合外部创新成果的平台（图 10.5）。开放式创新平台优势主要体现在四方面：①挖掘市场需求。开放式创新平台可以发现未来市场需求，汲取优秀能源企业开放

式创新模式的经验,从而占据未来行业发展的制高点。②提升整体设计能力。整体设计能力是能源企业必不可少的优势之一,该平台的设计团队具有全球性、前瞻性思维和领先技术,具备较强的整体设计能力。③软件开发系统。智能操作系统是重要的后台支撑,也是创新平台的重要组成。企业实施平台创新,必须建立具有自主知识产权的智能操作系统,既能用于支撑产品的设计和运行,又能用于集聚各项创新成果。④实施系统集成。开放式创新离不开系统集成。系统集成包括通过不同模块生产的硬件集成和软件集成。

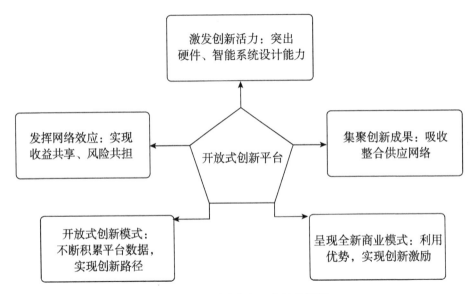

图 10.5　开放式创新平台结构简图

开放式创新平台的功能主要体现在激发创新活力、集聚创新成果、呈现全新商业模式、发挥网络效应等几方面。首先,在激发创新活力、集聚创新成果方面。重点突出硬件和智能系统设计能力,制定严格的标准体系,包括企业产品、服务、管理、合作等明细内容,分别建立供应商网络,组成了企业创新平台。吸收其较强的研发和集成能力,采用供应链管理或外包的方式形成较高水平的供应商网络。其次,呈现全新商业模式。以横山煤电为代表的基于平台的开放式创新是一种全新的商业模式,企业立足网络化的平台与平台上的各类组织形成合作关系,具有网络化的竞争优势。开放式创新平台所提供的是各种软硬件创新的集成，不同专业功能产品的集成，其中包括芯片模块、技术模块、系统模块、网络模块等各种制造模块的集成，所提供的服务既是面向平台的智能服务，也是面向国家网络的各种服务。最后，发挥网络效应。该平台对市场开放，任何适合该系统的创新都可以加入该平台的网络，企业因构建的创新平台与网络的上下游企业、研发机构组成联合发展伙伴关系，实现收益共享、风险共担，从而有效地激发了所有参与企业积极创新的活力。不断获得最先进和最适合需求的创新。

除了上述平台模块的功能外，横山煤电还高度重视基于平台的开放式创新模式，支持实施平台创新的企业建立专业化的数据系统，并开展有价值的大数据研究，支持平台创新企业建立用于行业共性技术研发和测试的数据模拟实验室，为行业创新提供专业化的信息服务。与此同时，创新企业的平台大数据被不断积累，此外，横山煤电的开放式创新平台的建设还实现了创新路径。第一，开放式创新平台不仅实现了数字技术创新，还预测了企业未来数字化发展转型的机会，搭建了完整的数字化创新框架，完成了数字价值创新，把重心放在实际价值与预测创新方向上，满足实际需求的同时发掘各项技术潜力，打破技术壁垒。第二，在打造创新体系方面，横山煤电的开放式创新平台可以让他方技术搭载，已不再是一种技术而是一个数字化转型的媒介，实现了原本不能实现的操作，重新定义了创新体系并且保证了创新路径不断优化和持续顺畅。

# 参考文献

[1] 王思童."十三五"全面开启"互联网+"智慧能源大幕[J].电器工业,2016(4):51-53.

[2] 查亚兵,张涛,黄卓,等.能源互联网关键技术分析[J].中国科学:信息科学,2014,44(6):702-713.

[3] 翁爽.新基建的电力蓝图[J].中国电力企业管理,2020(10):8-11.

[4] 田高良,张晓涛.数字经济时代智能财务理论与发展路径研究[J].财会月刊,2022(22):21-28.

[5] 谷增军.基于仿生学视角的企业资金管理[J].新会计,2016(7):32-35.

[6] 同[5]。

[7] 周方.产业组织理论的产生与发展[J].台声:新视角,2005(7):49-50.

[8] 顾新建,祁国宁,唐任仲.智慧制造企业:未来工厂的模式[J].航空制造技术,2010(12):26-28.

[9] 叶秀敏.基于"工业4.0"的智慧企业特征分析[J].北京工业大学学报:社会科学版,2015,15(1):15-20.

[10] 涂扬举.智慧企业关键理论问题的思考与研究[J].企业管理,2017(11):107-110.

[11] 白雪洁,李琳,宋培.数字化改造能否推动中国行业技术升级?[J].上海经济研究,2021(10):62-76.

[12] 同[8]。

[13] 张建良,周芸,徐润生,等.中国制造2025:推进钢铁企业智慧化[J].中国冶金,2016,26(2):1-6.

[14] 王振樯, 蔡旭. 智慧企业建设的构架设计与实施路线分析 [J]. 智能制造, 2018（5）: 52-55.

[15] 同 [10]。

[16] 葛焱, 傅明华. "互联网+"背景下智慧企业的理论演化与建构方向 [J]. 企业经济, 2016（9）: 49-54.

[17] 张恒, 周杰, 梁文彪. 电力企业安全管理中数字化技术应用研究 [J]. 经营与管理, 2022（11）: 87-90.

[18] 金辉. 企业标准化能力提升探析 [J]. 经济研究导刊, 2018（4）: 14-15.

[19] 冯艳英, 郝素利, 丁日佳. 企业标准化管理模式及运行机制研究 [J]. 中国科技论坛, 2014（6）: 77-82.

[20] 庄延良. 胶南市企业技术标准化战略研究 [D]. 青岛: 中国海洋大学, 2010.

[21] 王道平, 韦小彦, 邹思明, 等. 技术标准联盟主导企业标准化能力研究 [J]. 中国科技论坛, 2017（2）: 92-97.

[22] 李敏. 数字经济背景下洛阳银行JZ分行预管理问题研究 [D]. 郑州: 河南财经政法大学, 2022.

[23] 刘东君, 夏俊, 蔡子君, 等. 企业数字化转型利益相关者模型与应用: 以深圳市龙华区企业为例 [J]. 现代信息科技, 2021, 5（22）: 137-139+143.

[24] 葛玉洁. 企业价值管理变革: 创值单元理论的讨论与展望 [J]. 学术交流, 2020（12）: 111-119.

[25] 陈园. 数字经济时代人力资源管理转型研究 [J]. 商场现代化, 2020（23）: 72-74.

[26] 熊柯越. 数字化转型对家电企业绩效的影响研究: 以格力电器为例 [D]. 昆明: 云南财经大学, 2022.

[27] 宋辉. 数字化智能时代企业全面预算管理体系的设计实施与推广 [J]. 国际商务财会, 2021（15）: 81-83.

［28］陈显劼.企业全面预算管理存在的问题及对策探讨［J］.全国流通经济，2020（16）：60-61.

［29］仪秀琴，周天骄.大数据环境下全面预算管理体系构建［J］.合作经济与科技，2017（23）：130-131.

［30］张鹏飞.数字经济背景下SQ物业公司智能预算平台建设研究［D］.杭州：浙江工商大学，2021.

［31］杨宇鹏.信息化背景下生产型企业预算管理体系的优化［J］.当代会计，2021（4）：183-184.

［32］贺春桃.大数据时代基于财务共享服务模式的费用预算管理策略分析［J］.互联网周刊，2022（6）：60-62.

［33］李燕如.房地产企业资金管理问题及对策［J］.全国流通经济，2021（14）：100-102.

［34］边静.探讨加强集团企业资金筹集与使用管理的策略［J］.全国流通经济，2022（11）：63-66.

［35］王佳卓.基于物联网技术设计固定资产管理系统［J］.电脑知识与技术，2020，16（11）：255-256.

［36］单存波.基于RFID的高校固定资产管理系统设计与实现［D］.杭州：浙江工业大学，2012.

［37］佘蕊，张宁池，王艳茹，等.面向电力物联网的5G通信认知无线电NOMA系统研究［J］.中国电力，2021，54（5）：35-45.

［38］葛家澍.中国财会大辞典［M］.北京：中国大百科全书出版社，1993.

［39］甄波.浅析企业财务管理标准化体系［J］.商场现代化，2017（23）：124-125.

［40］刘思远.财务管理标准化体系构建初探［J］.财经界，2020（6）：163-165.

［41］王丽彬，何权.试论企业财务标准化建设［J］.企业技术开发，2011，30（3）：130-132.

［42］同［40］。

［43］黄瑛.浅谈集团财务管理标准化实施难点及解决方案［J］.现代经济信息，2020（7）：119-120.

［44］王燕.集团财务共享服务数字化转型存在的问题及优化对策研究：以中国铁建为例［J］.财务管理研究，2021（12）：68-73.

［45］同［43］。

［46］李波.数字经济时代财务管理的转型与思考［J］.中国商论，2021（18）：124-126.

［47］张海燕.数字经济背景下企业财务数字化转型的思考［J］.商业文化，2022（17）：83-85.

［48］李芳.企业财务管理标准化建设探析［J］.现代经济信息，2016（10）：253+255.

［49］张丽莉，张凤伟."互联网+"背景下实现财务标准化流程管理［J］.中国管理信息化，2019，22（1）：61-62.

［50］梁国栋.电力企业财务标准化建设理论与方法探究［J］.新会计，2013（5）：42-43+48.

［51］韩向东，余红燕.企业数字化转型的构念及实现路径［J］.管理会计研究，2021，4（5）：6-12+87.

［52］于欣丽.对我国标准数字化工作的几点思考［J］.中国标准化，2022（5）：7-13.

［53］同［51］。

［54］郑彩虹.基于财务共享中心模式的业财税一体化建设［J］.投资与创业，2022，33（18）：72-74.

［55］王英军，于观澜，孙辉.数字化转型驱动财务共享走向管财融合［J］.数字通信世界，2022（5）：161-163.

［56］赵琰，刘学林，吴英杰，等.电力行业健全安全管理组织体系的构建［J］.工程技术研究，2020，5（10）：287-288.

［57］刘福东，陈柏松，郑世鹏，等.智慧电厂建设架构规划研究［J］.

科技和产业，2022，22（10）：195-200.

[58] 漆勤.绿色施工智能管理平台在建筑工程中的应用[J].智能建筑与智慧城市，2021（5）：102-103.

[59] 周保中，刘敦楠，张继广，等."风光火一体化"多能互补项目优化配置研究[J].发电技术，2022，43（1）：10-18.

[60] 舒程.大数据对企业管理决策的影响研究[J].企业改革与管理，2018（19）：12-13.